FONOLOGIA INFANTIL: AQUISIÇÃO, AVALIAÇÃO E INTERVENÇÃO

Centro de Estudos da Criança
Universidade do Minho

FONOLOGIA INFANTIL: AQUISIÇÃO, AVALIAÇÃO E INTERVENÇÃO

Reimpressão da Edição de Setembro/2009

ROSA LIMA
Doutora em Psicologia

ALMEDINA

FONOLOGIA INFANTIL:
AQUISIÇÃO, AVALIAÇÃO E INTERVENÇÃO

AUTORA
ROSA LIMA

EDITOR
EDIÇÕES ALMEDINA, SA
Av. Fernão Magalhães, n.º 584, 5.º Andar
3000-174 Coimbra
Tel.: 239 851 904
Fax: 239 851 901
www.almedina.net
editora@almedina.net

DESIGN DE CAPA
FBA.

PRÉ-IMPRESSÃO | IMPRESSÃO | ACABAMENTO
G.C. – GRÁFICA DE COIMBRA, LDA.
Palheira – Assafarge
3001-453 Coimbra
producao@graficadecoimbra.pt

Janeiro, 2011

DEPÓSITO LEGAL
297365/09

Os dados e as opiniões inseridos na presente publicação
são da exclusiva responsabilidade do(s) seu(s) autor(es).

Toda a reprodução desta obra, por fotocópia ou outro qualquer
processo, sem prévia autorização escrita do Editor, é ilícita
e passível de procedimento judicial contra o infractor.

Biblioteca Nacional de Portugal – Catalogação na Publicação

LIMA, Rosa Maria Fernandes Nóbrega

Fonologia infantil : aquisição, avaliação e
intervenção. - (CESC)
ISBN 978-972-40-3783-7

CDU 159.946
     81'23
     811.134.3'342

Dedicatória

Dedico esta obra a quantos colaboram na "*edificação*" da linguagem na criança!

Índice

Introdução 13
    Estrutura do livro 15
    Recomendações finais 19

Capítulo I – Conceitos Gerais 21

1. Perspectivas sobre a linguagem 24
    1.1. Linguagem e seus compromissos: fala e língua 28
    1.2. Fala e sistemas anatomofisiológicos: voz e articulação 29
        Voz 30
        Articulação 35
    1.3. Pronúncia: entre o colectivo e o anatómico 37
2. Estruturas cognitivas na recepção e produção da linguagem 37
3. Dimensões do sistema linguístico 42
    3.1. Morfossintaxe 44
    3.2. Semântica 45
    3.3. Pragmática 46

Capítulo II – Fonética e Fonologia do Português Europeu 49

1. Fonética e Fonologia 52
2. Segmento, fone, fonema e alofone 54
    2.1. Segmento ou unidade segmental 54
    2.2. Alofones 54
    2.3. O segmento enquanto conjunto de traços distintivos 56
3. Classes 57
    3.1. Classes articulatórias tradicionais 57
        3.1.1. Vozeamento e classes principais 58
        3.1.2. Classes de consoantes 59
        3.1.3. Classes articulatórias das vogais e glides 66
    3.2. Classes associadas a sistemas de traços distintivos 69
        3.2.1. Sistemas de traços 69

4. Sílaba: da realidade à diversidade 73
    4.1. Da evidência à conceptualização 73
        4.1.1. Dimensões prosódicas 74
    4.2. Estrutura Interna da Sílaba 75
        4.2.1. O conceito de constituinte e sua validade 75
        4.2.2. Estrutura silábica e tipos de constituintes associados 76
        4.2.3. Modelo de ramificação binária com rima e seus constituintes no PE 76
5. Regras de divisão e classificação silábica 81
    5.1. Formatos silábicos no PE 81
        5.1.1. Ramificação do núcleo e ditongos decrescentes 83
6. Síntese: Sílaba e prosódia como objectos da Fonologia não linear 84

CAPÍTULO III – DESENVOLVIMENTO DA LINGUAGEM 87

1. Desenvolvimento, aquisição e aprendizagem da linguagem 89
    1.1. Pressupostos e elementos do desenvolvimento/aquisição da linguagem 90
2. Períodos e dimensões no acesso à linguagem 91
    2.1. Pré-linguístico vs linguístico: uma visão geral 91
    2.2. A dimensão fonético-fonológica 97
    2.3. Léxico 98
    2.4. Morfossintaxe 99
    2.5. Pragmática 100
3. Uma visão aprofundada do percurso de desenvolvimento fonético-fonológico 101
    3.1. Modelos explicativos 101
        3.1.1. Comportamentalismo 102
        3.1.2. Estruturalismo 102
        3.1.3. Modelos Generativos Linguísticos 104
        3.1.4. A Fonologia prosódica 107
        3.1.5. Os Cognitivistas de Stanford 109
        3.1.6. Os Modelos Biológicos 111
        3.1.7. Alternativas formais: da regra à representação 111
    3.2. A sílaba como primeira unidade: enfoques produtivos e perceptivos .. 115
        3.2.1. Investigação no âmbito da percepção e valorização dos aspectos prosódicos 115
        3.2.2. Especial relevância da sílaba 116
    3.3. O papel dos processos de simplificação no desenvolvimento da fonologia infantil 117
    3.4. Uma grelha de processos de simplificação 118

3.5. Padrões referenciais de desenvolvimento 121
   3.5.1. Nível de organização superior ao fonema (sílaba) 123
   3.5.2. Características do segmento enquanto factor determinante
       para a realização do mesmo 125
   3.5.3. Determinação do segmento sobre a aquisição do formato 125

CAPÍTULO IV – O ATRASO DE LINGUAGEM NO CONTEXTO DO DESENVOLVIMENTO FONOLÓGICO 129

1. Patologia, alteração / perturbação e atraso de Linguagem 131
2. Atraso de Linguagem Infantil: Abrangência (s) 135
   2.1. O que significa dominar um sistema fonológico? 138
   2.2. O nível da metafonologia / conhecimento fonológico 140
3. Abordagens etiológicas do atraso de linguagem 141
   1. Factores inerentes à criança 142
      Lesão cerebral manifesta 142
      Lesão em estruturas periféricas da fala 145
      Disfuncionalidade cerebral com atraso cognitivo-linguístico 146
      Atraso de linguagem e défices sensoriais de cariz periférico 151
   2. Atraso de linguagem e factores determinantes inerentes ao contexto
      (sócio-familiar, emocional) 151
4. Sinais de atraso de Linguagem 153
   4.1. Expressão verbal – Sinais de atraso 154
   4.2. Atraso de linguagem – Compreensão Verbal 157

CAPÍTULO V – AVALIAÇÃO DA LINGUAGEM E FONOLOGIA 159

1. Avaliação da linguagem na clínica 161
   1.1. Modelos de avaliação 163
   1.2. Etapas na avaliação fonético-fonológica 164
      1.2.1. A entrevista inicial 167
      1.2.2. A amostra de linguagem espontânea 169
      1.2.3. Instrumentos formais de avaliação 172
2. Sistemas de avaliação da fonologia 182
   2.1. A Avaliação fonológica no quadro da investigação sobre o desenvolvimento da linguagem 182
   2.2. Desvios fonéticos e desvios fonológicos 184
      2.2.1. Avaliação tradicional 186
      2.2.2. A influência da linguística 187
         A abordagem segundo traços distintivos 188
         Análise de processos fonológicos: do modelo à técnica 191

2.2.3. Fonologia não linear: hierarquia e marcação 194
      Hierarquia: o desenvolvimento de fiadas 194
      Marcação 195
      A investigação de Freitas 196
2.3. A PAFFS como leitura não-linear da fonologia do PE 198

CAPÍTULO VI – INTERVENÇÃO NA FONOLOGIA 199

1. A problemática 201
   1.1. Objectivos, objectos e agentes da reeducação 203
      A – A questão do alvo: linguagem vs. indivíduo 205
      B – A questão dos modelos 207
      C – A questão do balanço entre criança e meio 209
      D – A questão dos agentes 215
   1.2. Quando intervir 219
2. Abordagens e Perspectivas na Reeducação da Linguagem 221
   2.1. A dicotomia formal-funcional 223
3. Reeducação da dimensão fonético-fonológica: modelo formal misto.. 225
   3.1. Princípios directores 225
   3.2. Blocos de intervenção 229
      BLOCO MOTOR 229
      A) Respiração e tónus (relaxamento) 231
      B) Exercícios bucofaciais 236

      BLOCO PERCEPTIVO 238
      A – Discriminação auditiva 241
      B – Memória sequencial auditiva 248
      C – Repetição de Modelos (fonológicos) segmentados 255

      BLOCO REPRESENTACIONAL 260
      A – Identificação de modelos incorrectos 261
      B – Metafonologia 263
      C – Integração em contextos discursivos 269
4. Etapas de intervenção em cada consoante segundo modelo formal misto.. 272
   Fonema /p/ 275
   Fonema /b/ 277
   Fonema /t/ 279
   Fonema /d/ 281
   Fonema /k/ 283
   Fonema /g/ 285
   Fonema /m/ 287

Fonema /n/ 289
Fonema /ɲ/ 292
Fonema /f/ 294
Fonema /v/ 297
Fonema /s/ 299
Fonema /z/ 302
Fonema /ʃ/ 304
Fonema /ʒ/ 307
Fonema /l/ 310
Fonema /r/ 312
Fonema /R/ 318
Fonema /ʎ/ 321

CAPÍTULO VII – APLICAÇÕES 325
Caso 1 328
   1.1. Enquadramento Global 328
   1.2. Registo de linguagem espontânea 329
   1.3. Análise do perfil fonético-fonológico 331
   1.4. Sugestões para reeducação 334

Caso 2 336
   2.1. Dados Globais de Anamnese 336
   2.2. Recolha de dados circum-linguísticos, linguísticos e cognitivos .. 336
   2.3. Síntese 343
   2.4. Sugestões de reeducação 344

Caso 3 346
   3.1. Contextualização 346
   3.2. Avaliação global da criança 348
   3.3. Avaliação da dimensão fonético-fonológica através de uma prova de nomeação 351
   3.4. Síntese 352
   3.5. Sugestões de intervenção 353

Anexos 367

Introdução

A consecução de um projecto, materializado sob forma de escrita de um livro que versasse um "mais além do que a mera teoria" sobre questões da linguagem, não foi, em mim, emergente de qualquer recente acontecimento ou motivação de última hora. Na verdade, há vários anos que tenho vindo a "laborar", mental e fisicamente, nesta obra, tendo chegado ao fim com a sensação de que muito ficou por fazer/dizer.

O livro "Linguagem infantil, da normalidade à patologia" (2000), edição APPACDM de Braga, constituiu o primeiro momento a partir do qual entendi a necessidade em oferecer a profissionais da educação algum material que os possa conduzir na percepção dos latentes problemas existentes nos seus alunos com problemáticas de linguagem. A minha constatação foi a de este ter sido um livro de grande utilidade para muitos profissionais. Entre este vasto grupo, encontramos aqueles que estão comprometidos com áreas que se prendem com o conhecimento da língua (linguistas), com o desenvolvimento em geral e da linguagem em particular (psicologia) e também os docentes – com ou sem formação pós-graduada em educação especial, com ou sem presença de alunos com dificuldades de linguagem nas suas turmas. Esta obra é, em particular, dirigida particularmente aos profissionais cujo acesso a questões aprofundadas sobre a linguagem infantil não se encontra de fácil oferta em suas formações contínuas.

Não foi fácil escrever sobre este tema, tornando acessíveis os conteúdos que são relativos à linguagem e que, como tal, estão fortemente apoiados num léxico específico, ora vinculado à medicina, psicologia, pedagogia, ora à linguística, terapia de fala, etc. Enquanto produto final, pretende-se oferecer um conjunto de saberes e de propostas de acção passíveis de serem usadas por profissionais que se dediquem, de forma mais ou menos próxima, ao ensino da linguagem falada e seu reverso – a componente escrita da mesma.

O acesso à linguagem escrita, fortemente apoiado na oralidade, justifica a pertinência do atempado atendimento a crianças com problemas de linguagem falada, em idade pré-escolar. O amadurecimento dos padrões perceptivos e de motricidade interferentes no conhecimento verbal requer TEMPO – "aquele tempo psicológico" que decorre entre a entrada e a saída (correcta, adequada, ajustada) dos produtos da interacção verbal. Escrever implica aceder ao domínio das representações internas que qualquer "escrevente" detém sobre a sua própria linguagem, abrangendo todas as dimensões da mesma. A escrita espontânea conta "apenas" com o conhecimento que o próprio sujeito comporta acerca do "seu" conhecimento da língua, nela se revelando com toda a evidência.

Retomando o sentido do atraso de linguagem (explorado aqui em capítulo específico) como o desfasamento cronológico das emissões verbais da criança em relação aos seus pares, será justo pensar que a criança deve ser alvo de estimulação a partir do momento em que suspeitas de tardia aquisição no processo linguístico se desenham, qualquer que seja a faixa etária na qual a criança se encontra.

Neste livro, amiudadas vezes se usa a palavra *reeducador*. A designação de *especialista da linguagem* oferece-se, ainda, como alternativa. A designação de reeducador abarca, nesta obra, o conjunto de profissionais que se constituem como importantes condutores no processo de aquisição da linguagem na criança. A função do terapeuta de fala é inegável para todos os processos de reeducação – quer da linguagem quer da fala infantil, particularmente os que se relacionam com lacunas associadas a processos estruturais, orgânicos. Outros profissionais, no entanto, com formação aprofundada em questões de desenvolvimento e aquisição da linguagem infantil, podem, ainda, integrar este grupo dos designados especialistas em reeducação da linguagem.

Qualquer que seja a formação que o reeducador apresente, pensamos oportuno aconselhar a não pretensão de "muito saber". Melhor será dizer que nada sabemos e, replicando Sócrates, deixar aos nossos discípulos a faculdade de nos equacionarem. É possível que o desvelar do conhecimento já "conhecido" sobre as interferências neuropsicológicas no processo de linguagem venha a ser equacionado pela emergência de várias linhas de investigação levadas a cabo, nos últimos tempos, pelas neurociências. Estou profundamente convencida do muito que teremos que re-aprender sobre aquilo que imaginamos já saber!

Estrutura do livro

A partir de uma revisão teórica nos domínios considerados pertinentes, oferece-se, nesta obra, um guia para a acção reeducativa sobre o quadro de problemáticas da linguagem que, com mais frequência, motiva um pedido de avaliação – o atraso de linguagem, em suas múltiplas configurações. Assumida a importância capital da dimensão fonético-fonológica nos quadros de atraso de linguagem, foi levado a cabo um percurso que parte da conceptualização do fenómeno linguagem e suas variadas inter-relações com processos afins (Cap. I), para chegar a um território eminentemente aplicado (Cap. VII). Este último capítulo ilustra, através da particularização de contextos produtivos, algumas aplicações de pressupostos, quer da avaliação quer da intervenção da linguagem nos domínios fonético-fonológico, tal como estes são expostos nos capítulos V (Avaliação) e VI (Intervenção). Aí, tal como ao longo de toda a obra, é posta a ênfase nas crianças que revelam atrasos na evolução da sua linguagem, com manifestos défices na dimensão fonético-fonológica.

Desta forma, especificando o conteúdo de cada um dos capítulos integrados nesta obra, eles estão distribuídos da seguinte forma:

No *capítulo I – Conceitos* – são dissecados alguns conceitos de linguística geral tal como ela é descrita em, e a partir de Saussure. As diferenças entre língua, fala, voz linguagem, articulação, abarcam o vasto mundo da produção verbal. Referir-se a cada um deles em seus variados contextos de explicitação requer a "articulação" das subtis diferenças que, por vezes, demarcam a fronteira entre uns e outros.

Frequentemente usada em seu sentido mais globalizante, a palavra linguagem é integrada na designação de problemas de foro articulatório com prevalência do seu particular estatuto linguístico – consistência de traços diferenciadores em qualquer contexto silábico. O uso da designação "problemas de linguagem falada" pode bem constituir uma alternativa à de, apenas, "linguagem". Esta alternativa é, sobretudo, válida quando se pretende referenciar um problema de cariz essencialmente fonético--fonológico, no qual a compreensão verbal está preservada. Na verdade, ainda que linguagem e fala representem o "paredes-meias" precursor da comunicação, poderá estar presente linguagem sem a presença da fala (caso da linguagem gestual, pictográfica, etc.). Do mesmo modo, pode existir fala sem aferências conceptuais (ecolalia, por exemplo, ou fala desconectada de um sentido partilhável por vários ouvintes), facto que a desvincula do atributo-base da linguagem que é associar nomes a sentidos ou significados.

Consideramos fundamental que cada reeducador (tomado esta designação em seu mais lato sentido), conheça cada uma das ocorrências sofridas pelo fluxo de ar saído dos pulmões, desde o primeiro obstáculo sofrido nas cordas vocais (som vozeado/não vozeado), o modo como o ar se distribui em toda a cavidade oral e nasal, até à posição assumida pelos articuladores (ponto de articulação) que materializam a fase mais percepcionável da linguagem falada (modo de articulação). Esta convicção remete-nos para os conteúdos do capítulo seguinte.

O *capítulo II – Fonética* – oferece-nos os elementos indispensáveis para compreender e reter a diferenciação entre Fonética e Fonologia. Dentro da Fonética, são aclarados conhecimentos acerca da relação entre o segmento, o fone e o alofone, bem assim como as classes articulatórias clássicas (ponto, modo, vozeamento) do Português Europeu. Enveredando pela Fonologia não linear, na qual o elemento mínimo da cadeia falada é constituído pela sílaba e não pelo segmento ou fone, são explorados alguns saberes relativamente às normas de divisão e classificação silábicas da nossa língua, permitindo aceder a formatos silábicos, fortemente referidos no capítulo sobre intervenção, do tipo CV, CCV, CVC, VC, CCVC.

O *capítulo III – Aquisição* – sintetiza o percurso normativo de aquisição da linguagem, permitindo, no capítulo seguinte, a compreensão e delimitação do próprio conceito de atraso (cap. IV). Neste terceiro capítulo é privilegiada a caracterização do tipo de desvios presentes em crianças que recorrem, com persistência, a processos de simplificação de fala, traduzindo, desse modo, as suas possibilidades, limitadas, de produção verbal.

A oferta de referências etárias, no que diz respeito à produção dos fonemas do português europeu no contexto dos diferentes formatos silábicos, constitui um dos dados de particular relevo neste capítulo. Saber que a realização do fonema /r/ corresponde a ser conseguida em vários tipos de sílabas que o contêm, e que tal deverá estar resolvido antes da entrada na escola do primeiro ciclo, é uma referência fundamental; saber que a articulação dos distintos fonemas fricativos (f, v, s, z, ʃ, ʒ) ocorre em distintos momentos temporais, representa, igualmente, um conhecimento importante para qualquer educador de infância, para pais, para professores, etc.

O *capítulo IV* centra-se na definição de a*traso de linguagem*, classificando todas as possibilidades de ocorrência de erro nesta categoria de adulterações da linguagem falada. Em paralelo, várias diferenciações entre atraso e perturbação de linguagem são aqui abordadas, assim como algumas nuances conceptuais relativamente a um léxico plural, usado em contextos de dificuldades de linguagem, de carácter mais ou menos estável.

Os capítulos V e VI ocupam-se, respectivamente, dos princípios de avaliação (V) e de intervenção (VI) a ter em conta, sobretudo, num quadro de atraso de linguagem.

Relativamente ao primeiro – *Avaliação (capítulo V)* –, ainda que a variação, na aquisição da linguagem produtiva seja algo inequacionável e relacionado com uma variada ordem de factores, existem, na verdade, algumas pautas temporais coincidentes, em elevada percentagem de crianças (e.g., Lima, 2003). A partir de critérios de realização linguística para os fonemas em qualquer tipo de sílaba do português europeu, poder-se-ão estabelecer alguns correlatos com crianças cuja produção no domínio da fonologia se revela muito inferior ao patamar médio de realização, desenhando diagnósticos de atraso de linguagem. Neste percurso, é necessário especificar a dimensão ou processo que é objecto de análise (fonologia ou outras dimensões da linguagem, processo de compreensão/ expressão ou ambos), promovendo-se sempre, na medida do possível, uma avaliação abrangente que dê conta da amplitude e natureza da problemática.

A avaliação da linguagem pode ser orientada a partir de múltiplos modelos. O que aqui se pretende oferecer como modelo de avaliação da fonologia, tema central desta obra, consiste na observação e análise das emissões da criança, a partir de uma prova que mede todos os fonemas da nossa língua em cada uma das suas ocorrências dentro da palavra e integrando a variedade de formatos silábicos a que os mesmos se podem subordinar. Paralelamente a este aspecto, que dá conta do tipo de correcções/incorrecções, presentes no domínio da expressão básica da língua –

a fonologia, oferecem-se algumas propostas de verificação do domínio da compreensão da linguagem, sendo isto feito através de provas que fazem apelo aos mais variados níveis de conhecimento.

O *capítulo VI – Intervenção*, além de se constituir como o mais extenso de todos, aborda questões tão vastas quanto o perfil do reeducador, quando se deve iniciar a intervenção, que agentes devem partilhar o processo de reeducação, etc.

As sugestões oferecidas para o incremento de modelos fonológicos em crianças que apresentam lacunas ou desvios aos mesmos, inicia-se com actividades que privilegiam o domínio da motricidade oral para cada um dos fonemas. Explicitada a posição de cada um dos articuladores, oferece-se um gestuário, dito complementar, porquanto se pretende que seja um meio, acrescido, de fixar informação quanto à retenção do ponto e modo de articulação de cada fonema. Referências feitas por utilizadores do gestuário complementar defendem que a auto-percepção do espaço corporal interveniente na realização do movimento fonoarticulatório tem, de forma efectiva, oferecido importantes contributos para uma aprendizagem articulatória mais veloz, em crianças com lacunas na sua aquisição.

O capítulo sobre intervenção constitui mais um modelo para a solução e/ou minimização das lacunas reveladas por crianças que se apropriam da fonologia da língua portuguesa de forma mais ou menos lentificada. As pautas que se oferecem estão baseadas em experiências concretas, de sucesso, motivo pelas quais se oferecem, com todo o altruísmo. Elas foram levadas a cabo com o máximo de empenho e seriedade, admitindo, no entanto, que a seriedade não costuma ser um sinal inequívoco de sabedoria.

Ao longo de toda a obra, a referência a valores fonéticos é feita com recurso a vários sistemas de notação. No capítulo II, relativo à fonética, bem como nos capítulos V e VI, cumprem-se as convenções relativas ao Alfabeto Fonético Internacional. Nos restantes capítulos – e com o intuito de não tornar demasiado opaca a leitura do texto, recorre-se quer a uma notação informal, baseada na ortografia, quer às convenções da norma SAMPA. Para consulta da correspondência entre os três sistemas de notação, o leitor pode consultar o ANEXO 1.

Recomendações finais

Ensinar uma criança a dominar a estrutura básica da sua língua não constitui uma fácil tarefa para qualquer criança, sobretudo aquela que manifesta entraves, de múltipla natureza, ao seu acesso. Por consequência, as sugestões reeducativas oferecidas neste capítulo não constituem um medicamento que traz uma "literatura incluída", e onde se indicam as doses a consumir. Reeducar linguagem não se constitui como uma ciência exacta, mas antes como uma *arte* que, apesar de comportar regras, se permite, também, fazer criações particulares, mais ou menos relacionadas com a personalidade e o saber do artista.

Contudo, existe uma condição prévia para qualquer artista: saber manusear, com conhecimento profundo e eficácia, o seu instrumento de trabalho. De nada servirá ter um instrumento (neste caso qualquer diploma) se não tivermos *Ouvido* (saber), *Ritmo* (flexibilidade) ou *Destreza motora* (experiência) para com ele dedilhar as possíveis melodias...

Ensinar pode ser fácil para quem tem as condições de recepção necessárias. Espero que a direcção, orientação ou distribuição dos saberes implícitos nesta obra, e que abarcam, como referido, áreas da linguística, da psicologia e da pedagogia, ou da neurologia, constituam os primeiros acordes para:

– Todos/as que "ainda" não compraram o "tal" instrumento, mas que se sentem motivados para o fazer!
– Todos/as aqueles/as que detêm um instrumento e com ele pretendem aperfeiçoar a qualidade da melodia que sabem ele possa expressar!
– Todos/as que, dominando mais que um instrumento musical, pretendam especializar-se num em particular!...

Se a Linguagem é Vida, tal como referido no capítulo que aborda conceitos básicos em linguagem, deixemo-nos conduzir pela linguagem da metáfora, já que a Vida é ela própria uma metáfora.

Capítulo I
Conceitos Gerais

O Homem que fala é um Homem que conhece e, sobretudo, um Homem que deseja conhecer a realidade. Usando estruturas fisiológicas não exclusivamente desenhadas para a fala (boca, laringe, pulmões), mas que condicionam a sua forma sonora, o Homem confronta-se, falando, com um ambiente repleto de objectos, de factos e de outros sujeitos. Estes são percebidos como compreensíveis e, simultaneamente, como alvos passíveis da sua influência.

Rodeado, assim, de uma realidade que lhe convém compreender, o Homem organiza-a, atribuindo-lhe símbolos que servem para designar os elementos que a compõem.

Desde tempos remotos que "o Homem pôs nomes a todos os animais" (livro do Génesis). De forma paralela, a língua que as crianças aprendem, com base no amadurecimento gradual do seu sistema nervoso, impõe-lhes um quadro sistemático de formas, através das quais se organiza a sua visão do mundo.

Pode argumentar-se que o pressuposto de que a linguagem modela a concepção da realidade constituirá uma visão "idealista", podendo postular-se também uma visão contrária. As estruturas da realidade, com a sua lógica própria, causariam, nesta visão alternativa, a formalização da linguagem humana. Ela seria como que um espelho em que se reflectiriam as imagens da realidade objectiva exterior. Certo é, porém, que existe uma *realidade da linguagem* – estudada pela linguística enquanto conjunto de unidades funcionais organizadas por leis internas. Isto é, contudo, algo diferente de uma *linguagem da realidade*, constituindo este um problema filosófico ou científico que percorre um espaço temporal que vai dos primeiros filósofos gregos – séc. III e IV a.c. – até à contemporaneidade.

A realidade, antes de ser captada, apresenta-se como um *continuum* indiscriminado e, como tal, de difícil apreensão. A percepção humana tende a seleccionar as mudanças energéticas que são capazes de "estimular" os órgãos dos sentidos, vulgarmente denominadas de "estímulos", entre outras que não são consideradas como tal. Considere-se, a este propósito, que os raios infra-vermelhos ou ultra-violetas não estimulam a visão, muito embora correspondam a mudanças energéticas.

Tal modo de relação com a realidade corresponde a um tratamento binário (o que se percebe e o que não se percebe). A memória colabora também neste procedimento (o que é e o que não é; o que chama a atenção e o que não chama). Neste sentido, aprender, perceber, pensar, entender, bem como todas as funções racionais, seriam funções para converter em unidades, aquilo que antes era indiscriminado.

Querer estabelecer uma relação entre a segmentação da realidade e as unidades da linguagem é um projecto cuja consumação não passa nunca para além de uma aproximação. Deste modo, podemos transmitir as nossas experiências aos outros de forma a que eles as compreendam ou até imitem, mas não poderão nunca viver essas experiências.

Esta capacidade de converter as experiências em signos não é exclusiva do Homem. É-o, no entanto, a capacidade de *criar signos linguísticos*. A esta exclusividade não é alheia a capacidade humana em *criar representações de outras representações*, isto é, em alcançar níveis de abstracção racional cada vez mais complexos. Esta capacidade pode ser encontrada na criação de representações linguísticas a partir de uma realidade sensível. Um exemplo de quanto acabamos de explicitar pode ser a designação utilizada para descrever o movimento passível de ser levado a cabo por um qualquer veículo motorizado: *rápido, veloz, supersónico*. Na verdade, todas elas se referem a velocidade, admitindo, porém, níveis ou representações cada vez mais complexos, a partir de uma plataforma de base.

1. Perspectivas sobre a linguagem

A linguagem pode ser perspectivada numa relação directa com o conhecimento, tal como acabámos de referir. Outras perspectivas possíveis, adoptando definições marcadamente funcionais, ligam-se, fundamentalmente, a um "para quê".

De um ponto de vista global, as definições de linguagem apresentam-se como objecto de construção progressiva, inscrevendo-se nos limites sempre mutantes do conhecimento individual. A oferta de distintos níveis de conceptualização, ao longo do desenvolvimento humano, constitui demonstração desta plasticidade. Numa tentativa de objectivar o conhecimento sobre a linguagem associado a cada nível etário, foram questionados alguns alunos de distintas idades, tendo surgido manifestações com a amplitude que a seguir se explicita, frente à pergunta directa: o que é a linguagem?

- Aluno de 5 anos: *é a boca a falar...*
- Aluno de 6 anos: *é a língua a mexer...*
- Aluno de 8 anos: *é a forma de falar...*
- Aluno de 11 anos: *é um sistema de comunicação.*
- Aluno de 12 anos: *é um conjunto de regras que rege a comunicação entre os humanos.*
- Aluno universitário de psicolinguística: *é o resultado da dinâmica conjunta entre estruturas múltiplas.*

No estádio adulto, o contacto com várias perspectivas e formas do conhecimento em geral, amplia o âmbito das conceptualizações. Mais metafóricas ou mais operacionais, as definições de linguagem multiplicam-se em função do interlocutor e da sua perspectiva. Atentemos em alguns exemplos:

Para Luria, neurologista (1976), *"o aspecto semântico da linguagem resulta do funcionamento de um 'centro' cortical que actua como um 'depósito' das imagens que a linguagem domina"* (p. 26). Alfred Tomatis (1984) sintetiza a linguagem como *um instrumento que se aprende a tocar de ouvido*. Marguerite Yourcenar, escritora, enfatiza a linguagem escrita, afirmando: "*A palavra escrita ensinou-me a escutar a vida humana, assim como as grandes atitudes imóveis das estátuas me ensinaram a apreciar os gestos*".

Uma definição possível e congregadora da forma, função e substracto neuropsicológico da linguagem é a de que ela representa um fenómeno social e cultural que permite a comunicação com os outros e nós mesmos através do uso de símbolos adquiridos, encontrando-se instalada num desenvolvimento suficiente de funções neurológicas e psíquicas. No que diz respeito às finalidades, a linguagem possibilita a comunicação, a acção e a construção individual.

A linguagem possibilita a partilha de significados, permitindo, assim, a comunicação. Toda a reacção a um estímulo é um processo de comunicação. Aliada da interacção, alicerce da realização pessoal, a comunicação apela à ordem do biológico. Ela constitui uma necessidade inscrita nos genes. Alvo de normas, a comunicação, simultaneamente, erige e assenta na partilha. Para que ela exista, torna-se imprescindível a partilha de estruturas de conhecimento entre os intervenientes.

Ao permitir o pensamento, a linguagem é mentora da previsão e do planeamento. Destes decorre a acção. O uso da linguagem permite ainda a auto-regulação da própria acção em sentido amplo e da actividade linguística, em sentido estrito.

Toda a acção individual visa o colectivo. Todo o sistema em que o sujeito falante se insere resulta de múltiplas acções, convergindo num devir histórico, sociológico e político que configura um estado humanizante. Tal estado reflecte a construção humana e individual progressiva.

No âmbito dos pressupostos para a linguagem, é inequacionável considerar que ela depende de factores biológicos, cognitivos e sócio--culturais. No âmbito dos factores biológicos, é pelo uso das estruturas fisiológicas que se alicerça o conhecimento em geral e, em particular, o conhecimento da motricidade, uma vez que este veicula áreas cerebrais onde se inscreve a representação dos padrões de motricidade, quer para a linguagem falada quer para o movimento em geral. Como resultado dos factores biológicos, a esfera cognitiva permite a representação, sendo esta progressivamente estruturada em função das graduais aquisições. As redes neurobiológicas que detêm o conhecimento permitem a inserção gradual de novos dados, redimensionando quer a quantidade quer a qualidade do saber e reestruturando, progressivamente, os níveis ou domínios da cognição.

A linguagem requer estimulação, interacção, captação de normas e padrões. Estes aspectos, ultrapassando o meramente estrutural, baseiam--se fundamentalmente no interaccional. A interacção inscreve-se num conjunto de valores sócio-culturais que determinam condutas específicas. Por consequência, a linguagem implica conhecimentos, não apenas sobre o código, mas também sobre os modelos da comunicação contextualizada (pragmática).

Todos estes factores se materializam no fim último e primeiro da condição humana que é a Comunicação. Estes exprimem, no seu conjunto, o profundo compromisso entre o individual e o colectivo.

Do ponto de vista da dimensão individual da linguagem, surge a evidência de que esta é a manifestação de uma superestrutura na qual intervêm competências cognitivas, motoras, sociais, comunicativas e neurobiológicas. Através de processos de interdependência, estas contribuem para uma organização conceptual que traduz a lógica de uma realidade percebida.

A linguagem constitui um edifício de construção individual no qual os pilares neurológicos suportam, coordenam, registam, integram e ajustam os vários níveis que constituem o denominado mundo psíquico nas suas dimensões – para além de cognitiva – social, afectiva e relacional.

Em suma, procurar dados para um perfil de linguagem significa posicioná-la numa vasta rede em que convivem conceitos e realidades diversas. Linguagem é, enfim, *comunicação*, porque representa a função primordial na qual radica a sua génese; é *simbolização* porque faz uso de unidades significativas que apelam ao real através de designações simbólicas codificadas, acessíveis a quantos utilizadores delas carecem para partilhar contextos vivenciais; é *representação* porquanto toda a unidade simbólica tradutora do real exige um sistema neurobiopsicológico capaz de apropriar-se das qualidades inter e intra-relacionais dos objectos sensíveis, permitindo, desse modo, a integração do mundo em nós, facto este traduzido em representações internas do mesmo; é *regra social* pois a verbalidade, apesar da criatividade que lhe é implícita, não pode ultrapassar as fronteiras sócio-comunicativas particulares, emergentes dos contextos culturais; é *superestrutura* porque representa uma actividade centrífuga de infraestruturas (linguísticas, neurofisiológicas, psicológicas, sócio-culturais), as quais ajustam sinergias para a consecução da função comunicativa; é *lógica*, pois através da associação múltipla das aferências sensoperceptivas busca as relações estáveis que permitem a elaboração de conceitos, os quais permitem aceder a domínios de pensamento progressivamente mais abstractos; é *actividade cerebral*, por excelência, pois no cérebro residem todas as representações de actos motores, registos sensoriais, engramas cognitivo-linguísticos, os quais se reflectem no planeamento que o mesmo cérebro leva a cabo para uma actividade humana traduzida em comportamentos particulares; é *emoção* pois, enquanto linguagem expressiva, traduz o querer explicitar um saber e, sobretudo, um ser em todas as suas dimensões existenciais.

É, em síntese, a linguagem, qualquer que seja a sua forma de expressão, a V*ida* que subjaz aos viventes que somos.

1.1. Linguagem e seus compromissos: fala e língua

Enquanto sistema complexo, a linguagem implica e invade dimensões da actividade humana face às quais não deixa de se diferenciar. Importa, assim, considerar conceitos a ela adjacentes.

A *fala* diferencia-se da linguagem na medida em que a primeira constitui uma exteriorização da segunda, através da explicitação de ideias ou conteúdos. Na fala intervém a actividade conjunta dos sistemas respiratório, fonatório e articulatório, resultando em produções verbais passíveis de permitir intercâmbios comunicativos.

A fala carece, pois, da intervenção de órgãos fixos e móveis os quais actuam a partir da activação de estruturas nervosas superiores que, conhecendo a intenção comunicativa, põem em acção os órgãos efectores que a materializam. Toda a realização práxica do acto motor da fala requer, pois, um conhecimento dos movimentos necessários à articulação dos distintos padrões de fala. Estes, por sua vez, traduzem a enorme rede de interconexões significativas que representam a dimensão da compreensão linguística. A fala é, pois, materializada na produção de elementos sonoros de uma língua, estruturados de forma a obter sentidos, através de um complexo sistema fonoarticulatório. Dele faz parte a energia que permite o movimento vibratório das cordas vocais (ar proveniente dos pulmões), toda a estrutura intrínseca da própria laringe na qual se inserem as pregas vocais e também os órgãos fixos e móveis da cavidade oral.

Do conceito de fala derivam duas direcções, tão paralelas quão convergentes. Por um lado, falar pressupõe a disponibilidade de *estruturas anátomo-fisiológicas individuais*; por outro lado, falar representa um permanente apelo a uma *convenção colectiva*, passível de ser usada por todos os membros da comunidade que a adoptou. Tal convenção é designada de língua.

A língua é a parte "social" da linguagem. Consiste num sistema constituído por conjuntos de símbolos que se combinam segundo regras específicas, não podendo ser modificados pelos sujeitos falantes, mas sim utilizados para traduzir o real vivenciado. Trata-se de uma convenção aprendida, cujas normas pertencem ao contrato social, reconhecido por todos os membros da comunidade. As normas que regem as línguas referem-se não apenas aos aspectos meramente articulatórios, de realização física dos padrões fónicos da língua, mas também à congregação destes em estruturas particulares e significativas – fonologia e léxico – e, ainda, à utilização destas mesmas em enunciados, discursos e narrativas que recorrem a regras sintácticas para expressar conteúdos específicos.

A gramática das línguas descreve e regulamenta as múltiplas possibilidades e combinatórias da língua, de molde a poder ser utilizada pelos falantes. Língua e fala não podem dissociar-se, pois a segunda torna a primeira viva. A língua materializa-se através da fala, deixando, portanto, de ser uma língua morta ou não usada. Quando, no percurso da aprendizagem linguística, a criança revela dificuldades em qualquer um dos domínios da língua, o problema reside na dificuldade de integração de conhecimentos sobre a mesma, por parte de quem pretende aceder-lhe. A língua permanece *aí*, para ser usufruída pelos interessados no uso da mesma e, por consequência, o problema vincula-se ao falante e nunca ao sistema ou código.

1.2. *Fala e sistemas anatomofisiológicos: voz e articulação*

A fala é movimento e este, ainda que exteriorizado, faz parte de uma representação interna que se instaurou a partir de comportamentos motores repetidos.

O movimento da fala supõe não só a representação mental do objecto, como também a representação mental do acto a executar. Há, portanto, um" movimento" oriundo de um centro ideomotor, materializado em ordens motoras que se organizam em padrões. Estes, combinados de acordo com a exigência da produção linguística, representam sempre a adequação do movimento à actividade, isto é, da possibilidade à necessidade de realizar produtos de fala.

Abordar a fala significa, assim, um compromisso com estruturas anatómicas pertencentes ao domínio do sistema nervoso e, simultaneamente, com aquelas que integram os designados órgãos periféricos. Do ponto de vista funcional, essas estruturas repartem-se por dois grandes níveis de actividade – a voz e a fala. Ambas se submetem a ordens motoras emanadas do sistema nervoso central, sistema nervoso periférico e órgãos efectores do acto de fala.

O funcionamento de tais estruturas ou órgãos periféricos (língua, lábios, palato duro, palato mole maxilares, dentes) foi treinado durante toda a infância. Através de graduais aproximações ao modelo fonético da língua-alvo, o falante de determinado contexto sociolinguístico é capaz de expressar, com competência, a sua forma de ser e saber, na partilha de intersubjectividades vivenciadas.

Voz

A voz constitui-se como uma actividade laríngea altamente complexa. Através da enervação que provém dos pares cranianos, músculos intrínsecos e extrínsecos aproximam, afastam, abaixam e elevam toda uma estrutura laríngea da qual fazem parte as denominadas cordas vocais, parte vibrátil da referida estrutura. Situadas na glote, estas permitem a emissão de um som resultante da sua própria vibração, mediante a acção de uma pressão aérea infra-glótica, proveniente dos pulmões. Para que a voz se transforme em produtos de fala, torna-se necessária a entrada em funcionamento dos designados órgãos *periféricos* da fala, os quais "dão corpo" aos distintos sons da língua.

A linguagem falada revela-se na articulação dos distintos sons da língua, constituindo-se, estes, como o produto de uma complexa actividade que envolve estruturas e funções afectas a distintos sistemas: respiratório, fonatório e articulatório.

O conceito de articulação é, pois, bastante amplo, não se podendo circunscrever ao mero uso dos articuladores móveis e fixos da fala. Falar corresponde a tornar uma língua *viva,* sobretudo quando esta se revela de acordo com o modelo que a mesma propõe. Falar de forma *desviada*, isto é, diferente daquela que é proposta pelo modelo, para além das faixas etárias previstas, pode constituir um estigma sócio-linguístico que convém corrigir precocemente.

A produção de voz na cavidade laríngea é designada *fonação* e constitui condição importante para que a fala se torne sonorizada. Na verdade, poderemos articular sem fazer uso da laringe. Porém, o resultado de tais movimentos não se torna audível, apenas perceptível, através da "leitura labial" que dos mesmos fazemos.

É pela emissão do som laríngeo – o qual traduz a entrada em funcionamento de um complexo sistema fonador do qual fazem parte as cordas vocais e se situa na laringe – que a voz se torna fala, mediante o ajuste do som laríngeo à abertura/encerramento das cavidades oral e/ou nasal, verdadeiras obreiras da articulação.

Para que o processo de produção vocal, aparentemente simples, ocorra, é requerida a intervenção de vários subsistemas. Entre eles salientamos:

i) o sistema nervoso (central e periférico) capaz de activar os músculos da laringe; ii) o sistema respiratório de onde emana a corrente aérea que faz mover a parte vibrátil da laringe; iii) o sistema articulatório, o qual reelabora ou "trabalha" o som proveniente da laringe, oferecendo-lhe diversos obstáculos (posições diversas dos articuladores) e conduzindo-o por distintas cavidades de ressonância (orais ou nasais) a fim de conseguir as diversas formas da estrutura linguística a que o falante pertence.

i) Sistema nervoso

Tal como tem vindo a ser referido, todo o sistema nervoso central está comprometido com a actividade linguística. Áreas associativas que activam redes múltiplas de conhecimento (córtex associativo), áreas de representação sensorial (córtex sensorial) e áreas de representação motora (córtex motor) encontram-se em "estado de disponibilidade" ou "alerta" sempre que um sujeito materializa dados de carácter verbal.

A actividade de fala faz particular apelo a áreas de representação motora situados no lobo frontal e vários são os nervos ou pares cranianos por ela responsáveis.

O envolvimento do Sistema Nervoso Central no processo de *fonação* engloba *Centros de comando motor*, compreendendo estes a parte inferior da circunvolução frontal ascendente e o bulbo. A primeira emite ordens motoras para os músculos faringolaríngeos, enquanto o bulbo comanda os nervos responsáveis pelo aparelho fonador. Os nervos ou pares cranianos, assim designados por terem a sua sede no cérebro, garantem o movimento tanto da laringe como dos articuladores. Assim, o nervo Vago ou X par craniano, enerva os músculos intrínsecos da laringe através da ramificação laríngea recorrente. Consentâneo com a actividade deste último, também o nervo glossofaríngeo, IX par craniano, intervém no movimento de elevação da faringe e da laringe.

O movimento inerente à articulação da fala faz apelo ao nervo facial – VII par – responsável pela expressão facial e movimentos labiais, bem assim como ao hipoglosso – XII par – o qual enerva todos os músculos responsáveis pelo movimento da língua, situando-se o seu núcleo no bulbo. O XI nervo craniano, cuja raiz se encontra no bulbo, enerva a úvula e eleva o palato.

O sistema respiratório também reclama enervação central. Esta vincula-se ao X par ou nervo vago, portador de diversas funções do sistema respiratório, entre elas a motora. As vias sensitivas ascendentes constituem um outro subsistema de controlo, passando pelo tálamo, formação reticular e córtex.

Em todo este vasto sistema de redes neuromusculares interferentes na produção da fala reveste-se, também, de particular e relevante interferência, o cerebelo. É através da sua dinâmica reguladora que os movimentos se ajustam de forma a conseguir a flexibilidade e harmonia da produção fonoarticulatória, com vista a uma comunicação oral sem desvio nos seus órgãos efectores.

O Cérebro é, pois, o centro onde se processam, organizam e ajustam os padrões motores da fala, implicando a intervenção de distintos espaços cerebrais tais como a terceira circunvolução frontal designada área de Broca, córtex motor primário e cerebelo.

Também a área pré-frontal se reveste de grande importância em todo este processo, pois com ela se relaciona toda a actividade executiva (atenção selectiva, planeamento, inibição de resposta, desenvolvimento de estratégias, valorização psicoacústica) prévia ao acto de fala.

As funções cerebrais para a produção da fala não se esgotam nas que foram, atrás, referidas. Falar acontece como resposta a algo ou alguém e, para tal, é suposto esse alguém ouvir, compreender e transmitir informação intracerebral, facto que requer a intervenção de novas áreas cerebrais.

Em suma, cérebro e fala podem encontrar a relação de similitude metafórica presente na relação entre nave e central espacial, isto é, não se justificam autonomamente mas, apenas, na sua complementaridade.

ii) Sistema respiratório

O sistema respiratório gera a necessária energia à produção da fala (o sopro fónico). Os pulmões, os brônquios e a traqueia são órgãos que fornecem e conduzem a corrente de ar até à cavidade glótica, na qual se encontra a laringe, constituindo-se como a matéria-prima da fonação.

Na respiração ocorrem interacções entre o tórax e abdómen, separados pelo diafragma. O diafragma executa um movimento regulador, descendo quando se enchem os alvéolos pulmonares e subindo na expiração. O primeiro movimento apontado (associado à inspiração) provoca afluência de sangue ao coração. Durante a expiração, o fluxo de sangue é empurrado para regiões periféricas do corpo.

Uma actividade respiratória insuficiente ou com dificuldades provoca não só incompetência fonatória, mas também compromete a dinâmica interactiva das trocas gasosas entre o indivíduo e o meio, fazendo perigar a sobrevivência.

iii) Sistema Faringolaríngeo

Neste complexo estrutural, a faringe e a laringe ocupam posição dominante. A laringe corresponde ao extremo superior do tubo traqueal e nela se situam as cordas vocais, pedra angular da emissão sonora que conduz à individualidade linguística, quando transformada em sons da fala.

Estas estruturas, constituídas por tecido membranoso capaz de vibrar por aproximação (adução), produz um som, anteriormente designado de Voz. Este fenómeno constitui-se como o resultado da pressão aérea infraglótica e da acção dos músculos intrínsecos da laringe, os quais, movendo os cartílagos (armação, esqueleto da laringe), alteram a posição da parte vibrátil das cordas vocais.

Trata-se de uma estrutura formada por diversos planos com propriedades mecânicas diferentes, caracterizando-se por possuir elasticidade e propriedades de ondulação da mucosa do bordo livre. A vibração das Cordas Vocais resulta da pressão aérea infraglótica, sobre as mesmas exercida, na laringe.

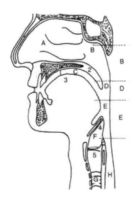

FIG. 1.1. Legenda: A – Fossas Nasais; B – Rinofaringe; C – Cavidade Bucal; D – Orofaringe; E – Hipofaringe; F – Faringe; G – Traqueia; H – Esófago.
Fonte: Peña-Casanova (2002)

A pressão de ar infraglótica, proveniente dos pulmões, passando pela traqueia e cordas vocais, situadas na laringe, está na base da vibração das mesmas e respectiva ondulação, processo a partir do qual se origina a voz.

Visão da laringe em fonação
1- *Cordas Vocais em Adução*

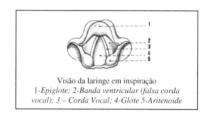

Visão da laringe em inspiração
1-*Epiglote;* 2-*Banda ventricular (falsa corda vocal);* 3 – *Corda Vocal;* 4-*Glote* 5-*Aritenoide*

FIG. 1.2. *Fonte:* Arfelis, 2006

A glote, epiglote e supraglote constituem espaços adjacentes à laringe. A glote representa a abertura entre as cordas vocais. A epiglote, estrutura que protege a glote, tem uma função idêntica à de uma "tampa", evitando a entrada de atritos orgânicos. A supraglote corresponde à cavidade alta da glote e constitui a base da diferenciação entre esfíncter oral e nasal.

iv) Sistemas de ressonância

Ao atravessar a laringe, a corrente expiratória entra na cavidade da faringe que lhe oferece duas vias de acesso ao exterior: o canal bucal e o nasal. Esta etapa envolve já o designado sistema de ressonância, o qual corresponde a um conjunto de cavidades que o som, produzido na laringe, atravessa. Nele se incluem a faringe, cavidade bucal e fossas nasais. O véu palatino é a estrutura responsável pela passagem de ar entre as cavidades oral e nasal. No seu conjunto, estas estruturas proporcionam timbre, cor, riqueza e amplitude ao som vocal.

Diz-se que uma voz é baça, sem cor, sem brilho ou rouca quando as possibilidades destas cavidades não são optimizadas, deixando assim de amplificar o som e de se reconverter numa qualidade acústica identificável como uma "boa voz".

A voz rouca, tão frequente em profissionais da educação, deve-se, em grande número de casos, à hiperadução de cordas vocais, da qual resulta uma hiperfunção da actividade das mesmas. Deste comportamento excessivo decorre tensão muscular, a qual também pode conduzir a neoformações (nódulos, pólipos, etc.) que originam dificuldades na normal coaptação ou aproximação, desencadeando fugas de ar não sonorizadas que reflectem uma qualidade vocal identificada como voz rouca, soprada, baça, enfim, atributos de uma voz de baixa qualidade.

Articulação

Enquanto sustentáculo do acto de fala, a articulação consiste na capacidade para produzir os sons da língua mediante a activação de um complexo sistema fonoarticulatório. A articulação representa a modificação do som produzido na laringe – a voz – utilizando a capacidade de movimento que apresentam os órgãos móveis da fala (língua, dentes, palato, lábios). Estes, covariantes com as cavidades de ressonância e a precisão motora da fala, harmonizam sincinésias de molde a obter os padrões fonémicos que a programação linguístico-comunicativa requer.

Os distintos sons da fala decorrem, assim, de intervenções diferenciadas ao nível dos articuladores. As vogais são sons produzidos com um mínimo de obstáculo à passagem do ar na cavidade bucal (apenas varia a abertura à passagem do ar causada pelos maxilares, língua e lábios), e com vibração das cordas vocais. As consoantes são sons produzidos com distintos obstáculos à passagem do ar na cavidade bucal.

A identidade das consoantes está ligada à posição e modo de acção dos articuladores enquanto criadores de obstáculos ao fluxo de ar. No que diz respeito ao *modo de articulação*, teremos consoantes oclusivas orais (quadro 1.1) quando a passagem do ar é interrompida momentaneamente (p, t, k, b, d, g).

Nas consoantes oclusivas nasais a obstrução é oral, saindo o som pela cavidade nasal (m, n, ɲ). Nas consoantes fricativas (f, v, s, z, ʃ, ʒ), líquidas laterais (l, ʎ) e líquidas vibrantes (r, R), a obstrução nunca é total.

Nas fricativas, a passagem do ar faz-se por uma fenda estreita no meio da via bucal e o som produzido lembra o de fricção.

Nas líquidas laterais, a passagem do ar faz-se pelos dois lados da cavidade bucal, pois o meio encontra-se obstruído de algum modo; as consoantes líquidas vibrantes são caracterizadas pelo movimento vibratório rápido da língua ou do véu palatino. Um caso especial de consoante vibrante consiste no batimento alveolar, fonema encontrado na segunda sílaba da palavra "cara".

	Bilabial	Labiodental	Alveolar	Pós-alveolar	Palatal	Velar	Uvular
Oclusiva	p b		t d			k g	
Nasal	m		n		J		
Vibrante							R
Batimento			r				
Fricativa		f v	s z	S Z			
Lateral			l		L		

Quadro 1.1. Consoantes do PE, em Alfabeto SAMPA (cf. anexo 1), de acordo com revisão de Kiel (1989) traduzida por Andrade e Viana (1996)

Relativamente ao ponto ou zona de articulação (o local onde é feita a obstrução à passagem do ar), encontramos consoantes bilabiais (implicando o contacto dos lábios superior e inferior) e labiodentais (existindo contacto dos dentes do maxilar superior com o lábio inferior).

As consoantes alveolares comportam o contacto da ponta da língua com os alvéolos, no maxilar superior. As pós-alveolares acarretam um contacto numa zona posterior à dos alvéolos.

As consoantes palatais põem em contacto o dorso da língua com o palato duro, ou céu-da-boca; as velares pressupõe a união entre a parte posterior da língua com o palato mole, ou véu palatino. Finalmente, as uvulares decorrem da vibração da úvula, tecido localizado na parte mais posterior da cavidade bucal.

Algumas consoantes, dada a frequente problemática na sua aquisição, foram associadas a nomes gregos como rotacismo, lambdacismo, deltacismo, betacismo, capacismo e sigmatismo, para os fonemas /r/, /l/, /d/, /b/, /k/, /s/, respectivamente.

A par desta classificação tradicional, a linguística desenvolveu, ao longo do seu percurso científico, um sistema de classificação de fonemas baseado nos designados "traços distintivos". Estes constituem-se atributos orgânicos ou acústicos passíveis de aplicação a vários fonemas. Cada fonema consiste, nesta perspectiva, num mapa de atributos (traços) que o faz único.

Para uma visão mais detalhada da fonética acústica e articulatória do Português Europeu, consulte-se o capítulo II, sobre descrição da fonética e fonologia.

1.3. Pronúncia: entre o colectivo e o anatómico

A materialização da realização linguística com o fim de estabelecer relações comunicativas entre indivíduos que usam a mesma língua, vinculada a variantes regionais, sociais ou mesmo dialectais, não se restringe a dimensões particulares de fonética, fonologia, sintaxe ou semântica.

A pronúncia representa a concretização final da articulação num *continuum* de fala. Nela intervém também o uso de atributos individuais de entoação, ritmo e melodia – aspectos suprassegmentais da língua. Enquanto produto final, a pronúncia reflecte a dinâmica operada entre o anatómico e o colectivo, pois a melodia da língua, ainda que se constitua como o resultado de estruturas anatómicas, reflecte os paradigmas entoacionais de comunidades falantes particulares.

Importa distinguir este conceito de pronúncia do de dicção. A *pronúncia* representa o modo particular de articular, acrescido de factores suprassegmentais como a entoação, o ritmo, a acentuação. Existe um modelo-padrão de pronúncia para cada língua, logo, distintas formas de prosódia, no contexto global das línguas. A *dicção* indica o grau de clareza com o qual um indivíduo articula as palavras de uma dada língua. Neste conceito se incluem, naturalmente, o de pronúncia. Poder-se-á, pois, afirmar que a dicção se centra "mais" na clareza da articulação da fala (esta em estreita dependência do melhor uso da projecção vocal e uso de ressoadores), enquanto que a pronúncia se centra "mais" nos aspectos de ritmo e melodia da fala.

2. Estruturas cognitivas na recepção e produção da linguagem

O problema da captação do significado do mundo é equivalente à forma como conceptualizamos e verbalizamos a realidade, facto este que tem vindo a constituir a base da dialéctica interfilosófica.

Na divisão das funções da linguagem, as categorias "receptiva" e "expressiva" têm apenas um fundamento didáctico, uma vez que coincidem com a oposição sensitivo-motor. A motricidade fundamenta-se no expressivo e o sensitivo na recepção. No entanto, ambos os pólos estão interligados, existindo permanentes circuitos de retroalimentação.

A percepção baseia-se na captação de configurações, sendo isto observado quer na percepção visual (imagens), quer na percepção auditiva (configurações sonoras). Os órgãos sensoriais representam as estruturas periféricas do indivíduo, destinadas a captar os acontecimentos estimuladores, isto é, as mudanças energéticas do ambiente. A sua missão é fundamentalmente transcodificadora – isto é, a de passar de um registo (código) externo a um registo interno ao indivíduo, captado pelos órgãos dos sentidos e posteriormente transformado num código cerebral que o detém, sob forma de representações particulares.

Os estímulos ambientais surgem ao indivíduo como um complexo, simultâneo ou sequencial, constituindo uma "configuração". Os estímulos oferecidos pelos acontecimentos do ambiente são potencialmente inumeráveis. A função intrínseca aos órgãos sensoriais corresponde a uma missão de selecção: os órgãos sensoriais são estimulados por determinados factos e não por outros. Esta selecção tem sido configurada ao longo da escala filogenética e dada a discriminação das mudanças do ambiente que têm valor para a sobrevivência, são designados *biovalores*. A ilustração do que se acaba de afirmar pode ser encontrada no facto de o ouvido humano ser especialmente sensível às frequências conversacionais, não descodificando, por exemplo, a gama designada por ultra-sons.

Os órgãos dos sentidos transformam as configurações de estímulos em configurações de impulsos eléctricos. O encadeamento de impulsos emergente deste fenómeno é adequado para constituir o "código máquina" do Sistema Nervoso Central.

Todos os órgãos sensoriais têm uma sequência própria de impulsos que os caracteriza e lhes serve de "marcador". Os vários tipos de impulsos apresentam, no entanto, características comuns que permitem o acesso a níveis mais elevados de processamento, integrando informação procedente de diversos órgãos sensoriais – processamento transmodal das diversas modalidades sensoriais. Estas características permitem ao indivíduo elaborar a "permanência dos objectos", a qual implica coordenar ou integrar informação visual, auditiva, táctil, cinestésica, etc. Paulatinamente, o indivíduo vai elaborando, no seu cérebro, um mapa do ambiente, constituído por objectos e relações entre os mesmos. Deste modo, uma série de estímulos que poderiam produzir uma percepção caótica do mundo dão lugar a estruturas cognitivas organizadas. Construir um mundo extraído de um mundo que "parece ser", é um dos grandes triunfos da infância.

O processamento da informação que parte dos órgãos dos sentidos apresenta diferentes níveis de complexidade. As operações despoletadas a partir deste momento podem denominar-se "guiadas pelos dados", uma vez que partem da utilização dos dados sensoriais. Poder-se-ão, ainda, qualificar como ascendentes e centrípetas, porque se dirigem para níveis hierarquicamente superiores e com funções integradoras, em última instância, localizados no cérebro.

Cada etapa de processamento consiste em adquirir dados (*inputs*) e efectuar alguma operação com os mesmos. O resultado do processamento (*output*) serve de input à seguinte etapa.

Porém, este processo não segue uma única direcção ascendente. As configurações de dados que percebemos são dependentes da programação prévia do nosso sistema cognitivo, isto é, das nossas expectativas. Como a organização destes dados constitui um sistema conceptual, pode afirmar-se existir um processamento guiado conceptualmente, baseado em informação considerada descendente ou centrífuga.

Este sistema duplo, ascendente/descendente, explica que, simultaneamente, entendamos o significado de uma série ao analisar as suas partes e que conheçamos as suas partes para que a série adquira significado.

A fala que ouvimos é, pois, uma configuração. O seu reconhecimento faz parte do grande problema do reconhecimento de formas. Ela apresenta uma série de dificuldades adicionais: as unidades sonoras da fala devem reconhecer-se, apesar de não estarem claramente segmentadas. A segmentação da linguagem escrita não corresponde exactamente àquilo que é ouvido, o que leva a criança em desenvolvimento a cometer erros, tanto por defeito como por excesso de segmentação. Um exemplo ilustrativo pode ser a escrita de "jatinha" (já tinha), como se apenas de um vocábulo se tratasse. Neste caso, a criança respeitou a cadeia de fala, pois assim falamos, não respeitando qualquer silêncio entre os dois vocábulos. No segundo caso a criança pode escrever "a inda" (ainda), por excesso de zelo na segmentação.

Por outro lado, os fonemas de cada língua constituem idiossincrasias, quer da sua estrutura formal, quer do modo como cada indivíduo os realiza fisicamente. Na verdade, qualquer tipo de produção linguística traduz as particularidades anatómicas, fisiológicas e sócio-culturais do produtor que emite. Este facto deve-se à designada *percepção categorial* para a fala, a qual permite que um sujeito ouvinte seja capaz de reconhecer o sentido, na variedade de realizações linguísticas da sua própria língua, apesar de o produtor/falante fazer uso de "aproximados" padrões fonéticos àqueles que o sistema linguístico de ambos descreve. Tal é o caso dos fonemas /z/ ou /s/ os quais, na região de Viseu, não são realizado de forma similar aos do Porto, sendo, no entanto, compreendidos por qualquer ouvinte de todo o nosso país.

Podemos, ainda, observar que, no puro domínio fonológico, os elementos sonoros dos padrões lexicais sofrem "contaminações" de quantos se encontrem nas suas proximidades, realizando-se de forma diferenciada de acordo com os contextos. Este fenómeno é designado de *coarticulação* e é traduzido por ligeiras alterações na produção física dos sons, facilmente verificáveis em registos espectográficos. Tal pode ser o caso de algum tipo de vogais, que passam a semivogais quando se incluem em determinado tipo de ditongos. Tomemos como exemplo a produção do som vocálico /i/, diferentemente realizada em "pai" e "piu".

Qualquer aprendizagem parte da interpretação dos dados sensoriais que provêm do contexto do acontecimento sensorial. Designamos *contexto* a uma grande quantidade de informação acumulada e submetida a processos de repetição ou rotinas, servindo para compreender os acontecimentos. Assim, o reconhecimento das palavras fica melhorado se estas se escutam em determinada ordem gramatical. A rotina ou repetição de acontecimentos numa dada ordem permite-nos elaborar regras. Estas reduzem a quantidade de alternativas possíveis e conduzem-nos para interpretações coincidentes com o que é esperado, isto é, com expectativa. Uma expectativa é, em essência, uma hipótese. O processamento guiado conceptualmente inicia-se por uma hipótese e, posteriormente, pela análise dos dados. As regras contidas na gramática e o significado da linguagem dão lugar às expectativas. Quando os dados encaixam nas expectativas, são apenas necessários leves indícios para ultrapassar as ambiguidades numa série. Porém, se tal não ocorre, o processamento da informação torna-se laborioso, facto verificável através do tempo gasto no processamento, isto é, através do tempo de latência prévio à resposta.

A essência da linguagem verbal, enquanto sequência de símbolos, deve analisar-se como um Todo. A análise segmental destrói o significado, sobretudo se os segmentos são pequenos. A percepção da linguagem falada não constitui uma excepção às leis da Gestalt. Podemos verificar que são cumpridas as leis da semelhança (possibilidade de o receptor interpretar os alófonos), da proximidade (associação de signos nos sintagmas), da continuidade (os ditongos captam-se como um só fonema), do encerramento (o contexto age sobre a informação que falta, etc.) na percepção da linguagem falada. O cumprimento destas leis leva-nos à evidência de que todo o ser humano tende a seguir pautas similares em todas as percepções, quer sejam verbais quer não.

A evidência de falarmos de acordo com regras estruturais constitui uma informação adicional. Podemos esperar ou antecipar dados que não tenham sido ainda processados, constituindo tal facto (a expectativa) uma redundância. A redundância, enquanto forma repetida ou mecanismo de duplicação, elimina ambiguidades, permitindo um acesso mais fácil ao objecto da percepção.

Uma grande parte das séries do meio ambiente, séries que são transcodificadas nos órgãos sensoriais, só alcança níveis elementares de processamento. Isto resulta do facto de algumas séries constituírem material irrelevante segundo os nossos parâmetros de biovalores (valores para a sobrevivência) e *psicovalores*. Este material irrelevante só é analisado de forma suficiente para determinar as suas características físicas gerais, sendo abandonado de seguida. Na classificação da relevância ou irrelevância do material tratado pelos órgãos sensoriais, as expectativas têm peso. Se apenas existem dados e não existem expectativas, a percepção torna-se flutuante e instável. Consequentemente, as alterações de energia que actuam sobre os órgãos dos sentidos apenas se podem interpretar mediante um processamento conjunto dos dados sensoriais e da informação armazenada nos mesmos, sendo estabelecida uma conexão entre ambos.

Processar a linguagem significa, pois, activar, preferencialmente, ora estruturas vinculadas à captação/recepção da informação, proveniente dos sentidos (*bottom up*), ora levar a cabo o processamento dos dados captados partindo das conceptualizações que sobre a realidade cada sujeito detém (*top-down*). No primeiro caso – processamento guiado pelos sentidos – a informação é captada pelos órgãos sensoriais e conduzida para áreas cerebrais onde o processamento é levado a cabo tendo em conta todo o tipo de saberes anteriormente adquiridos (lobo temporal para informação auditiva, lobo occipital informação visual, lobo parietal de reconhecimento somatognósico, áreas subcorticais para olfacto e cheiro). No segundo caso – processamento conduzido a partir das representações que o cérebro detém sobre a realidade circundante – a interpretação do real é feita a partir do tipo de "configurações" ou formatações conceptuais que o sujeito detém sobre o(s) dado(s), presente(s) em qualquer contexto.

Tal como referido, cada um destes tipos de processamento agrega bio e psicovalores que interferem, em maior ou menor escala, tanto na apreensão como na percepção do conhecimento. Na verdade, mantemos a nossa atenção, de forma selectiva, para determinado fenómeno ou acontecimento, quando ele nos "diz algo", isto é, interessamo-nos por algo na razão directa da valorização que lhe atribuímos.

Em actividades de carácter intercomunicativo, a memória verbal constitui um dos processos psicológicos superiores de maior uso e poder na formulação cognitivo-linguística. Admitindo-se a classificação de memória de curto e longo prazo, estas, ainda que autónomas, revelam larga margem de interdependência. Após captação sensorial, seguida de uma selecção e codificação, os dados são incluídos num outro tipo de registo (armazém) denominado memória a curto prazo. Neste nível, a informação já se encontra processada e codificada, tendo já acontecido um reconhecimento de Formas. Posteriormente, a informação, estruturada e organizada, passa a um outro tipo de "armazém" denominado memória a longo prazo. Esta, constituída por sequências de fenómenos bioquímicos que permitem a duração da mesma, deve tornar-se operativa sempre que a ela acedemos para processar a linguagem, processo levado a cabo pelo sistema cognitivo enquanto gestor do conhecimento. A memória de trabalho ou operativa constitui a interface entre a percepção da realidade oferecida pelos sentidos e a formação ou evocação de memórias. Ela é indissociável da organização social da vida, na qual se inserem a organização e estruturação do conhecimento linguístico. Neste sentido, trabalhar com memória de trabalho de cariz verbal, para fomentar e cimentar a aprendizagem do sistema da língua, constitui, a nosso ver, uma enorme mais valia para a superação dos défices fonológicos, tal como se propõe no capítulo dedicado à intervenção.

3. Dimensões do sistema linguístico

Numa visão rápida e integrativa, pode estabelecer-se alguma correspondência entre os níveis de actividade humana atrás sumariados e os distintos níveis do sistema linguístico.

No campo da linguagem, são estabelecidas distinções entre os distintos níveis ou dimensões que compõem a linguagem falada. Fazer uso da linguagem implica a apropriação de um sistema linguístico que obedece a normas e abrange distintas dimensões: fonética, fonológica, morfossintáctica, pragmática e semântica. A Semântica, importante dimensão linguística relacionada com o significado, permite uma maior flexibilização no uso de padrões normativos, pois através dela se explicitam sentidos, partindo de formulações lexicais e morfossintácticas bastante personalizadas.

A fonética corresponde ao nível de realização física das sonoridades da língua. No plano da actividade humana, a fonética requer conhecimento e uso do ponto e modo de articulação dos fonemas e exige boa coordenação dos órgãos periféricos da fala e das estruturas nervosas superiores, das quais depende, em primeira e última instância, o movimento que as acciona.

Para realizar a actividade da fala é requerida a melhor coordenação neuromotora dos músculos interferentes na fonação, respiração e articulação, tendo estes como "central de controle" áreas específicas do sistema nervoso central e, como "obreiros" do processo, os órgãos da articulação com os respectivos músculos que os enervam. Tais estruturas periféricas ou articuladores deverão apresentar condições físicas e funcionais capazes de pôr em acto produtos linguísticos. Ligeiras alterações na sua morfologia externa ou na relação com a neurofisiologia da actividade articulatória resultam em quadros de patologia que urge corrigir o mais precocemente possível, a fim de evitar a instauração de padrões incorrectos.

A fonética, enquanto produção ou realização de sons da fala do ponto de vista físico, requer parceria com a fonologia. Esta dimensão, enquanto organização ou sequenciação dos elementos sonoros que a fonética lhe oferece, ascende ao conglomerado sonoro que faz parte do modelo linguístico padrão. Este modelo pode ainda apresentar ligeiras diferenças ou nuances de produção, atendendo a factores linguísticos regionais e sócio-culturais.

A aprendizagem da fonologia requer maturidade neurofisiológica e psicológica. Ela representa um domínio, abstracto, da linguagem falada; ela ganha sentido quando traduz significados, passando a integrar-se como elemento da dimensão léxico-semântica. O seu domínio inicial requer potencialidades do próprio sistema nervoso (capacidade de atenção selectiva, memorização, discriminação, reconhecimento de uma figura num fundo auditivo, etc.) a fim de tornar possível a gradual ascensão a patamares da sua aquisição. Iniciando-se como sistema de simplificação da fala adulta e associada a processos de simplificação tal como a omissão, substituição, harmonização, contaminação de sonoridades próximas, etc., gradualmente se instaura, tanto na consecução de padrões motores como perceptivos e representacionais.

Todos estes aspectos (motores, perceptivos, representacionais) seguem um percurso paralelo ao do desenvolvimento, em geral, no qual as funções neuromotoras (movimento amplo e fino) e psicológicas (atenção, memória, abstracção, simbolização) conduzem todo o processo de crescimento em geral e da aprendizagem dos símbolos da linguagem em particular.

Ambas as dimensões, fonética e fonologia, se aproximam do domínio articulatório. Contudo, a fonologia requer actividades particulares de foro cognitivo, tais como a percepção e memória sequencial, que lhe atribuem um carácter diferenciador em relação à primeira e se constituem como trampolim para a esfera do significado ou domínio da semântica.

A diferenciação nítida entre fonética e fonologia tem constituído base para debates acesos, quer pró quer contra tal diferenciação. Para a clínica, a distinção reveste-se de uma enorme importância, pois qualquer um dos domínios se pode manifestar incompetente numa aprendizagem da fala. Por consequência, as estratégias de intervenção são, também, diferenciadas. Tendo isto em conta, reservamos para os capítulos seguintes a maior explicitação do que aqui está em causa.

3.1. *Morfossintaxe*

A designação de morfossintaxe aglomera duas dimensões do sistema linguístico – morfologia e sintaxe. Se, em fórmula muito abreviada, podemos dizer que a morfologia atenta à forma (morfo-) das palavras, a realidade é que esta forma em questão depende de factores sintácticos – ou seja, da relação entre palavras no âmbito da formação de unidades mais largas como orações e frases.

Esta indissociabilidade morfologia-sintaxe está ligada à distinção entre morfologia derivacional e morfologia flexional.

- A morfologia derivacional refere-se aos princípios de alteração de significado de uma palavra através da transformação dos seus morfemas (unidades inferiores à palavra) constituintes. Para um exemplo, pense-se na palavra "criancinha", composta pelos morfemas "criança"+"-inha".

- A morfologia flexional apela à sintaxe, na medida em que a manipulação de morfemas no interior da palavra está vinculada à construção de frase. Considere-se a palavra "chorava", em que os morfemas "chor-" e "-ava" se articulam para conformidade a uma ideia (sintáctica) de 3º pessoa do singular no pretérito imperfeito do modo indicativo.

3.2. Semântica

Pano de fundo de todo este panorama, a semântica, dimensão do significado, articula a sistematicidade da estrutura morfossintáctica e lexical, isto é, a forma com o conteúdo.

Do ponto de vista do uso/apropriação do sistema, o domínio do léxico refere-se à selecção de referentes ou realidades e de formas ou palavras para significar, simbolicamente. No léxico se incluem as denominadas palavras "cheias", que representam classes de objectos, seres, acontecimentos, verbos e adjectivos. Da morfossintaxe emerge o *sentido* da combinatória pluricontextual entre palavras de conteúdo (plenas de relação com o referente) e palavras de função (preposições, conjunções, advérbios, pronomes e determinantes). Representa ainda o conjunto de traços que definem um referente.

O domínio da semântica vincula-se, também, à pragmática e, consequentemente, à polissemia. Na verdade, as formas linguísticas são símbolos que valem pelo que significam, encontrando-se determinadas pelo contexto comunicativo no qual ocorrem. Usar uma palavra implica, com efeito, pelo menos, três níveis de relação com o mundo, através da linguagem:
 - Articulação de um conjunto de fonemas acreditado pelo sistema alvo enquanto "palavra". Tomemos como exemplo a palavra "saudade";
 - A representação de um objecto real ou imaginário, igualmente validado pela vivência intersubjectiva de uma dada comunidade. Retomando a palavra anterior seria a "ideia" de saudade. Esta palavra tem uma determinada carga representacional para a língua portuguesa que não terá para um povo do norte da Europa;
 - A correcta aplicação da forma sonora à realidade em causa.

A dimensão da semântica cruza-se de forma evidente com outras – nomeadamente a fonologia e a morfossintaxe. É, no entanto, a ligação ao universo da semântica que lhe oferece a identidade.

Do ponto de vista do desenvolvimento, é vulgar a referência a um desenvolvimento "semântico", entendido este como a capacidade para compreender diversos tipos de significado e uni-los utilizando os recursos da linguagem constituídos pelos símbolos.

3.3. *Pragmática*

A dimensão da pragmática atinge a comunicação enquanto cenário global no qual um código convive com um contexto. Requer, pois, competências que manifestem o domínio da língua nos múltiplos "usos" que o falante dela possa fazer, ajustando conhecimentos não apenas de carácter individual (cognitivo, afectivo) mas também colectivo, isto é, enquanto membro de um agregado sócio-cultural orientado por valores e padrões conceptuais, emergentes de práticas que o próprio sistema (ou micro--sistema) alimenta.

A dimensão da pragmática remete a linguagem para um contexto de uso (social, pessoal e físico), pondo em questão as crenças e os desejos das pessoas enquanto produzem um enunciado. Trata-se de um conhecimento sobre o que se pode falar, com quem, quando, onde e de que maneira, para que entendam o que lhes dizem e para que possam expressar os seus desejos e intenções.

Neste âmbito, podem distinguir-se alguns níveis de competência pragmática:
• Ser capaz de transmitir uma intenção (actos e fala);
• Eleger a informação adequada para tal;
• Interagir cooperativamente, seguindo regras de conversação;
• Entender e usar registos variados (literal, irónico, formal, informal);
• Manipular a construção do discurso (narrativo, explicativo, argumentativo);
• Reconduzir a conversação após uma ruptura ou incompreensão.

Os princípios reguladores da actividade verbal constituem, como anteriormente explicitado, o objecto de estudo da pragmática. Enquanto a fonologia, morfologia, sintaxe e semântica estudam as línguas como sistemas formais de elementos e respectivas regras que os regem, o léxico e gramática representam, de facto, as pedras e a estrutura de um edifício que "está aí", deixando de ser inerte, quando usado, tornando a língua viva.

A pragmática encara as línguas como instrumentos de acção e comportamentos, regidos por regras passíveis de dar conta da relação entre línguas enquanto sistemas formais e a sua actualização em situações, quotidianas, de uso.

Uma análise detalhada sobre relação entre as formas, os conteúdos e os usos da linguagem produtiva, tornam evidente não só a envolvência dos processos adstritos a três blocos interactivos, como a necessidade de os isolar para melhor aceder à sua complexidade.

Aprender a forma equivale a adquirir o domínio da fonologia, morfologia e sintaxe, convencionadas. Exige, pois, saber articular fonemas e sílabas integrando-as em contextos que referenciem significados. Tais sentidos passarão a coabitar com outros e também com palavras de função (conectores que apenas adquirem *valor* no contexto do enunciado) tornando infinita a leitura dos sentidos, na multiplicidade dos discursos.

Os Conteúdos congregam a multiplicidade de acessos ao significado. Preocupação latente desde a antiguidade grega, o mundo do conhecimento tem-se constituído como objecto de distintas ciências (da Semiótica à Psicologia, passando pela Filosofia) e todos apelam à possibilidade de o Humano se apropriar do mundo "para si".

A pragmática, situada na encruzilhada entre a forma e o sentido, constitui-se como a ciência que estuda o uso que o humano faz acerca do seu saber sobre a sua própria linguagem. O seu objecto de análise é o estudo das línguas naquilo que ela revela de conhecimento acerca da interacção entre os indivíduos. Voltado para a acção, para os factos, para a actividade intercomunicativa, o estudo sobre os usos da linguagem reflecte, também, as pautas que dirigem a vida em comunidade, trazendo à luz o carácter sócio-linguístico que a rege, enquanto conglomerados de pessoas que interagem através de símbolos, gestos ou outros significantes.

Numa tentativa de sintetizar este capítulo acerca dos conceitos sobre a linguagem, diremos que estes apenas nos dão uma reduzida "imagem" sobre ela. Na realidade, definir linguagem, mesmo desdobrando algumas das suas possibilidades explicativas, aqui tentadas ao enunciar alguns conceitos que com ela se relacionam, é reduzir as suas infinitas possibilidades.

A linguagem constitui-se como a metáfora da caverna de Platão, onde o que observamos é apenas aquilo que a nossa possibilidade sensorial abarca e nunca " a coisa em si", isto é, a multidimensionalidade do conhecimento que, diante da mesma, muitas portas, ainda, permanecem por abrir.

Capítulo II
Fonética e Fonologia do Português Europeu

Compreender o percurso de aquisição da língua pela criança implica conhecer os elementos que são objecto dessa aquisição. No plano fonético-fonológico, o percurso da criança dirige-se à capacidade de produção e organização de elementos e propriedades sonoras que – embora incluam aspectos partilhados por outras línguas – constituem, no seu conjunto, um reportório que é, em última instância, específico. No nosso caso, trata-se de elementos e propriedades específicos do Português Europeu. A referência ao Português Europeu (PE) pressupõe que, do ponto de vista fonético-fonológico – existe uma diferença entre a língua que é falada em Portugal e a que é falada no Brasil – o Português Brasileiro.

Deste reportório fazem parte elementos *segmentais* e *suprassegmentais*. Esta distinção é explicitada ao longo deste capítulo e corresponde, numa visão geral, à distinção entre o plano dos segmentos (os sons isolados, vulgarmente classificados como consoantes e vogais) e o plano das propriedades também sonoras da língua, mas que afectam a produção numa escala mais ampla que a correspondente à de um som. Aqui incluem-se objectos e propriedades como o tipo de sílaba (formato silábico), o acento de palavra, ou a própria extensão da palavra. Este nível de descrição da língua e de descrição da aquisição é, como tal, designado como suprassegmental.

Este capítulo assume, portanto, uma vinculação forte às descrições oferecidas pelo campo disciplinar da linguística. Num primeiro ponto (1) delimitam-se – com maior profundidade que a que foi oferecida no capítulo anterior – os conceitos de Fonética e de Fonologia. O ponto seguinte (2) explora os conceitos básicos do domínio segmental, dirigindo-se à caracterização exaustiva dos elementos característicos do PE. Finalmente, alargamos o âmbito da descrição ao plano suprassegmental, tentando, de novo, elencar propriedades do PE que, como veremos, são objectos com os quais a criança tem que se confrontar para adquirir o sistema fonético--fonológica da sua (nossa) língua-mãe. O ponto 3 aborda o segmento na perspectiva dos traços distintivos, encerrando a perspectiva segmental.

Nos pontos 4, 5 e 6, os domínios em causa são de natureza suprassegmental. Considera-se com particular destaque a sílaba, uma vez que ela se revela dotada de grande poder explicativo no plano do desenvolvimento fonológico.

1. Fonética e Fonologia

O termo Fonética significa, no étimo, *"relativo aos sons da linguagem"* e refere-se *"ao modo como estes sons são produzidos pelos locutores e como são percebidos pelos ouvintes"* (Andrade e Viana, 1996, p.115).

Podemos perspectivar os sons da fala sob três ópticas distintas: ao considerar as propriedades físicas dos sons da fala, definimos a fonética acústica; a produção dos sons da fala remete para a fonética articulatória; finalmente, o estudo da percepção desses elementos configura um terceiro domínio, que é o da fonética perceptiva.

O campo da Fonologia debruça-se sobre o modo de reconhecimento dos sons de uma língua particular tendo em conta, no âmbito específico da mesma, as sequências que constituem palavras e as propriedades fonéticas usadas com valor informativo (Mateus, 1996). Vemos, por um lado, que a transição da Fonética para a Fonologia comporta a noção de sequência e de organização. Por outro lado, a noção de *valor infomativo* remete-nos para o posicionamento do fonético-fonológico na sua dicotomia forma/conteúdo. Vilela (1999) define o plano fonológico enquanto *plano da forma*, coexistindo com o nível do conteúdo na definição do signo linguístico. Na verdade, fonologia remete-nos para a organização dos sons no sistema de uma língua, e som é forma. Ao mesmo tempo, as sequências sonoras apenas nos evocam significados ou conteúdos na medida em que uma comunidade linguística lhes atribui um referente. Isto leva-nos, de novo, à ideia de que não existe um sistema fonológico mas, antes, vários sistemas fonológicos particulares.

Na definição de um sistema fonológico particular intervém, portanto, a noção de elemento pertinente para a transmissão de uma mensagem no contexto de uma determinada língua. Este elemento pode remeter, quer para uma *unidade* quer para uma *propriedade* física, intensidade, altura, duração, constante do material sonoro ao dispor do aparelho produtivo do falante. Sumariando as grandes questões da teoria fonológica, Goldsmith

(1995) refere-se aos domínios (1) da fonotáctica (possibilidade de combinação de sons em sílabas e palavras numa língua), (2) das alternâncias ou diferenças na forma fonológica ou realização de um morfema em diferentes contextos e (3) das diferenças fonéticas contrastivas numa dada língua. Está, portanto, em questão, o conjunto de variações sonoras que são relevantes para a transmissão de informação num dado contexto linguístico.

Ao mesmo tempo que contempla formas específicas de organização num sistema de sons (língua) particular, a perspectiva fonológica indaga sobre os "*...princípios universais inerentes ao funcionamento de todos os sistemas fonológicos*". (Mateus, 1996, p.173). Transversal a todos eles, encontra-se a noção de acto colectivo de selecção, i.e., a actividade que remete para a escolha de sons para uma língua, entre os múltiplos sons articuláveis pelo aparelho produtivo humano. Numa perspectiva fonética, a unidade que resulta da selecção é o *fone*. Quando essa unidade se perspectiva num contexto (palavra), onde adquire valor na definição de significados, esse fone adquire o estatuto de *fonema* e é, assim, lido na perspectiva fonológica e já não fonética.

De um ponto de vista psicológico, a fonologia é o campo de observação de um exercício de generalização. Este verifica-se no sentido em que cada falante de uma dada língua se vê confrontado com a tarefa de associar a percepção de vários sons à representação de um único fonema. É assim que, na linha em que se define a relação som/significado, o grande território fonético-fonológico contempla – para além do fone e do fonema – o conceito de *variante ou alofone*. Este conceito emerge da variabilidade de produção inerente a fontes sócio-geográficas, individuais, ou ainda às restrições impostas pelo contexto fonético. Nesta última situação importa considerar as formas segundo as quais o posicionamento de um som em múltiplos contextos fonéticos determina a variabilidade na sua própria realização.

Debruçamo-nos então em seguida sobre o domínio segmental, percorrendo os níveis do fone, fonema e alofone enquanto elementos do reportório do Português Europeu.

2. Segmento, fone, fonema e alofone

2.1. *Segmento ou unidade segmental*

Trask (1996), define segmento como "... *qualquer uma das unidades mínimas a partir da qual uma produção oral pode ser vista como uma sequência linear aos níveis fonológico ou fonético*" (p. 318). Considera ainda que o segmento "...*é concebido como um período da fala durante o qual os órgãos articulatórios estão mais ou menos imóveis*" (ibid.).

Nesta perspectiva, o segmento inclui quer o fone, quer o fonema[1]. Segundo Andrade e Viana (1996), é denominada fone ou segmento fonético a realização acústica de um som da fala. Enquanto facto concreto fisicamente mensurável, o fone opõe-se ao fonema (segmento fonológico), o qual é definido como unidade linguística abstracta. Em termos operacionais, o fonema surge identificado quando, numa palavra, a substituição de um som por outro faz com que a mesma deixe de ter o significado inicial. A emergência de duas palavras distintas, ainda que inexistentes – mas desde que possíveis[2] – demarca, então, a realidade de dois fonemas (Mateus, 1996).

No plano da notação, a referência aos fones faz recurso a parêntesis rectos ([ ]), distinguindo-se, assim, da que é usada para os fonemas (barras oblíquas – //).

2.2. *Alofones*

Constituem variantes fonéticas as "*realizações de um dado segmento sonoro enquanto elucidativas de diferenças regionais, grupos sociais ou estilos individuais*" (Andrade e Viana, 1996, p.119).

Mateus (1996) designa estas distintas realizações – destituídas da capacidade de estabelecer distinções de significado numa dada língua –

---

[1] Na Fonologia Generativa, contudo, "segmento" equivale, grosso modo, a fonema ou unidade distintiva.

[2] É um exemplo da autora a oposição talha/tilha (Mateus, 1996).

como variantes livres. Um exemplo de estudo a este nível, no contexto dos habitantes da cidade do Porto, é apresentado em Moutinho (2001).

Mateus (1996) distingue as variantes livres (dialectais ou sociolectais) do conjunto formado pelas variantes contextuais ou combinatórias que – embora também marcadas pela realização diversa de um mesmo fonema – apelam antes à diversidade de articulação gerada pela posição que o fonema ocupa no contexto da palavra. É exemplo desta variação a diferença do /l/ em *leva* e *balde*, a qual ilustra o processo de velarização.

A velarização corresponde, segundo Morais (1994), à transformação na produção vocálica por influência da líquida [l] em final de sílaba (*mal, mel, mil, sol, sul*) e constitui um exemplo da coarticulação. O fenómeno ocorre quando a produção de um segmento surge acrescentada de características próprias de segmentos vizinhos (Morais, 1994). Para além da velarização, podem assinalar-se dois casos específicos de coarticulação no PE – a velarização e o desvozeamento de vogais.

A nasalização corresponderá às situações em que escapa alguma quantidade de ar para a cavidade nasal pelo facto de o véu palatino baixar para a produção de uma consoante nasal vizinha (Morais, 1994). A vogal que se tornou nasal será sempre precedida ou antecedida de consoante nasal, tendo sofrido assimilação. Podem apontar-se, respectivamente, como exemplos, as palavras cama e mãe. Relativamente ao último exemplo, o autor salienta que "*a nasalidade vocal, não sendo etimológica, deve ter essa origem, ainda que mal explicada*" (p.63). Uma outra forma de nasalização pode, segundo Morais (1994), ser encontrada na articulação de vogais que precedem dorsopalatais orais, tal como em *fincar* ou *tango*. A notação deste fenómeno deve, segundo o autor, fazer uso do símbolo [ŋ].[3] A vogal nasal acontece, portanto, quando a vogal se nasaliza por efeito de uma consoante nasal que com ela faz sílaba (p*i*nto, c*a*nto). Por sua vez, a nasalização acontece com a vogal que sofre assimilação da consoante nasal que lhe está antes ou depois.

O desvozeamento de vogais surge, no contexto das sílabas não acentuadas, enquanto introdução de um sopro (aspiração) não vozeado. Segundo Andrade e Viana esse sopro não será muitas vezes "*... audível, embora a vogal possa deixar um 'rasto' na consoante anterior*" (p.125).

---

[3] O autor considera, aliás, ser este tipo de emissão sonora uma consoante.

Tanto como as variações contextuais a que se fez referência aqui, como as variações livres fazem parte, como já dissemos, do conceito de alofone.

2.3. O segmento enquanto conjunto de traços distintivos

Uma outra forma de definir segmento é como "*...um conjunto de traços distintivos completamente especificado e capaz de receber uma interpretação fonética numa língua particular*" (Trask, 1996, p.318). Esta definição é, também ela, relevante, na medida em que introduz a perspectiva do traço distintivo. De acordo com esta definição, o segmento é divisível em subunidades. A este respeito, Andrade e Viana (1996) sublinham que *"Uma classe de fones é caracterizável em termos de parâmetros – os traços fonéticos. "A unidade segmental torna-se, à luz deste facto, decomponível"* (p.120).

A perspectiva dos traços distintivos põe em jogo a prevalência do segmento enquanto unidade mínima nos domínios fonético e fonológico. A afirmação do traço enquanto operador da decomposição do segmento sugere, com efeito, a possível concorrência entre ambos na definição de um objecto irredutível (mínimo) para a fonologia.

Esta questão está, de resto, inscrita na história da linguística, tendo dado corpo ao confronto histórico entre a perspectiva estruturalista americana (Bloomfield, EUA, anos 40 e 50) – considerando o segmento como unidade mínima – e as propostas alternativas baseadas na consideração de traços distintivos. Mateus (1996) defende esta última posição quando afirma: *"Ora dado que esse segmento é constituído por propriedades – os traços distintivos – que se podem identificar e servem para distinguir os fonemas, é compreensível que essas propriedades passem a ocupar o lugar de unidades mínimas."* (p.181).

Finalmente, a possibilidade de definir o segmento através da enumeração de um conjunto de traços distintivos evoca a possibilidade de agrupamento de segmentos em classes. As classes são constituídas por segmentos que partilham um mesmo traço ou conjunto de traços.

Fragmentador (por dividir o segmento em propriedades) e agregador (por formar classes), o traço distintivo reorganiza o estatuto do segmento no quadro dos objectos da Fonologia. Quer ele constitua ou não uma grelha privilegiada de leitura de factos fonológicos, não pode, por conseguinte, ser ignorado numa abordagem desta natureza.

Tendo em conta as questões levantadas, centrar-nos-emos, em seguida, na forma segundo a qual a consideração de um parâmetro (traço) promove a agregação de segmentos em grupos unidos pela partilha do mesmo. Posteriormente debruçar-nos-emos sobre algumas especificidades dos traços em si mesmos, enquanto objectos fonológicos.

3. Classes

Para Mateus (1996), o conceito de classe natural está preso ao funcionamento comum dos elementos que a integram, referindo a autora que *"uma das suas características é o facto de todos os elementos que a ela pertencem se poderem definir com um número menor de traços do que o necessário para definir cada um deles separadamente"* (p.185). Trask (1996) considera esta como uma definição formal: *"Qualquer classe que possa ser caracterizada com menos informação que a que é necessária para caracterizar qualquer uma das suas partes"* (p.235). Mateus (1996) adianta que *"quanto menos traços forem precisos para definir uma classe de segmentos, mais natural ela é"*. (p.185).

No sentido informal atribuído por Trask (1996), a classe natural é *"...qualquer classe de objectos linguísticos unificáveis por um padrão e que, por conseguinte, devem ser referidas numa descrição linguística como uma só classe unitária"*(idem).

Associadas a esta segunda definição de classe natural – e historicamente anteriores às propostas de sistemas de traços distintivos – as designadas "classes articulatórias tradicionais" recorrem ao contexto dos mecanismos de produção de fala para definir conjuntos de objectos linguísticos unificados por um mecanismo comum de articulação. Consideramo-las em seguida.

3.1. *Classes articulatórias tradicionais*

Tendo em conta a inexistência de um consenso total sobre os sistemas de classes propostos pela literatura, e seguindo a lógica decorrente de uma apreciação do processo de produção de fala, revemos aqui as tendências dominantes, com especial ênfase na classificação das unidades pertencentes ao PE.

3.1.1. Vozeamento e classes principais

A modulação do fluxo de ar ao nível laríngeo põe em jogo a dimensão do vozeamento, associada à existência ou não de vibração das cordas vocais. Em função deste, definem-se duas grandes classes de segmentos: os vozeados ou sonoros e os desvozeados ou surdos.

- Vozeados ou sonoros: se existir vibração das cordas vocais. Inclui-se aqui o conjunto das vogais, semivogais ou *glides* e algumas consoantes (sonoras ou vozeadas)

    [b]-**B**OLA
    [d]-**D**EDO
    [g]-**G**ATO
    [m]-**M**OTA
    [n]-**N**OTA
    [ɲ]-**NI**NHO
    [v]-**V**ELA
    [z]-CA**S**A
    [ʒ]-QUE**I**JO
    [l]-**L**IVRO
    [ʎ]-RO**LH**A
    [ɾ]-CA**R**A
    [R]-CA**RR**O

- Não vozeados ou surdos: quando não existe vibração das cordas vocais. Integram-se aqui as consoantes surdas ou não vozeadas.

    [p]-**P**ATO
    [t]-**T**ACO
    [k]-**C**OMER
    [f]-**F**ATO
    [s]-**S**OPA
    [ʃ]-CA**CH**O

Tendo em conta o factor modulação do fluxo supralaríngeo/condições de escoamento do fluxo pelo tracto bucal, podem considerar-se as classes de segmentos nas quais
- O ar escapa livremente pela cavidade oral: vogais e semivogais/ *glides;*
- Existe obstrução oral à passagem do ar: consoantes.

No caso das consoantes, a especificação do percurso articulatório subsequente define dois grandes tipos de classes – classes de modo e classes de ponto de articulação.

3.1.2. Classes de consoantes

Para as consoantes, é feita – para além da divisão segundo o vozeamento – uma dupla classificação, a qual inclui a classificação por modo e a classificação por ponto ou lugar.

Classes de modo

O tipo específico de obstrução à passagem do ar na produção de consoantes organiza-as ao longo da dimensão "modo de articulação". No PE encontramos, assim, consoantes oclusivas, fricativas e líquidas.

1 – *Oclusivas*: quando existe oclusão completa do canal bucal. Morais (1994) salienta que a produção sonora em causa pode, dependendo do contexto, identificar-se com a interrupção da passagem do ar ou com o desfazer da própria oclusão. Integram-se aqui os grupos de segmentos [I] e [II].

(I) [p][t][k] [b][d][g]

e

(II) [m][n][ɲ]

A distinção entre os grupos (I) e (II) corresponde à diferença articulatória existente entre oclusivas orais (I) e oclusivas nasais (II). Se, nas últimas, o velo permite o escoamento nasal do fluxo de ar, no grupo das orais o articulador em causa não o permite, decorrendo daqui um aumento significativo da pressão atrás da constrição. A distensão abrupta da mesma resulta num ruído breve que – pela sua aproximação à imagem sonora de uma explosão – é responsável pela utilização do termo "explosivas" na designação das consoantes oclusivas orais.

Segundo Morais (1994), é legítimo questionar a inclusão das nasais no grupo das oclusivas, uma vez que a condição de obstrução total à passagem do ar aí não se verifica. O autor defende, ao mesmo tempo, a prevalência desse enquadramento, uma vez que *"...o que caracteriza cada uma em relação às restantes é o ponto de articulação no canal bucal; a ressonância nasal, que é a mesma em todos os casos, apenas distingue as nasais das correspondentes não nasais"* (p.61).

2 – *Fricativas:* quando existe passagem contínua e veloz do ar através de constrições no canal bucal e o som resultante corresponde a um ruído de fricção. Uma designação alternativa para este conjunto de segmentos é a de consoantes constritivas. Pertencem a esta classe as consoantes

[f][v][s][z][ʃ][ʒ]

A presença de tensão muscular ao nível dos intervenientes na articulação das fricativas sugeriu, a partir de 1956, a distinção entre fricativas propriamente ditas e espirantes ou oclusivas imperfeitas (Morais, 1994). Estas últimas seriam caracterizadas por uma menor tensão muscular, consequente articulação relaxada e (ao contrário do ruído característico das fricativas) uma ressonância produzida no ponto de articulação. Na perspectiva do confronto com as oclusivas, estas consoantes associam-se a uma oclusão incompleta.

A ocorrência desta classe de segmentos pode ser verificada em covariação com oclusivas vozeadas, que sofreram vozeamento pelo contexto fonético em que ocorrem (intervocálico), tal como acontece em *aba, fada* ou *vaga*. De acordo com as convenções do AFI, os símbolos a utilizar são, respectivamente

[β][ð] e [ɣ].

Andrade e Viana (1996, p.138) referem-se a esta classe à luz da designação de fricativas não estridentes (distintas, portanto, das estridentes).

As articulações oclusivas cuja parte final é ouvida como fricativa são designadas como semioclusivas ou africadas. Caracterizam-se por uma oclusão inicial seguida de distensão não abrupta (própria das fricativas). Estes segmentos podem ser encontrados em zonas do norte e centro do país e são representadas por [tʃ].

3 – *Líquidas:* quando existe total obstrução da cavidade bucal, acompanhada do escoamento livre do ar pulmonar. São consideradas duas subclasses:
- *líquidas laterais:* o ar passa por um ou pelos dois lados da língua. Inclui as consoantes

[l][ʎ]

- *líquidas vibrantes*: produzidas mediante a vibração de um articulador, vibração esta que pode corresponder a um só batimento – [ɾ] (vibrante simples) – ou vários (vibrante múltipla) – [r] alveolar e [ʀ] velar.

O quadro 2.1 sintetiza a classificação das consoantes por modo.

CLASSE		
Oclusivas Orais		p b t d k g
Oclusivas Nasais		m n ɲ
Fricativa		f v s z ʃ ʒ
Líquida vibrante	Vibrante	r ʀ
	Batimento	ɾ
Líquida lateral		l ʎ

Quadro 2.1. Classificação de consoantes por modo

Classes de ponto ou lugar

A localização da constrição ao nível do tracto vocal determina a organização das consoantes na dimensão do modo ou ponto de articulação.

Constituem classes tradicionalmente consideradas as que são a seguir abordadas. Na sua exposição, incluímos a referência à divergência que pode ser notada nas designações adoptadas para cada classe:

1. *Bilabiais*: associam-se à realização da oclusão ao nível dos lábios. Pertencem a esta classe as oclusivas
[p][b][m].

2. *Labiodentais*: Decorrem do contacto dos dentes superiores com o lábio inferior e incluem as fricativas
[f] e [v].

3. Alveolares: Segundo Morais (1994), os segmentos [t][d][n] representam, no grupo das oclusivas, as consoantes dentais ou alveolares, considerando o autor que a inclusão numa ou outra categoria depende dos hábitos específicos de cada falante.

Para Mateus et al. (1990), as oclusivas [t][d] serão dentais, e [n] será alveolar.[4] Andrade e Viana (1996) consideram as três oclusivas apresentadas como alveolares. Na medida em que é esta a opção legível no AFI, adoptaremos esta última classificação.

Na classe das líquidas laterais (onde não há, portanto, oclusão mas sim libertação do ar pelos lados), o fonema [l] constitui também uma consoante alveolar.

O recuo da língua a partir da mesma posição, sem que tenha havido contacto da mesma com qualquer ponto do tracto vocal, define a lateral velarizada [ɫ] (Morais, 1994). Segundo Mateus et al. (1990), este segmento associa uma articulação principal (obstrução formada pela ponta da língua junto dos alvéolos) a uma articulação secundária criada pela elevação do dorso em direcção ao véu palatino.[5]

A líquida vibrante [ɾ] é também uma alveolar. A sua produção baseia-se num batimento simples da língua na zona alveolar, sendo, por tal, designada de vibrante simples.[6] Resultante de múltiplos batimentos do ápice também junto dos alvéolos, o segmento [r] representa o som associado à pronúncia de *parra* tal como este é realizado, em algumas zonas do país, em alternativa à uvular [ʀ].[7]

Os segmentos [s][z] resultam da aproximação da coroa da língua à região dento-alveolar e representam neste ponto de articulação a classe das fricativas. São tradicionalmente designados de sibilantes (Mateus et al., 1990).

---

[4] Muito embora considere ser esta última consoante por vezes incluída no grupo das dentais.

[5] Este segmento é característico do PE em final de sílaba e surge, no português do Brasil, semivocalizado.

[6] No AFI revisto por Kiel (1985), a classe das vibrantes surge apenas associada às vibrantes múltiplas e, enquanto tal, diferenciada da dos batimentos (vibrantes simples).

[7] Tal como veremos adiante, as descrições do PE integram este fonema ora nas velares ora nas uvulares. No AFI ele surge enquadrado nas uvulares.

4. *Pós-alveolares*: A aproximação da coroa da língua à região palato--alveolar resulta na produção das fricativas [ʃ][ʒ] (Mateus et al., 1990). Estas autoras designam-nas por pré-palatais.

Morais (1994) considera ser característico destas consoantes um canal médio-lingual menos côncavo e um orifício de saída do ar mais aberto e menos arredondado. Sugere, ao contrário da perspectiva anterior, que estas designadas chiantes podem, consoante os interlocutores, ser realizadas como pré-dorsoalveolares, apicoalveolares ou ápico-pré-palatais "...*sem que as diferenças entre estes pontos de articulação se tornem geralmente notórias ao ouvido*" (p.63).

5. *Palatais*: Também designadas dorsopalatais (dado o contacto do dorso da língua com o palato), incluem a oclusiva [ɲ] (na qual a oclusão no tracto vocal se acompanha de abertura de passagem do ar para a cavidade nasal) (Morais, 1994).

Na produção da líquida lateral [ʎ] está também em jogo uma obstrução formada pela lâmina da língua junto do palato (Mateus et al., 1990).
Andrade e Viana (1996) defendem a pertinência de um agrupamento das classes de dentais, alveolares, pós-alveolares no grande conjunto das coronais. O recurso a esta designação terá em conta o facto de ser a coroa da língua o articulador activo envolvido.

6. *Velares*: Também designadas como dorsovelares (pelo contacto do dorso da língua com o véu palatino), incluem as oclusivas [k][g].

Segundo Mateus et al. (1990), pertence à classe das velares a vibrante múltipla [R], resultando da vibração da parte de trás da língua junto do véu palatino. A autora assinala a representatividade deste segmento relativamente ao dialecto padrão do português europeu opondo-se, com isto, à perspectiva de Morais (1994) (cf. ponto 7).

7. *Uvulares*: A vibração da úvula acompanhada de ressonância resulta, segundo Morais (1994), na produção do segmento [R]. O autor considera ser a articulação velar atrás descrita uma variante característica de alguns portugueses e que se aproxima de articulações próprias da língua espanhola ou alemã.

A classificação do [R] enquanto segmento de produção uvular surge, de resto, assumida no Alfabeto Fonético Internacional (AFI). A revisão de Kiel (1989), traduzida por Andrade e Viana (1996) – e que a seguir apresentamos (quadro 2.2) – assim o demonstra.

Bilabial	Labiodental	Alveolar	Pós-alveolar	Palatal	Velar	Uvular
p	f	t	ʃ	ɲ	k	R
b	v	d	ʒ	ʎ	g	
m		n				
		s				
		z				
		r				
		ɾ				
		l				

QUADRO 2.2. Classificação de consoantes segundo ponto de articulação

Carta das consoantes adoptada

Para o efeito de integrar as classificações por vozeamento, modo e ponto, apresentamos aqui (quadro 2.3) a classificação das consoantes segundo o AFI, tal como ela surge na tradução de Andrade e Viana (1996). Dados os objectivos do presente capítulo, limitamo-nos a listar e enquadrar o reportório de fones da língua portuguesa. Mantemos, no entanto, as categorias apresentadas pelas autoras na tradução por elas efectuada. Tal como na estruturação original, os segmentos surdos e sonoros são posicionados respectivamente à esquerda e direita da célula que os inclui enquanto caracterizados pelo mesmo modo e ponto de articulação.

	Bilabial	Labiodental	Alveolar	Pós-alveolar	Palatal	Velar	Uvular
Oclusiva	p b		t d			k g	
Nasal	m		n		ɲ		
Vibrante			r				R
Batimento			ɾ				
Fricativa		f v	s z	ʃ ʒ			
Aproximante lateral			l		ʎ		

QUADRO 2.3. Consoantes do PE no Alfabético Fonético Internacional de acordo com revisão de Kiel (1989) e tradução de Andrade e Viana (1996)

Relativamente à exposição atrás feita, é de salientar a divergência que este quadro apresenta no que diz respeito à designação da classe de líquidas. Esta surge aqui repartida pelas categorias "vibrante", "batimento" (ambas líquidas vibrantes) e "aproximante lateral" (líquida lateral). A palavra vibrante refere-se aqui à vibrante múltipla, correspondendo o batimento à vibrante simples. A questão do vozeamento surge traduzida na posição dos segmentos na célula: segmentos sonoros surgem à direita. É ainda de acrescentar o facto de esta classificação separar a categoria de "oclusivas" da de "nasais", facto não coincidente com todas as leituras sobre a fonética do português.[8]

O mapa de consoantes que doravante assumiremos como referencial consiste numa adaptação da revisão de Kiel, traduzida por Andrade e Viana (1996) (cf. quadro 2.4). Por um lado, tornou-se explícita a classificação em função do vozeamento (surda vs sonora); por outro, as classes de líquidas (laterais e vibrantes) vieram substituir os termos "vibrante", "batimento" e "aproximante lateral". Para além disto, assume-se de forma explícita a divisão da classe das oclusivas em nasais e orais.

		Bilabial		Labiodental		Alveolar		Pós-alveolar		Palatal	Velar		Uvular
		surda	sonora	surda	sonora	surda	sonora	surda	sonora		surda	sonora	
Oclusivas Orais		p	b			t	d				k	g	
Oclusivas Nasais			m				n			ɲ			
Líquida	Vibrante						r						R
vibrante	Batimento						ɾ						
Fricativa				f	v	s	z	ʃ	ʒ				
Líquida lateral							l			ʎ			

QUADRO 2.4. Adaptação com vista à classificação por vozeamento e à utilização de classes de modo aqui revistas

---

[8] Tal como já foi aqui referido, a categoria de oclusivas é dividida nas subclasses "nasal" e "orais". Algumas fontes reservam o termo "plosiva" para a designação das oclusivas orais (Hernandorena, 1993).
Ao contrário, Trask (1996) inclui nessa categoria os segmentos p b k g. De forma a evitar falhas de coerência, optamos aqui por não utilizar o termo plosiva.

3.1.3. *Classes articulatórias das vogais e glides*

A articulação das vogais associa à ausência de obstrução no tracto bucal a existência de configurações específicas ao nível dos articuladores. Estas determinam distintas ressonâncias que conferem a cada vogal o seu timbre característico. A diversidade de resultados acústicos (vogais) obtidos pode ser organizada em *continua* nos quais intervêm os seguintes parâmetros:

(1) O grau de abertura bucal: Esta dimensão cresce, segundo Andrade e Viana (1996) na sequência

$$[i][e][ə][ɛ][ɐ][a]$$

e (de forma menos clara, uma vez coexistindo com um progressivo arredondamento dos lábios) na sequência

$$[u][o][ɔ].$$

O grau de controlo da abertura bucal depende, em termos articulatórios, das influências da altura do dorso da língua e da abertura do maxilar inferior. O primeiro factor surge, aqui, dominante, uma vez que pode compensar a imobilidade do segundo através de movimentos de avanço e recuo.

Ao efectuar estes movimentos, a língua cumpre variações num segundo parâmetro.

(2) "ponto de articulação": refere-se à medida dos diferentes momentos de movimentação horizontal da língua face a palato.

Integrado no AFI, o quadrilátero das vogais surge citado no texto das autoras enquanto forma de representação da acção classificadora destes dois parâmetros (abertura bucal representada na ordenada/eixo vertical e ponto de elevação do dorso da língua, na abcissa ou eixo horizontal). Reduzido às vogais do português, o esquema em causa corresponde ao exposto na fig. 2.1.

Capítulo II – Fonética e Fonologia do Português Europeu   67

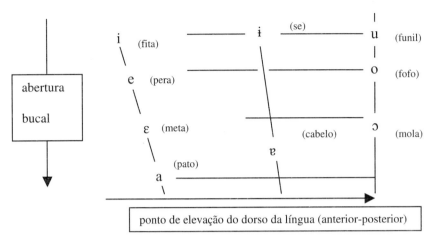

FIG. 2.1. Quadrilátero das vogais (adaptado de Andrade e Viana, 1996)

A perspectiva de uma dualidade de parâmetros classificatórios é concordante com a classificação tradicional de Bell (posteriormente integrada na de Chomsky e Halle, 1968). Nesta última, o parâmetro "abertura bucal" coexiste com o de "ponto de articulação" (correspondente à configuração de altura do dorso e abertura de maxilar inferior).

No âmbito do primeiro, são distinguidos três graus de abertura bucal, sendo esta correlativa da elevação da língua. Consideram-se, para cada nível, designações alternativas e associadas, respectivamente, à abertura bucal ou à elevação da língua (Mateus et al., 1990):
- vogais *fechadas /altas*, que implicam elevação da língua: [i][ɨ][u]
- vogais *médias*: [e][ɐ][o]
- vogais *abertas/baixas*: [ɛ][a][ɔ].

Note-se a divergência da autora relativamente à representação do quadrilátero das vogais: de acordo com os eixos aí representados, constituirão vogais médias
[e] [o] (semi-fechadas)
[ɛ][ɔ][ɐ] (semi-abertas)

e vogais baixas/abertas
[a].

Parece-nos mais adequado manter a referência à representação do AFI.

O parâmetro "ponto de articulação" é entendido como zona de maior estreitamento entre o dorso e o palato no eixo antero-posterior. Remete, portanto, para um ponto de relativa constrição possibilitado pela magnitude diferencial dos movimentos de avanço e recuo do dorso da língua e compreende três graus

- *frontal* (ou anterior, na tradição portuguesa): colocada em posição de avanço – i.e., comprometida com movimentos na direcção do palato – a língua contribui aqui para a realização das vogais [i][e][ɛ].
- *posterior*: a elevação da língua dá-se na parte posterior da cavidade bucal, na direcção do véu palatino (são, por isso, também designadas de velares). Realizam-se assim as vogais [ɔ][o][u].
- *central*: a língua ocupa uma posição média relativamente às duas anteriores – [a][ɐ][ə].

Os dois parâmetros focados são, assim, passíveis de organizar um espaço de representação bidimensional do conjunto das vogais, no qual a organização das distinções se opera, tal como referimos atrás, num espaço contínuo e não discreto (opondo-se, assim, ao domínio das consoantes). O eixo vertical representa a dimensão da abertura bucal e o eixo horizontal a do ponto de articulação. Não existe independência entre os dois tipos de movimentos realizados nos planos vertical e horizontal. Para um mesmo ponto de intersecção entre as coordenadas, pode surgir mais que um tipo de segmento, devendo-se esta terceira dimensão à influência do grau de arredondamento labial. Existe uma configuração-referência ou posição neutra correspondente à posição dos articuladores no momento imediatamente antecedente ao início da realização de um enunciado (vogal neutra ou chevá).

Vogais nasais

A participação, na produção de vogais, da cavidade nasal enquanto ressoador define o conjunto das designadas vogais nasais. A sua representação através do AFI socorre-se da utilização do diacrítico [~].

Morais (1994) nota a generalização progressiva de um segundo tipo de nasalização vocálica característico do Norte de Portugal e presente na articulação de palavras como *vende* e *ontem*.

Semivogais ou Glides

As *glides*, também designadas como semi-vogais, semi-consoantes ou aproximantes estão associadas a configurações próximas das vogais fechadas. Constituem sons de transição entre segmentos de articulação relativamente mais estacionários no tempo, sendo um deles uma vogal (Andrade e Viana, 1996). Mateus et al. (1990) definem as *glides* como tendo *"...características articulatórias das vogais mas uma duração muito inferior (...) ocorrendo sempre junto de uma vogal com a qual formam um ditongo"* (p. 52-53)

No português europeu são considerados *glides* os segmentos
[j] e [w].

A respeito da identidade fonética deste tipo de segmento, Andrade e Viana referem que *"nem sempre é possível estabelecer uma fronteira clara entre vogais fechadas e glides correspondentes"* (p.122), sugerindo que a motivação para esta classe de sons se encontrará mais a um nível fonológico que fonético.

3.2. Classes associadas a sistemas de traços distintivos

O interesse histórico nos traços distintivos cresceu a partir da constatação de que não era realista tratar os segmentos como *elementos* fonológicos mínimos: muitas propriedades e processos fonológicos são melhor compreendidos quando envolvem características particulares de segmentos e o conceito – hoje fundamental – de classe natural só pode, tal como vimos, ser articulado pelo apelo a estas características.

Um traço distintivo é, segundo Trask (1996) um conjunto específico de elementos fonológicos mínimos *(primes fonológicos)*. Este conjunto é definido de tal forma que cada segmento numa língua pode – pelo menos a um nível fonológico – ser exaustivamente caracterizado como uma combinação permitida ou conjunto de traços, cada um com um valor associado.

3.2.1. Sistemas de traços

A classificação dos fonemas em traços distintivos socorre-se de propriedades fonéticas. Existem diversos sistemas de traços distintivos, referindo-se, respectivamente, a (1) traços articulatórios (definido em termos da acção dos órgãos da fala), (2) traços acústicos (definido em termos das propriedades físicas do som da fala que comporta o traço) e (3) traços perceptuais (percepção do som pelo ouvido e cérebro).

Na variedade de tentativas de definição de sistemas de traços, há outros dois aspectos a referir. Em primeiro lugar, um fonema é caracterizado por um de dois valores no âmbito de cada traço. Cada traço pode, assim, ser binário (assumindo só um de dois valores, (+) e (-) ou, em alternativa, assumir um entre três ou mais valores. Em segundo lugar, um sistema de traços pode ser considerado universal (capaz de comportar os contrastes de todas as línguas) ou específico de uma língua.

Abordamos, em seguida, os sistemas de traços distintivos numa perspectiva histórica.

Dos primórdios ao SPE

Relativamente à História dos sistemas de traços, podem assinalar-se três grandes momentos (Trask, 1996), culminando na definição do sistema SPE (*The Sound Pattern of English*, Chomsky & Halle, 1968).

Foi a Escola de Praga[9] que primeiro introduziu explicitamente os traços, não formulando contudo uma teoria articulada. Jakobson prosseguiu a ideia nos EUA, mas o seu trabalho focou apenas as análises específicas a uma língua. Hockett (1942, 1955, in Trask, 1996) fez também algumas propostas.

O primeiro sistema integrado foi o de Jakobson e Halle nos anos 50, que propôs um conjunto minimalista de 12 traços, todos binários e definidos em termos acústicos com algumas explicações articulatórias.

Este foi seguido, em 1968, pelo SPE (*Sound Pattern of English*). A obra de Chomsky e Halle (1968), integrada no quadro da Fonologia generativa considerou mais de 24 traços. Todos eles eram binários e quase todos surgiam definidos em termos articulatórios.

Classes de traços distintivos de base articulatória

Os traços distintivos formulados no SPE estão agrupados em várias classes, às quais nos referimos sucintamente, com base na sistematização de Mateus et al. (1990):

---

[9] Círculo de Linguistas liderados por Trubetskoy e Jakobson que, entre 1920 e 1930, desenvolveram várias propostas no âmbito da Fonologia.

Os *traços de fonte* são: [vozeado], [estridente], e [pressão subglotal elevada]. Para o PE são relevantes os traços vozeado e estridente. Estes traços tomam em conta a vibração das cordas vocais na emissão do som [+voz] e a estridência acústica [+est] resultante de vários factores, entre eles o ângulo de incidência formado pela língua e pelo palato.

Os *traços de classe principal* são: [soante], [consonântico] e [vocálico]. O último, rapidamente substituído por [silábico], pode-se dizer que é exclusivo das vogais por serem elas o único elemento que pode ser núcleo de sílaba em Português. Estes traços distinguem as classes de vogais, semivogais e consoantes.

O traço [consonântico] caracteriza a passagem do ar no tracto vocal com obstrução, sendo que [soante] diz respeito à presença de vozeamento espontâneo.

Os *traços de modo* são: contínuo, queda atrasada, sucção velar, pressão velar, implosão, ejecção e tenso. Estes traços indicam o modo como o ar passa pela cavidade bucal, e pode explicitar uma construção ou uma obstrução completa ([contínuo] / [não contínuo]), uma distensão retardada ou instantânea, e movimentos de sucção ou pressão. No sistema consonântico do português é apenas necessário fazer referência à constrição ou obstrução – [contínuo].

Mateus (1996) agrupa os traços de fonte ([vozeado] e [estridente]), de classe principal ([soante], [consonântico] e [silábico]) e de modo ([contínuo]), designando-os traços relacionados com o modo de articulação. Inclui ainda neste grande grupo os traços [lateral] e [nasal], atribuídos por Mateus et al. (1990) ao grupo dos traços de cavidade.

Os traços de cavidade são [coronal], [anterior], [alto], [baixo], [posterior], [arredondado], [distribuído], [coberto], [constrição nasal], [lateral] e [glotal].
- Os traços [alto], [baixo] e [recuado] caracterizam a posição do dorso da língua em relação à posição neutra.
- O traço [arredondado] caracteriza um estreitamento da passagem do ar, obtido pelo arredondamento dos lábios.
- O traço [nasal] indica a passagem do ar pela cavidade nasal, por ter havido abaixamento do véu palatino.
- Os traços [anterior], [coronal] e [distribuído] dizem respeito às constrições (e obstruções) da passagem do ar causadas pelos

movimentos da língua, as quais podem (a) localizar-se à frente da região palatal [ant], (b) resultar da elevação da coroa da língua [cor], ou (c) estender-se ao longo de uma certa distância [dist], havendo neste caso apenas constrição. Todos estes traços têm valor negativo para as vogais e semivogais já que, nestas, os segmentos caracterizam-se pela passagem livre do ar.
- O traço [lateral] está relacionado com a abertura secundária, a que se forma para deixar passar o ar pelos lados da língua.

Os traços [alto], [baixo], [recuado], [arredondado], [coronal] e [anterior] são designados por Mateus (1996) como traços relacionados com o ponto de articulação.

Relação com as classes tradicionais

Quaisquer que sejam as tipologias usadas – e tendo presentes as classificações tradicionais do modo de articulação e do ponto de articulação das consoantes – veremos que são necessários muito poucos destes traços para distinguir as principais classes integradas nestas perspectivas. Segundo Mateus et al. (1990) esta correspondência assume a seguinte configuração:

MODO DE ARTICULAÇÃO:
    Oclusivas: [-cont] [-est]
    Fricativas: [+cont] [+est]
    Líquidas (laterais e vibrantes): [+soan][+cont]
    Nasais:[+soan] [+nas]

PONTO DE ARTICULAÇÃO
    Labiais e labiodentais: [+ant][-cor]
    Dentais: [+ant][+cor][+dist]
    Alveolares: [+ant] [+cor]
    Pré-palatais: [-ant][+cor][-rec]
    Palatais: [-ant][-cor][-rec]
    Velares: [-ant][-cor][+rec]

4. Sílaba: da realidade à diversidade

Assumir a unidade silábica como analisador do desenvolvimento fonológico é algo associado a dois tipos de pressupostos: por um lado, o reconhecimento de que a sílaba existe enquanto unidade; por outro, a possibilidade de classificar as sílabas em formatos, conduzindo assim a tipologias diversificadas. É com base numa destas tipologias (ramificação binária com rima) que desenvolvemos esta abordagem.

O objectivo desta secção é o de fundamentar a classificação do objecto sílaba no território da Fonologia. Para tal, partiremos do conceito de sílaba, em si mesmo, seguindo para a consideração da sua estrutura interna. Com base nos pressupostos aí assumidos esboçaremos uma grelha de classificação da sílaba com base na qual a avaliação fonológica possa ser implementada.

4.1. *Da evidência à conceptualização*

A sílaba é uma unidade fonológica fundamental, consistindo numa sequência curta de segmentos – tipicamente uma vogal ou ditongo precedida(o) e/ou seguida de uma ou mais consoantes (Trask, 1996).

A evidência intuitiva da realidade da sílaba para os falantes de qualquer língua pode ser encontrada em fenómenos como (1) a existência de escritas silábicas, (2) as linguagens secretas de base silábica (como a "linguagem dos pês") (3) por características da linguagem infantil como (3.1.) a troca da posição das sílabas numa palavra, as (3.2.) imitações da linguagem adulta que alteram os fonemas mas mantêm o número de sílabas (Mateus, 1996).

Apesar da imediatez com que os falantes reconhecem as sílabas, estas são difíceis de definir. Morais (1994) afirma, inclusivamente, que, "*do ponto de vista fonético, não há definição de sílaba universalmente aceite*" (p.130). Trask (1996) refere, contudo, algumas tentativas. No âmbito da definição fonética, ela surge assim como (a) um movimento respiratório simples (Teoria do peito-pulso), como (b) um ciclo de abertura e fecho do tracto vocal ou como (c) um só *pico de proeminência* na corrente sonora, resultante da combinação do acento, altura, extensão, e sonoridade intrínseca (teoria da proeminência). Estes conceitos – inerentes ao domínio prosódico – serão clarificados em seguida.

4.1.1. Dimensões prosódicas

As dimensões prosódicas incluem propriedades inerentes e propriedades relacionais. Juntamente com a frequência e a duração, a intensidade pode constituir o agrupamento das designáveis propriedades inerentes ao segmento. A intensidade de um som corresponde à *"...quantidade de energia veiculada por uma onda sonora"* (Trask, 1996, p. 181), correspondendo a frequência ao número de ciclos por segundo do sinal sonoro em causa.

As propriedades inerentes opõem-se às propriedades relacionais que, por sua vez, corporizam o verdadeiro domínio da prosódia. Neste último importa assim atender à forma como as propriedades acústicas (intensidade, duração e frequência) se diferenciam entre si de forma a criar significados.

No âmbito das propriedades relacionais, encontramos o tom, a entoação, o acento de altura e o acento de palavra.

O *tom* refere-se, segundo Trask (1996) ao fenómeno segundo o qual várias palavras de diferentes significados e que consistem em sequências idênticas de consoantes e vogais são distinguidas apenas por contrastes de altura. As línguas que utilizam esta dimensão são denominadas línguas tonais. Não integrado neste conjunto, o PE faz, contudo, uso da dimensão da entoação enquanto *"...interrelação entre unidades acentuais"* (Mateus, 1996, p.198), sendo *"...utilizada no discurso com funções sintácticas, semânticas e pragmáticas (ordem, pedido, interrogação, exclamação, etc..) mas não com funções de contraste lexical ou gramatical"*.

O *acento de altura* refere-se a um acento de palavra no qual as sílabas de cada palavra devem exibir uma das sequências de altura permitidas. Difere do tom na medida em que apenas as alturas de algumas sílabas têm de ser especificadas, sendo as das demais preditíveis (Trask, 1996). O acento de palavra é um tipo de proeminência que está em presente em algumas sílabas de algumas línguas. Apesar de ser intuitivo encontrá-lo, a caracterização fonética é difícil: foi já associado a intensidade, altura e duração, e por vezes com qualidade vocálica. A associação à intensidade foi desacreditada. Actualmente pensa-se ser uma questão de maior esforço muscular, identificado pelo ouvinte. Mateus (1996) refere-se ao acento de palavra enquanto testemunho da proeminência de uma sílaba, referindo que a *"vogal de sílaba acentuada possui, normalmente, as propriedades de intensidade, duração e altura em grau superior aos das outras vogais da palavra, e essa proeminência atinge toda a sílaba em que está integrada*" (p. 195). A utilização de diferenças de posição de acento na palavra e suas variações com objectivo de marcar diferenças de significado (ex: *dú*vida vs. du*ví*da) e marcar unidades rítmicas é uma característica das línguas acentuais, das quais o português é um exemplo. Com o estudo do acento de palavra, a Fonologia pretende identificar as regras subjacentes à atribuição de proeminência a uma dada sílaba. Entram aqui em jogo noções como a de prevalência do acento na sílaba correspondente ao radical da palavra (formas nominais e adjectivais) ou à sílaba temática (formas verbais).

O facto da dependência de atribuição de proeminência relativamente à constituição morfológica da palavra faz do PE uma língua de acentuação livre, conjunto no qual o inglês e o alemão se integram. Por oposição, línguas como o francês, checo ou suali preconizam a atribuição de acento a uma determinada sílaba independentemente da sua constituência morfológica. São, por tal, designadas como línguas de acento fixo.

4.2. Estrutura Interna da Sílaba

Falar de estrutura interna da sílaba significa reconhecer que ela é formada por elementos estruturais – os designados constituintes silábicos.

4.2.1. O conceito de constituinte e sua validade

O constituinte é um elemento estrutural da sílaba, um objecto abstracto e independente da realização fonética da mesma. Os termos ataque, rima, núcleo, coda são designações de constituintes silábicos e organizam-se em configurações múltiplas em função dos modelos de estrutura silábica que os integram.

Existem vários argumentos que validam o conceito de constituinte. Freitas e Santos (2001) referem, como exemplo, os processos que ocorrem em lapsos de produção, na manipulação silábica em jogos linguísticos e em poesia e no próprio processo de aquisição da fonologia pelas crianças.

Este último argumento foi, de resto, reforçado pelos resultados de Freitas (1997) – conducentes à noção da realidade psicológica dos constituintes silábicos enquanto objecto de aprendizagem.

Para compreendermos e aplicarmos o conceito de constituinte é necessário filiá-lo no âmbito dos modelos de estrutura silábica.

4.2.2. Estrutura silábica e tipos de constituintes associados

O designado *modelo de ramificação binária com rima* (ataque-rima) tem vindo a ser adoptado pela teoria fonológica de forma tendencialmente definitiva (Blevins, 1995). Também Freitas (1997) e Freitas e Santos (2001), ao estipular estadios de desenvolvimento silábico durante a aquisição do PE fazem recurso a instrumentos da Fonologia teórica entre os quais se encontra a teoria ataque-rima da sílaba integrada numa gramática de princípios e de parâmetros. Considera, assim, que a sílaba é constituída pelos constituintes ataque e rima, tendo a rima núcleo e coda. Os constituintes podem estar ou não preenchidos por segmentos e podem ser ramificados ou não ramificados (ataque ramificado ou não; rima ramificada em núcleo e coda ou não ramificada, i.e., apenas com núcleo).

Esta referência – a uma forma de dominância do modelo de ramificação binária com rima – é ainda sugerida por Trask (1996) quando afirma que "*É comum dividir a sílaba em ataque e rima, sendo a rima dividida em núcleo (ou pico) e coda.*" (p.345).

4.2.3. Modelo de ramificação binária com rima e seus constituintes no PE

Na síntese de Freitas e Santos (2001), o modelo de "ataque-rima" define a sílaba como uma "...*estrutura hierarquicamente organizada em constituintes silábicos que apresentam, no máximo, duas posições internas*" (p. 23). Esta definição remete para a noção de ramificação binária e é legível no diagrama em árvore abaixo apresentado.

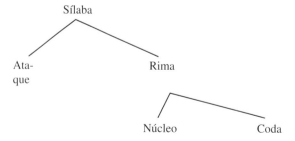

FIG. 2.2. Diagrama de representação em árvore da estrutura silábica segundo o modelo de ramificação binária

São elementos caracterizadores básicos deste modelo.
(1) a ramificação da sílaba em ataque (A) e rima (R).
(2) a ramificação da rima em núcleo (Nu) e coda (Cd).

As referências posteriores da autora a níveis de representação silábica socorrem-se de matrizes teóricas da *Fonologia multilinear* ou *não linear*. Concretamente, as noções de esqueleto e de segmento são conceitos cuja compreensão obriga a uma remissão prévia ao quadro teórico em causa.

Numa perspectiva autossegmental[10] (uma das teorias inclusas no grande universo da fonologia não linear), o nível do esqueleto é entendido como "*...a fiada central, aquela que é minimamente especificada para informação própria e a que fornece pontos de ancoragem ("slots") para os autossegmentos em todas as outras fiadas. Esta fiada é também chamada CV ou fiada-x, especialmente quando é sustentada uma visão particular relativa a que informação (se existir alguma) é aí especificada.*" (Trask, 1996, p. 324). Na própria formulação de Freitas (1997), o esqueleto surge como sequência de unidades de tempo abstractas, às quais se associam os segmentos fonológicos da representação lexical.

Decorre da aceitação desta perspectiva uma segunda representação baseada em níveis e que responsabiliza, em acréscimo à anterior, os níveis do esqueleto e segmental.

Entre os níveis *esqueletal* e *segmental* existe, portanto, uma distância correspondente à da possibilidade de existência (esqueletal) face à efectiva realização sonora (segmental). Freitas e Santos (2001) referem-se, no contexto do nível segmental às designadas "posições rítmicas" (x, no diagrama).

---

[10] Trask (1996) sintetiza a proposta autossegmental avançando os seguintes princípios: 1) Uma representação fonológica assume a forma de uma tabela, consistindo em uma ou mais fiadas (*tiers*); 2) Cada fiada é uma sequência linear de elementos designados autossegmentos; 3) Os autossegmentos em diferentes fiadas são ligados por linhas de associação; 4) A fiada principal – esqueletal –, é também designada como fiada CV, fiada X ou fiada de tempo e funciona como estrutura à qual as demais fiadas se ligam; 4) Outras fiadas existem como a fiada segmental (dos segmentos normais) ou a fiada tonal (da informação relativa ao tom).

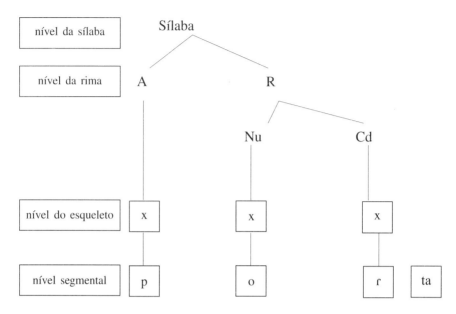

FIG. 2.3. Níveis de representação fonológica da sílaba ao segmento (adapt. Freitas e Santos, 2001)

Perante estes conceitos, a descrição do modelo pode ser prosseguida nos seguintes termos: Ataque, rima, núcleo e coda são, todos eles, constituintes. Os constituintes ataque, núcleo e coda são, no entanto, designados "terminais" na medida em que se encontram em contacto com o nível do esqueleto. A cada um destes está associado "*um mínimo de uma e um máximo de duas posições rítmicas no esqueleto*" (Freitas e Santos, 2001, p.23). No entanto, ao nível segmental, pode ou não haver associação. Quando essa associação não existe, a sílaba não realiza foneticamente o elemento estrutural que é o constituinte.

Um constituinte diz-se ramificado quando é preenchido por dois segmentos (supondo, assim, duas posições rítmicas no esqueleto); será não ramificado quando (a) é preenchido apenas por um segmento ou (b) quando se encontra vazio – i.e., neste último caso não existe associação da posição no esqueleto a material do nível segmental. A representação correspondente a esta situação socorre-se do símbolo ø, tal como é sugerido na fig. 2.4.

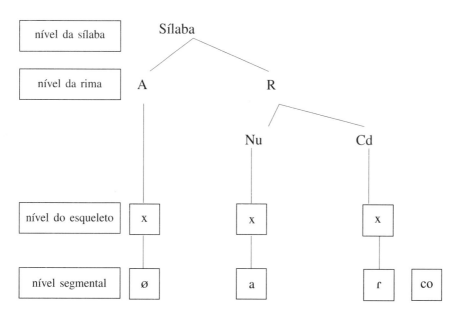

Fig. 2.4. Representação do ataque vazio na palavra "arco" (adapt. Freitas e Santos, 2001)

Formulados os princípios do modelo e das representações a ele associadas, passamos, então, a considerar cada um dos constituintes. Fá-lo-emos primeiramente numa perspectiva universalista – i.e., de definição translinguística – para abordar, depois, especificidades do PE.

Ataque

O ataque é a primeira parte da sílaba, a que precede a rima e consiste tipicamente em todas as consoantes que precedem a vogal (Trask, 1996).

No PE este constituinte pode estar ramificado (associado a duas posições no esqueleto) ou não ramificado (associado apenas a uma). Neste último caso, pode ser simples (associado a material segmental) ou vazio (não associado a material segmental) (Freitas e Santos, 2001).

O ataque *não ramificado* (simples) pode ser ocupado por qualquer uma das consoantes do PE.

A *ramificação* do ataque origina os designados grupos consonânticos, formados por oclusivas ou fricativas seguidas de líquida lateral ou vibrante simples.

Rima

Nas palavras de Trask (1996), a Rima constitui a totalidade da sílaba com a excepção do ataque, consistindo no núcleo e na coda.

Núcleo

O núcleo é (Trask, 1996) a parte mais proeminente da sílaba, frequentemente uma vogal ou um ditongo (vogal e semivogal).

No caso da língua portuguesa, os núcleos silábicos são sempre vogais (Mateus, 1996). A autora salienta ainda que as *glides* nunca podem constituir, por si só, os núcleos de sílabas, sendo este um dos aspectos que as distingue das vogais. No entanto, quando associadas a vogais, as *glides* integram-se no núcleo. Esta integração é, segundo a autora, passível de questionamento nas situações em que a *glide* precede a vogal (viagem, pior). Nestes casos considera-se que as *glides* podem "...*ser pronunciadas como vogais (no registo silabado é possível dizer-se vi-a-gem), formando-se neste caso duas sílabas cada uma com o seu núcleo silábico*"(p.177).

Na terminologia do modelo ataque-rima, a situação de vogal como núcleo configura o núcleo não ramificado. Assumindo o formato de um ditongo, estamos perante um núcleo ramificado (Freitas e Santos, 2001). Esta atribuição apenas é pacífica no caso dos ditongos considerados decrescentes, tal como se referiu no parágrafo anterior.

Coda

A coda é a parte da sílaba que se segue ao núcleo e que contém as consoantes de final de sílaba (Trask, 1996).

No PE – e ao nível da escrita – pode registar-se a ocorrência de l, s e r. Mateus (1996, p.177) considera ainda a existência da consoante final /n/, ainda que rara (hífen, hímen).

Freitas e Santos (2001) contrapõem a esta visão a ideia de que apenas quatro das consoantes do PE podem figurar na coda – [ɾ, ʃ, ʒ e l]. A referência a quatro – e não a três fonemas – decorre da consideração do fenómeno alofónico inerente à fricativa palatal – escrita como s, mas realizada como /ʃ/ (surda) ou /ʒ/ (sonora) em função do contexto. As autoras enfatizam ainda o facto de a coda não ramificar no PE.

5. Regras de divisão e classificação silábica

O problema das fronteiras da sílaba é encontrado na literatura à luz de regras que consideram sobretudo os constrangimentos ao nível da quantidade e tipo de fonemas:

Ao afirmar que *"cada sílaba comporta uma só vogal"*, Morais (1994, p.136) avança um critério de delimitação silábica concretizado no facto de encontrarmos tantas sílabas numa palavra quantas as vogais (idem).

Mateus (1996) sugere a perspectiva segundo a qual a sílaba termina quando uma das consoantes características da coda é seguida de uma outra consoante.

Freitas (1997) refere-se, neste contexto, a algoritmos de silabificação, i.e., normas para a divisão da palavra em sílabas, numa perspectiva que liga os níveis da representação silábica entre si (sílaba, rima, esqueleto e segmentos). Os algoritmos de silabificação remetem, ao mesmo tempo, para a definição de fronteiras da sílaba e para a atribuição de estatutos enquanto constituintes aos seus fonemas.

Em função destes algoritmos, é possível especificar formatos silábicos característicos do PE.

5.1. *Formatos silábicos no PE*

Qualquer sílaba pode ser caracterizada quanto ao nível da presença e natureza (ramificado ou não) de cada constituinte. Assim, a sílaba será, ao nível do ataque, caracterizada por

- *Ataque vazio*, se a consoante inicial for inexistente e não se encontrar nele material exterior à rima (e.g. – [ˈaɾvuɾi]; [futugɾɐˈfiɐ])
- *Ataque simples,* se existir apenas uma consoante inicial (e.g. – [bisiˈklɛtɐ]; [almuˈfadɐ])
- *Ataque ramificado,* se o ataque for composto por um grupo consonântico oclusiva/líquida ou fricativa/líquida (e.g. – [ˈplẽtɐ]; [ˈfɾutɐ])

No âmbito da rima, teremos
- *Rima não ramificada*, se não existir coda (e.g. – [ˈvɛlɐ]; [ˈpɾatu])

- *Rima ramificada* (núcleo e coda), no caso de existir uma coda fricativa ou líquida (e.g. – [ˈfraʃku]; [ˈarvurɨ]; [sɔl])

Quanto ao núcleo, este poderá ser
- *Núcleo não ramificado,* se não encontramos mais material para além de uma vogal (e.g. – [fluˈrɛʃtɐ]; [ˈbaɲu])
- *Núcleo ramificado,* se com a vogal coexiste uma glide (e.g. – [ˈpɐjʃi], [jɔˈgurti]).

Como vemos, existe uma dupla possibilidade de ramificação do núcleo: existem as modalidades de VG (ditongo decrescente) e GV (ditongo crescente).

Numa perspectiva teórica, os tipos ou formatos silábicos a considerar numa matriz com pretensões de exaustividade deveriam incluir:

Ataque	Rima			
	Não ramificada		Ramificada	
	Núcleo não ramificado	Núcleo ramificado	Núcleo não ramificado	Núcleo ramificado
vazio	V	VG	VC	VGC
simples	CV	CVG	CVC	CVGC
ramificado	CCV	CCVG	CCVC	CCVGC

QUADRO 2.5. Matriz teórica de formatos silábicos tendo em conta constituintes e possibilidades de ramificação (C = consoante; V = vogal; G = glide).

Para uma codificação de formatos mais específica, importa ainda considerar o tipo de ramificação do ataque com a indicação do respectivo fonema (l ou r; e.g. – ClV ou CrV) e o tipo de coda segundo o mesmo princípio (CVr, CVl, CVs).

Quanto à questão das vogais nasais – e afastada a possibilidade de consideração da nasalidade enquanto coda – optaremos por uma notação que acresce à indicação V o símbolo ~ (e.g. – maçã-> CV.CV~). Sublinhamos, contudo, que a especificidade deste núcleo não integra o âmbito das hipóteses sobre as quais trabalharemos.

De acordo com as exigências de análise ao longo deste documento, referir-nos-emos à codificação geral do formato (e.g., CCV) ou específica (ClV), onde se aclara o próprio constituinte (neste caso, a líquida lateral /l/).

No que diz respeito ao formato CVG/CGV – e para efeitos de síntese –, referir-nos-emos a ele apenas como CVG.

Ataque	Rima			
	Não ramificada		Ramificada	
	Núcleo não ramificado	Núcleo ramificado	Núcleo não ramificado	Núcleo ramificado
vazio	V	GV	VC (geral) • Vs • Vr • Vl	———
simples	CV	CVG/CGV	CCV (geral) • CVs • CVr • CVl	CVGC (geral) • CVGs[11]
ramificado	CCV (geral) • ClV • CrV	———	CCVC (geral) • CrVl • ClVr • CrVs	———

QUADRO 2.6. Matriz de formatos presentes no instrumento administrado.

Atendemos, finalmente, a um aspecto particularmente problemático – a classificação de formatos que envolvam glides ou semivogais.

5.1.1. *Ramificação do núcleo e ditongos decrescentes*

Como pode ser observado na matriz, a coluna de núcleos ramificados inclui, em algumas das células preenchidas (VG e CVG), uma variante dessa ramificação que se concretiza na inversão da ordem Vogal-Glide (GV e CGV).

O problema remete para o estatuto dos ditongos na língua portuguesa e, na perspectiva de Mateus (1990), merece as seguintes considerações:
• Quando as semivogais se seguem às vogais, formam com elas ditongos decrescentes, que, frequentemente, são considerados os verdadeiros ditongos (VG).

---

[11] Tal como foi atrás referido, a coda /s/ é a única que, no português, pode suceder a um ditongo.

- Se a semivogal preceder a vogal (GV), a sua natureza de semivogal depende bastante da velocidade do registo, i.e., num registo pausado podem ambas ser interpretadas como vogais (pertencendo a sílabas diferentes) e, num registo rápido pode a primeira ser entendida como semivogal. Disto pode ser exemplo a palavra "ioga". Quando dita de forma lentificada, encontramos duas vogais em sílabas diferentes (i.o.ga[12]); quando acelerada a sua produção ou registo, as duas vogais comportam-se como se de um ditongo crescente se tratasse (io.ga).

A autora adianta, contudo, que " *a semivogal W quando se segue a g ou k mantém sempre a sua natureza semivocálica*" [13] (idem, p.308).

6. Síntese: Sílaba e prosódia como objectos da Fonologia não linear

Tendo partido das concepções mais recentes do objecto sílaba no quadro da Fonologia Teórica, verificámos como ele se compromete simultaneamente com os níveis segmental e prosódico.

Este reconhecimento – oriundo dos modelos da Fonologia multilinear – tem vindo a apoiar-se numa "*concepção de sílaba enquanto unidade linguística hierarquicamente organizada, cujos constituintes dominam o material segmental que lhe está associado*" (Freitas, 1997, p.30).

Modelos de estrutura interna

Traduzida na formulação de modelos de estrutura interna da sílaba, esta concepção hierárquica atravessa uma diversidade de modelos que aqui foram expostos e entre os quais se situa o de ramificação binária com coda.

Da Fonologia teórica ao desenvolvimento

Quando se trata de dar conta de aspectos caracterizadores da aquisição da Fonologia do PE, integrando a unidade silábica enquanto objecto

---

[12] A fronteira de sílaba é notada com um ponto.
[13] Exemplo: quadro, guarda.

de avaliação, as exigências que se colocam começam por situar-se ao nível da escolha e tratamento dos estímulos constantes dos instrumentos a utilizar – que palavras e que diversidade de formatos silábicos nelas integrados.

Assumir a relevância da sílaba implica, no entanto e sobretudo, reconhecer as formas segundo as quais ela se integrou no percurso de propostas explicativas do desenvolvimento fonológico. Implica, sobretudo, – e considerado o seu estatuto de interface entre os planos segmental e prosódico – reconhecer os modos da sua progressiva evidenciação num território em que, originalmente, a procura de processos passíveis de explicar transformações observadas na criança se baseou na manipulação de unidades segmentais (como o fonema ou traço).

Capítulo III
Desenvolvimento da Linguagem

1. Desenvolvimento, aquisição e aprendizagem da linguagem

No âmbito da linguagem, as palavras "desenvolvimento" e "aquisição" não são tecnicamente equivalentes. De um ponto de vista geral, "desenvolvimento" é um conceito típico da abordagem psicológica, enquanto que "aquisição" remete para um vocabulário característico da linguística.

As diferenças podem ser formuladas a níveis mais específicos. A designação "desenvolvimento" está ligada a pressupostos construtivistas – ou seja, relativos à ideia de que os seres humanos não estão sujeitos a determinações rígidas e que constroem o seu próprio percurso na relação com o meio envolvente. Ao contrário, existe um ideário inatista e modular na noção de "aquisição": inatista por pressupor uma programação inata para a linguagem, decorrendo a aquisição de forma relativamente uniforme para todas as crianças; modular porque pressupõe a ideia de que o processamento da linguagem é da responsabilidade de módulos cerebrais específicos. Do ponto de vista dos temas de interesse, a "aquisição" contempla, tradicionalmente, o problema das estruturas morfossintácticas, isto é, como a criança adquire o complexo sistema lógico de formas de palavra e de constituintes de frase. Indo para lá da forma, o "desenvolvimento" debruça-se no encaixe de formas e conteúdos, de estruturas e usos. A semântica e o discurso são preocupações centrais quando se fala em desenvolvimento. No plano dos mecanismos propostos para explicar a aprendizagem da língua, a "aquisição" refere-se a temas como a "fixação de parâmetros" ou o "desencadeamento". Estes são conceitos de alguma especificidade, que, em geral, se referem aos modos segundo os quais a criança chega ao conhecimento das estruturas típicas da sua língua, escolhendo entre as possibilidades estruturais para as quais está geneticamente programada. Diferentemente, o "desenvolvimento" centra-se em mecanismos como a reorganização de estratégias pessoais no acesso à linguagem.

Tanto o quadro do desenvolvimento/construtivismo como o quadro da aquisição/linguística correspondem a uma perspectiva psicolinguística sobre o devir linguístico na criança, e, como tal, importam uma situação de confluência disciplinar entre psicologia e linguística, ainda que com pesos distintos para cada uma destas ciências. A interferência mútua entre psicologia e linguística tem vindo a ser traduzida tanto no plano dos grandes sistemas de avaliação fonético-fonológica (os quais reflectem os grandes momentos conceptuais no domínio do desenvolvimento fonológico), como na própria delimitação de quadros patológicos.

Face a esta polaridade, a perspectiva da reeducação assume uma perspectiva de função, propondo a alternativa da "aprendizagem da linguagem". Valoriza-se a experiência e a interacção social. É central o tema da intenção comunicativa, conversação e jogo. Os mecanismos propostos incluem a importância do estímulo que é dado à criança, da socialização e da comunicação.

1.1. *Pressupostos e elementos do desenvolvimento/aquisição da linguagem*

Qualquer que seja a perspectiva teórica assumida, existem pressupostos básicos na aquisição e/ou desenvolvimento da linguagem. Assim, de um ponto de vista instrumental, dir-se-á que aceder ao domínio da linguagem pressupõe bem ouvir, bem escutar/discriminar, melhor compreender e melhor falar.

O acto concreto da aprendizagem deve reunir, em consequência, três elementos básicos – querer, poder e saber. Aprender é um acto individual comprometido com o colectivo e é, simultaneamente, actividade psíquica e física.

Esta coexistência do psíquico/físico revela-se na análise das praxias fonoarticulatórias: os gestos da fala implicam subrotinas motoras, sequências de subrotinas, programas de acção e padrões motores constituídos como acções musculares comandadas por estruturas cerebrais (psíquicas). Para além deste elo cognitivo-motor que requer p*oder* e *saber*, o acto de falar enquanto "*querer*" faz empréstimo de toda uma disponibilidade afectiva que ultrapassa o pensamento abstracto e formal.

2. Períodos e dimensões no acesso à linguagem

A conceptualização do acesso à linguagem tem sido feita em função de grelhas diversas. Na literatura encontramos referência a várias sequências de estádios, divergentes nas designações atribuídas a cada um. Encontramos também variabilidade na indexação dos estádios a referenciais cronológicos. Existem, no entanto, pontos significativos de convergência. Um destes pontos de convergência diz respeito ao referencial cronológico médio dos 12 meses, ao qual se refere a entrada no designável "período linguístico", denominação esta fundamentada na ruptura face um "período pré-linguístico" que o antecede.

2.1. Pré-linguístico vs linguístico: uma visão geral

No momento do nascimento, a criança surge equipada com reflexos primários de sobrevivência, como a respiração, a sucção, o tragar ou gritar. Partindo da base desta conduta instintiva, a criança recebe as primeiras informações corticais que vão estruturando, do ponto de vista perceptivo, diferenciações primárias. Estas informações decorrem, inicialmente, de uma sensibilidade proprioceptiva, isto é, relativa à sensação do seu próprio corpo. Assim, o grito excita a laringe; a sucção excita os músculos da boca e língua, constituindo-se com isto, na criança, níveis de organização relativos ao seu corpo enquanto agente num dado meio. Paralelamente, a captação de informação advinda do meio verifica-se numa capacidade crescente para a diferenciação de vozes humanas face a outros estímulos acústicos.

Os primeiros sons de carácter vegetativo manifestam-se por volta das 8 semanas. Existem excitações fisiológicas agradáveis que se materializam na emissão de objectos sonoros equiparáveis a fones (r...r...r...). Repetem-se, involuntariamente, movimentos que produzem prazer em actos alimentares. Nos momentos de prazer fisiológico (estar limpo, por exemplo), repetem-se sons inarticulados, gargarejos. Os sons vocálicos ligados a sons labiais surgem ligados à sucção. A emissão de sílabas como "pa" constitui um momento neste percurso. À medida que a criança adquire uma maior coordenação da respiração, dos movimentos da boca, os sons que inicialmente eram vocálicos, indiferenciados e mais ou menos articulados, vão dar lugar a uma actividade mais coordenada, mais intencional.

Posteriormente surge o balbucio. O balbucio constitui um marco de aproximação ao verbal, acompanhando-se das primeiras diferenciações perceptivo-verbais. É uma actividade que começa por ser reflexa e que vai evoluindo de tal forma, que assistimos à passagem da produção de sons e ruídos de qualquer tipo, para uma adaptação cada vez mais próxima dos modelos fonéticos ouvidos. Progressivamente, a criança vai de encontro ao sistema fonético da sua língua materna.

Por volta dos 5/6 meses, assistimos a um período de retro-alimentação, isto é, a criança gosta de repetir os sons que vai produzindo e, quanto mais produz, mais quer produzir. Fá-lo por prazer, para exercitar e porque se ouve. Estamos perante o prazer da produção e perante auto--imitações que reforçam a ligação forma acústica / forma motora, que se assemelha a uma espécie de esquema memorizado do fonema (Aimard, 1998). Enfatizamos aqui o papel da audição como sentido fundamental para o desenvolvimento e aquisição da linguagem, pois através dele se automatizam os movimentos necessários para a produção dos diferentes sons da língua. Para que a criança pratique os seus jogos vocais, é imprescindível que ela se ouça, para que desta forma se estabeleça a associação entre a emissão de um som e os movimentos fono-articulatórios necessários para a sua produção/expressão. A par das auto-imitações constatamos a existência das hetero-imitações ou imitações diferidas, isto é, percebemos que o bebé ouve sistematicamente os adultos que com ele interagem e/ou que se encontram ao seu redor e que as produções destes, embora constituam apenas um reportório fonético, assumem um papel modelador da língua materna (Aimard, 1998). Esta situação contribuirá para uma maior facilidade de reconhecimento e produção, por parte do bebé, desses fonemas. Contudo, aos 5/6 meses os balbucios do bebé são menos especializados, assumindo ainda um registo muito mais vasto que o da língua materna. Esta especialização vai evoluindo ao longo dos meses, e em paralelo com o "banho" linguístico de que o bebé é alvo, verificando-se sem ambiguidades, por volta dos 18 meses (Teyssèdre & Baudonnière, 1997).

Por volta dos 6/7 meses, as emissões do bebé baseiam-se na repetição de sílabas do tipo "ma", "da", "ba", tornando-se mais frequentes as repetições por volta dos 8 meses e distinguindo-se, já, estruturas de entoação, nas diferentes produções que podem, inclusive, indicar emoções (Berger & Thompson, 2004).

É também a partir dos 6 meses, que ocorrem as primeiras manifestações de compreensão. A criança associa palavras com situações ligadas a interesses biológicos. A palavra biberão, por exemplo, poderá ser associada à representação do cheiro, da comida e da mãe que o toma nos braços.

Dos 6 aos 8 meses, os estímulos físicos passam a ser substituídos por sons da linguagem. Desaparecem, gradualmente, produções de jogo vocal. A criança reage a sons com agrado, surpresa ou desagrado e exerce uma maior discriminação dos fonemas da língua. A capacidade de incorporar a retro-alimentação auditiva (advinda da sua própria produção) enriquece a produção de fonemas. O alargamento da compreensão manifesta-se na associação a conteúdo afectivo e emocional.

Por volta dos 10 meses apercebemo-nos que a variedade de sons produzidos se reduz, verificando-se, desta forma, contornos de uma especialização linguística, abandonando-se a procura anterior de produzir sons pelo simples prazer auditivo. Agora o bebé encontra-se numa fase de reduplicação silábica, brinca com formas repetidas, apresentando uma estrutura que assenta na combinação consoante/vogal (CV/CV) repetida em cadeia ("mamama" ou "babababa"). À estrutura reduplicada consoante/vogal (CV/CV), sucedem-se as produções de não reduplicação como "ma", "pa", situação que parece ser claramente influenciada pelas capacidades auditivo-discriminativas da criança.

O "jargão" é uma manifestação proto-linguística que ocorre entre os 8 e os 11 meses, assemelhando-se a uma espécie de dialecto ou "linguagem distorcida". A evolução no sentido de um "jargão" ocorre a par com o uso e domínio da função comunicativa. As tentativas de expressão materializam-se com recurso aos elementos fónicos do seu contexto linguístico.

Entre os 12 e os 18 meses ocorrem acentuadas melhorias como resultado de novas possibilidades motoras. A criança assinala objectos comuns e partes do corpo. Compreende ordens simples como "toma; dá-me; come". Distingue sons, ruídos e vozes. O jargão prossegue e a criança faz-se entender por monossílabos. O gesto é usado como reforço para a compreensão da mensagem. O uso da palavra-frase (holofrase) marcará a entrada no período linguístico.

O percurso global a ser cumprido pela criança desenrola-se, a partir daí, em aquisições que culminam com a formação da linguagem verbal similar à do adulto, nas suas estruturas básicas.

Até aos 3 anos, podem ser enumeradas algumas características da linguagem infantil:
- Dificuldades para organização ideacional, reflectindo-se numa linguagem entrecortada associada à gaguez evolutiva;
- Uma gradual diferenciação em género, número e tempos verbais;
- A capacidade de resposta e elaboração de perguntas simples;
- Uma imitação abundante e aperfeiçoamento da melodia da língua;
- A invenção e generalização lexical;
- Ecolalia de frases ou palavras;
- A construção de frases de três a quatro palavras;
- Grau de inteligibilidade não total nos enunciados produzidos;
- Estratégias múltiplas de simplificação da fala adulta;
- Um gradual domínio sintáctico com base na sua experiência imediata, envolvendo o uso da estrutura sujeito – verbo – complemento e um gradual uso do artigo, pronome, advérbios e adjectivos.

Numa escala temporal mais alargada – e considerando as aquisições até aos 5 anos – observa-se, em paralelismo com progressos motores (gradual melhoria na deslocação independente), cognitivos (incremento da percepção e memória auditiva; actividades de jogo simbólico) e de socialização (confronto com as primeiras medidas disciplinares):
- Grande extensão vocabular;
- Aperfeiçoamento articulatório;
- Imitação abundante;
- Gradual melhoria em domínios gramaticais;
- Evidência de competências comunicativas.

Em fórmula muito sumária, as etapas a cumprir ao longo dos primeiros anos de vida (1) estabilizam o sistema fonético-fonológico, (2) ampliam o léxico e (3) estruturam a morfossintaxe.

(1) Estabilização do sistema fonológico: a criança torna-se capaz de produzir todos os sons da sua língua (fonética) e de os organizar em combinações compatíveis com os princípios do código-alvo (fonologia).

O percurso de aprendizagem fonética ocorre, em abordagem muito linear, segundo patamares progressivos que partem de um domínio de segmentos oclusivos, seguidos de nasais, fricativas e, finalmente, líquidas. O nível do vozeamento define uma hierarquia geral em que as consoantes surdas precedem as sonoras. Um dos último segmentos a serem dominados no Português Europeu é o /r/. Isto decorre do facto de se constituir como elemento de vários contextos silábicos. Fazendo também parte desta aquisição tardia do desenvolvimento fonológico, as fricativas sonoras (/z/ e /ʒ/) impõem dificuldades, simultaneamente vinculadas ora à percepção ora à articulação.

De um ponto de vista já fonológico, a criança recorre, até à estabilização do seu sistema, a estratégias de relação "provisória" com a língua que incluem os designados processos fonológicos. Estes, constituindo-se como processos de simplificação de fala adulta, traduzem as possibilidades de confronto inicial da criança com o sistema. Assim, as palavras tri e polissilábicas sofrem reduções quanto ao número de sílabas. Os formatos silábicos – tipos possíveis de sílabas – são progressivamente dominados, tendo passado por sucessivas metamorfoses de eliminação de segmento / fonema, substituição, troca de lugar (metátese), epêntese ou mesmo redução dos traços distintivos que operam na palavra. Este último processo – designado de harmonia consonantal – traduz a dificuldade para a criança enfrentar as dificuldades inerentes a um conjunto de traços distintivos que coabitam na mesma palavra. É disto exemplo a palavra "cigarro", emitida como "cirrarro", ou a palavra "sofá" produzida como "fofá".

Neste contexto, são identificáveis formatos de aquisição precoce e formatos de aquisição tardia: o formato silábico de aquisição mais tardia é o formato CCVC. A incidência dos processos fonológicos tende a preservar a sílaba tónica, sendo preferenciais as simplificações nas sílabas átonas. Por exemplo, na palavra "boneca", a criança jamais diz "boca", mas sim "neca" ou "boné" preservando, em qualquer um dos casos, a sílaba tónica. O caso especial da harmonia, atrás aludido – "contaminação" de fonemas por fonemas adjacentes – atesta um domínio insuficiente da diferenciação inter-sonora, tornando o discurso idiossincrático – apenas perceptível pelas pessoas mais próximas. Torna-se também difícil perceber, no discurso espontâneo, a fronteira de palavra.

A metátese, processo "avançado", constitui-se como passo intermédio para o domínio do formato, implementando-se através dele múltiplas tentativas de reajuste ao modelo por meio de trocas internas à palavra (por exemplo, ao dizer-se "encardenar" em vez de "encadernar"). O factor "frequência de uso" constitui, neste processo, um nível de intervenção que não deve ser desprezado, uma vez que o modelo acústico é alvo de maior repetição.

De um ponto de vista sumário, os constrangimentos no desenvolvimento fonológico englobam um conjunto de factores, entre os quais os formatos silábicos que os contenham, a posição da sílaba na palavra, a frequência de uso do vocábulo, a posição da sílaba enquanto tónica e a existência de distintos formatos na mesma palavra.

(2) Ampliação do léxico: a criança conhece as palavras da sua língua enquanto representantes de um referente específico que ela mesma vivencia e manipula em contextos interactivos.

(3) Estruturação da morfossintaxe: a criança utiliza cada vez maior diversidade de classes de palavras (adjectivos, verbos, preposições, etc.) e respectivos processos de flexão e derivação (morfologia). Esta utilização serve um domínio de sequenciação e de subordinação de palavras que é o da sintaxe. Para construir uma unidade de discurso compatível com o sistema da língua-alvo, a criança tem, com efeito, que aplicar normas de relação entre classes de palavras: em português, por exemplo, o sujeito deve preceder o verbo; este deve obedecer a uma flexão compatível com o sujeito (para além do tempo do verbo, a pessoa que o precede impõe uma terminação específica).

Tomemos o exemplo de:
"O menino chorou."
A emissão deste enunciado pressupõe que a criança
• conheça o substantivo "menino";
• conheça o verbo "chorar";
• "saiba" que "menino" corresponde a uma forma específica de conjugação – a terceira pessoa do singular.

Para além disto, a criança teria que recorrer a um conhecimento sobre o uso de determinantes em posição anterior ao substantivo ("O" menino). Este tipo de conhecimento é manifestado num ponto específico do percurso de aquisição da linguagem, sendo antecedido por períodos em que o determinante é omitido. Consideramos, à frente, este marco específico, coincidente com a passagem da designada "linguagem telegráfica" a um momento mais avançado de domínio da linguagem.

O percurso, ao longo destas dimensões, é levado a cabo de forma paralela: progressos na fonologia ocorrem simultaneamente aos do léxico; estes últimos acompanham os progressos decorrentes na morfossintaxe.

Para além das dimensões apontadas, existe uma que toca o problema da comunicação, estendendo-se para lá do domínio do simples sistema formal de regras. Trata-se da pragmática.

Retomemos o exemplo anterior:
Imaginemos alguém (adulto) que responde à pergunta:
"O que é que ele fez quando o carro avariou?"
...com a resposta
"O menino chorou".

Esse "alguém" que responde poderá estar a fazer um uso da linguagem para efeitos de sarcasmo. O interlocutor que a ouve irá, em princípio, perceber a intenção. Ambos partilharão a ideia de que a pessoa em causa, não sendo uma criança, se comportou como tal, não reagindo a uma situação com a racionalidade esperada.

A capacidade de emitir e compreender esse tipo de enunciados é algo que também se adquire e que, como dissemos, se enquadra no plano desenvolvimental da pragmática.

2.2. *A dimensão fonético-fonológica*

O desenvolvimento do sistema fonético-fonológico é um processo concorrente e articulado com o que ocorre ao longo de todas as dimensões linguísticas. Assumir esse processo significa apropriar-se de um sistema de contrastes que é específico de uma dada língua e que é, simultaneamente, marcado por dinâmicas de aprendizagem que põem em jogo vários níveis de relação com elementos linguísticos.

Dois desses níveis remetem, respectivamente, para o fonema e a sílaba. Esta, cada vez mais assumida como parte integrante do universo fonológico, tem vindo a ser reconhecida como unidade activamente participante no percurso de apropriação da fonologia nativa. Tendo em conta este posicionamento de relação fonema/sílaba – assumido por nós numa investigação recentemente levada a cabo (Lima, 2003) – consideramos, ao longo desta abordagem o sistema fonológico do Português Europeu na perspectiva alargada do fonema e da sílaba.

Dada a orientação deste documento para as problemáticas no âmbito fonético-fonológico, encurtamos, também – de forma intencional – a consideração desta dimensão, uma vez que ela será objecto de discussão alargada em ponto subsequente.

2.3. Léxico

O domínio do léxico envolve um compromisso simultâneo com a fonologia e a semântica. Numa perspectiva lata, a capacidade de associar sons a significados inicia-se com o grito, e o choro e o balbucio constituem marcadores semânticos precoces. Dominar o léxico constitui, porém, algo que acontece apenas quando o significado emerge a partir de conjuntos sonoros partilhados por uma comunidade linguística.

O percurso de apropriação do léxico inicia-se num momento em que o domínio de uma palavra, ao mesmo tempo que dá origem, é suficiente para a formação de um enunciado. As primeiras palavras podem apresentar valor de acção, de situação ou de objecto, encontrando-se vinculadas a esferas afectivas, do foro do desejo e da necessidade. São palavras de forte cara vivencial, como "mamã" ou "papá", as que primeiro aparecem.

O estádio da holofrase corresponde a este nível desenvolvimental e traduz-se no facto de as intervenções verbais da criança se reduzirem a uma palavra. Na verbalização "menino", como exemplo da produção holofrástica, pode haver referência a desejo (quero ver/ir ao menino), situação (está ali um menino), ou apenas nomeação ("é um menino").

Estas emissões correspondem às designadas sub ou sobreextensões (também denominadas generalizações). Se, nas primeiras, a palavra designa um caso particular da realidade referencial da palavra, no segundo a palavra designa um universo de objectos superior ao âmbito convencional da mesma. O exemplo "bola", para todos os objectos usados para brincar, constitui a sobregeneralização de "brinquedos". Por sua vez, a palavra "maçã", quando usada para designar apenas um tipo de maçã (a que existe em casa), constitui um fenómeno de subextensão.

A partir dos 18 meses e, particularmente, até aos 24-30 meses, ocorre um crescimento abrupto do vocabulário. Por volta dos 36 meses, a criança domina os campos lexicais referentes a comida, a vestuário, a partes do corpo, a parentes/laços familiares, a brinquedos, a animais, a objectos domésticos, a localizações, a fórmulas sociais, assim como a outros campos específicos de acordo com os seus gostos individuais.

Este universo de conhecimentos, gradualmente amplificado, segue um curso paralelo ao da compreensão. Ainda que anterior, a compreensão fomenta a expressão, e ambas se reforçam na exploração que a criança faz do seu mundo imediato, múltiplo em suas configurações sensoriais e funcionais.

2.4. Morfossintaxe

O estádio da holofrase é abandonado quando emergem os papéis semânticos e as primeiras relações sintácticas. Até aos 2 anos aproximadamente, a criança formula frases incompletas, sobretudo ao nível dos designados morfemas de função (preposições, artigos, etc.). Manipula assim um sistema que – embora mínimo – exibe a produtividade e criatividade inerente ao uso da linguagem: a partir de um número reduzido de palavras, múltiplas combinações oferecem múltiplos enunciados.

Um estádio subsequente traz consigo aquisições morfológicas que permitem flexões e aquisições especificamente sintácticas, que diversificam a modalidade dos enunciados (negativas, interrogativas, imperativas) e permitem orações bem formadas, contendo morfemas de função. É entre os três e os quatro anos que a gramática do pequeno falante se aprofunda, ao mesmo tempo que o vocabulário se alarga, aumentando a sua adequação. Morfologicamente, entre os três e os quatro anos a criança aprende a dominar o campo do substantivo, conhecendo já as regras de formação de plural e feminino, privilegiando os substantivos concretos que nomeiam o mundo à volta.

Quanto ao uso do verbo, a criança conhece e aplica-o na sua conjugação regular e domina os verbos irregulares mais frequentes. Irá apenas faltar-lhe o controlo do conjuntivo e dos tempos compostos; conhece as preposições mais frequentes, assim como advérbios de modo (como devagar, depressa, imediatamente) ou de tempo (ainda). O adjectivo é usado com frequência e adequação, especialmente adjectivos que se vinculam a emotividade (bom, mau, lindo). Quanto ao domínio do verbo, a criança usa, sobretudo, verbos que se relacionem com acção, e cria novas forma de uso através da generalização de formas de verbos irregulares como se de regulares se tratasse. São exemplos as formas do passado 'fazi', 'dezi' e do particípio 'dazido' e 'dezido'. Verbos de movimento e de expressão emocional (estar a rir, estar triste, estar assustada, chorar, etc.) representam a preferência da criança. Os verbos irregulares vão sendo dominados na proporção da sua frequência de uso. Os verbos mais empregues são: ser, ter, ir, vir, pôr, dizer, fazer, dormir. Os hábitos específicos da criança vão introduzindo outras categorias de verbos. Quanto ao modo, utiliza com à-vontade o indicativo, o imperativo e o infinitivo, manifestando grandes dúvidas e erros frequentes no modo conjuntivo. O futuro (excepto formas verbais perifrásticas "vou fazer"), condicional e formas passivas estão ainda ausentes.

Um último estádio no desenvolvimento morfossintáctico assinala o domínio de estruturas hierárquicas, tais como elas se traduzem na capacidade de emitir orações subordinadas (para além de coordenadas). As conjunções emergem.

2.5. Pragmática

As capacidades comunicativas emergem, primitivamente, na interacção com o adulto e dentro de um contexto pré-linguístico. Só mais tarde, no percurso desenvolvimental da criança, os irmãos e colegas se tornam novos pontos de referência.

No final do primeiro ano, a criança revela já comportamentos claramente intencionais de relação comunicativa referentes a objectos. Bates (1976) identifica dois tipos de comportamentos intencionais ou actos não locutivos na comunicação pré-verbal, por volta dos 9-12 meses, realizados com recurso aos gestos: (1) os proto-imperativos: gestos deícticos (apontar, dar), com a finalidade de influenciar o comportamento do outro, quer para obter o objecto que o outro possui, quer para realizar determinada acção; (2) os proto-declarativos: uso de verbalizações convencionais para dirigir a atenção do adulto a objectos ou situações a fim de partilhá--las. Se, nos proto-imperativos, a criança utiliza o interlocutor para conseguir um objecto, nos proto-declarativos utiliza o objecto para atingir uma meta social.

Dos 18 meses e, progressivamente, até aos 3 anos, a comunicação passará a apoiar-se na palavra. Os gestos passam para segundo plano e servem apenas como reforço da palavra ou frase. A partir deste momento, opera-se uma mudança de tal ordem que irá exercer uma influência determinante no desenvolvimento das funções comunicativas.

Paralelamente, entre os 2 e 4 anos ocorre, por força da socialização, uma assunção marcada de protagonismo pela criança, deslocando-se da tutela dos pais. O âmbito de acção da criança que, até então, se limitara à resposta a perguntas colocadas pelos pais, alarga-se substancialmente. Apresentam maior número de iniciativas e mais capacidade para introduzir e manter temas novos na conversação. Entendem o que outro quer dizer, controlando a intencionalidade. Obedecem a convenções sociais de utilização específica da linguagem em contexto.

3. Uma visão aprofundada do percurso de desenvolvimento fonético--fonológico

Nesta secção tentamos, em primeiro lugar, dar conta das abordagens teóricas que, ao longo do séc. XX, foram tentando dar conta do processo de aquisição da fonologia (3.1). Neste panorama teórico podemos encontrar os referenciais que nos guiaram num percurso de investigação empírica com crianças falantes do Português Europeu (Lima, 2003). O referencial em causa põe em destaque o papel da sílaba (3.2) enquanto, simultaneamente, assume o valor operacional dos designados processos de simplificação (3.3). Os principais níveis de leitura dos resultados obtidos são, finalmente, apresentados (3.5).

3.1. *Modelos explicativos*

O estudo do desenvolvimento fonológico tendeu, ao longo da sua história, para a transdisciplinaridade (Vihman, 1996). As relações entre os vários domínios do saber envolvidos privilegiaram, de início, o cruzamento entre a linguística e a psicologia, sendo, ainda hoje, evidentes as marcas da teoria linguística no quadro dos modelos explicativos do desenvolvimento fonológico.

Esta transdisciplinaridade crescente desenvolve-se num quadro de proliferação de modelos explicativos que, na perspectiva de Serra et al. (2000), revelam dificuldade no acordo quanto a questões basilares. Entre estas, podem nomear-se as questões relativas à identidade das possíveis unidades de percepção e processamento, ou as questões relativas ao trabalho mental necessário para a ocorrência das transformações na criança. No parecer dos autores, as teorias explicativas do desenvolvimento fonológico devem dar resposta às questões levantadas pelas especificidades de cada língua e pelas diferenças individuais. No entanto, até hoje este objectivo não foi atingido, no sentido em que não existe uma teoria unificada do desenvolvimento da fonologia. Ao contrário, a comunidade científica tem ao dispor um conjunto de abordagens, datadas no tempo, a partir das quais tentamos em seguida traçar um quadro sinóptico.

3.1.1. Comportamentalismo

A aplicação da perspectiva comportamentalista ao desenvolvimento fonológico constituiu, em articulação com a linguística estruturalista, um dos momentos de partida da história deste domínio.

Autores como Mowrer (1952) e Olmsted (1966) socorreram-se dos postulados de base da "Teoria da Aprendizagem" (imitação e reforço diferencial na discriminação das características próprias dos sons) para sublinhar a importância, no desenvolvimento fonológico, de factores como a percepção ou o papel da frequência de *input*. Serra e cols. (2000) especificam que, nesta perspectiva, (1) os fonemas mais contrastantes são os primeiros a aparecer (facilidade perceptiva categorial) e que, (2) em segundo, surgem os fonemas com mais frequência na língua. Os conceitos de aprendizagem, competências perceptivas e frequência de uso dominam, enfim, esta leitura do desenvolvimento fonológico. O peso de factores contingenciais na aquisição faz, assim, com que a noção estruturalista de desenvolvimento universal (sobre a qual nos debruçamos em seguida) encontre aqui uma das mais violentas oposições.

3.1.2. Estruturalismo

Baseado nos trabalhos da Escola linguística de Praga, Jakobson (1941/68) partiu do material descritivo então disponível nos relatos em diários para construir uma "análise estrutural[1]" do desenvolvimento fonológico, bem como as "leis gerais de solidariedade irreversível" que governam, quer as línguas do mundo, quer a aquisição da fonologia na criança. Na obra de Jakobson é encontrado um paralelo entre o desenvol-

---

[1] No domínio da Linguística consideram-se estruturalistas as descrições de uma língua assentes na ideia de um sistema de relações. Segundo Trask (1996), "*virtualmente todas as abordagens do séc. XX são, neste sentido, estruturalistas na medida em que se opõem às anteriores abordagens atomísticas, por sua vez conceptualizadoras da fonologia de uma língua como colecção de elementos*" (p.340).

vimento fonológico na criança e a dissolução fonológica no adulto (afasia), processo cujas implicações cabem numa perspectiva evolutiva relativa à formação das línguas. O desenvolvimento e a dissolução são, enfim, regulados pelas mesmas leis.

Jakobson enfatizou o carácter universal e inato na ordem de aquisição fonológica, concebendo um sistema que inclui a progressiva diferenciação de uma sequência de contrastes afectando classes de sons sucessivamente mais pequenas. Neste contexto, os contrastes são pré-requisitos uns dos outros, existindo uma sequência de aquisição na qual uma dferenciação inicial de poucos traços distintivos progride a par com a capacidade de contrastação e correlativa ampliação do repertório (Bosch, 1984; Macken, 1995). A ordem será a seguinte: 1-nasalidade; 2-labialidade; 3-continuidade; 4-lugar de articulação (anterior-posterior); 5-sibilância.

Existe, assim, um afinamento da capacidade contrastiva (dos contrastes máximos aos mais débeis), afinamento que está associado a compromissos progressivos com a dificuldade articulatória da língua.

Central no corpo explicativo de Jakobson foi ainda a cisão entre um período pré-linguístico (destituído de padrão ou estrutura) e um período línguístico (associado à universalidade das aquisições), estabelecendo o autor uma correspondência entre esta oposição e a dicotomia produção fonética (pré-linguística) / produção fonológica (linguística). Esta descontinuidade estaria também associada à ocorrência de uma forma de reaprendizagem fonética em função da língua, coincidindo esta reaprendizagem com a emergência do período linguístico (Serra et al., 2000).

Uma elaboração da proposta de Jakobson surge, nos anos 70, com Moskowitz (1970, 1971, 1973, in Bosch, 1984; Acosta, León e Ramos, 1998). De acordo com Bosch (1984), a abordagem de Moskowitz é ainda uma leitura estruturalista que substitui a perspectiva do contraste, passando a considerar como unidade mínima a sequência composta de som mais significado. Acosta et al. (1998) consideram que "...ainda que os seus postulados continuem no fundo a ser estruturalistas" (p. 42), Moskowitz introduz na sua teoria elementos da fonologia generativa contemporânea. Estes passarão, segundo os autores, pela consideração do desenvolvimento fonológico não só como aquisição de unidades mas também das *regras* que as regem. Acrescentam ainda a importância da perspectiva de *hierarquia de níveis linguísticos* no percurso desenvolvimental, partindo da produção de unidades mais amplas (frase e entoação) para chegar a unidades menores (segmento). Ao longo deste percurso, a unidade silábica assume uma importância capital, na medida em que "...de forma notável lhe confere valor semântico." (idem).

Numa visão crítica, Serra et al. (2000) apontam o facto de a leitura de Jakobson não permitir ter em conta os factos relativos às diferenças individuais, à selecção de estratégias individuais e à sensibilidade às especificidades da língua (frequências de uso de um dado fonema). Para além disto, referem a possibilidade de confrontar a proposta do autor com os dados que apoiam a noção de uma unidade de processamento inicial não baseada em segmentos e traços, mas antes na palavra.

3.1.3. Modelos Generativos Linguísticos

A fonologia generativa consiste, em sentido estrito, numa abordagem baseada na formulação de *formas subjacentes* que são convertidas em *formas fonéticas de superfície* pela aplicação de uma (possivelmente longa) sequência de *regras fonológicas*. As formas fonéticas de superfície são formuladas como sequências lineares de segmentos (Trask, 1996).

As formas subjacentes, também designadas de representações subjacentes ou subjacências, constituem uma representação fonológica mais ou menos abstracta de um segmento, um morfema, uma palavra ou uma frase que é suposta por um analista, e a partir da qual são derivadas as respectivas formas de superfície que incluem as realizações de variantes. As formas subjacentes podem ser mais ou menos abstractas, dependendo isto das preferências teóricas do analista. O conceito e o termo foram introduzidos na linguística por Bloomfield (1933, in Trask, 1996), tendo os estruturalistas Americanos rejeitado a ideia.

As regras fonológicas (ou Regras-F) são, num sentido amplo, qualquer regra que, numa análise, é assumida como envolvida na derivação de uma pronúncia a partir de uma representação fonológica subjacente. São incluídas aqui regras relativas à informação morfológica, lexical e regras puramente fonéticas. Conforme as perspectivas, surgem restrições à natureza das regras a considerar.

A fonologia generativa foi inaugurada na obra de Chomsky, Halle e Lukoff (1959), e apresentada com algum detalhe na obra de Halle (1959). A versão elaborada, modificada e apresentada na publicação de Chomsky e Halle (1968) representou a forma canónica da fonologia generativa clássica. Em termos latos, a fonologia generativa representa um rótulo aplicado a toda a fonologia nos anos 60, incluindo não apenas o trabalho atrás referido, como também as várias aproximações (principalmente não lineares) desenvolvidas nos anos 80. As abordagens modernas diferem das anteriores, mas unem-se no reconhecimento de continuarem o programa de investigação desenvolvido por Chomsky e Halle na obra *"The Sound Pattern Of English"* (1968).

Baseado na assunção de que a criança está inatamente dotada de um "conhecimento tácito" dos princípios universais da estrutura linguística, Chomsky criou um vínculo fundamental entre a aquisição da linguagem e os objectivos da teoria linguística. As linhas gerais da sua teoria fonológica podem ser resumidas de acordo com os seguintes princípios (Vihman, 1996):

(1) As descrições fonológicas podem ser formuladas em termos de afirmações e notações precisas e explícitas;
(2) Os segmentos são analisáveis como um complexo de traços;
(3) Existem dois níveis de representação, correspondendo aos níveis subjacente (abstracto) e fonético (de superfície);
(4) As regras fonológicas mediam os dois níveis;
(5) As regras fonológicas interagem.

Formulada num território marcado por preocupações de natureza linguística, a concepção Chomskiana deixa em aberto questões relativas ao desenvolvimento. Dois referenciais vieram, segundo Vihman (1996), dar resposta a duas dessas questões. As questões diziam respeito à aquisição das regras generativas e à natureza desse conhecimento inato. Os referenciais foram o da fonologia natural de Stampe (1969; 1979) e o da fonologia generativa de Smith (1973).

Stampe (1969; 1979) concebe um sistema inato de regras fonológicas automáticas – os processos de simplificação – aplicadas às representações fonéticas. Os processos de simplificação são definidos como operações mentais *"que vão convertendo uma oposição fonológica potencial no membro da oposição que menos ponha à prova as restrições da capacidade fonética humana"* (Stampe, 1969, p. 443). Tais processos não teriam de ser aprendidos, já que consistiriam em respostas naturais necessárias perante as limitações da percepção e produção humanas. Os processos seriam universais e disponíveis de modo inato, sendo a tarefa da criança a de reduzir progressivamente a aplicação dos processos não ocorrentes na sua língua através da ordenação, limitação e supressão dos mesmos (aquisição da fonologia). Partindo de um estádio de recurso massivo aos processos fonológicos naturais, a criança rejeitá-los-ia progressivamente de forma a aceder às oposições fonológicas contidas na fala adulta. A acção dos processos enquanto operações mentais faz, segundo Serra et al (2000), com que as crianças restrinjam as oposições da língua àquelas que existem no seu sistema natural, indo-se suprimindo as que não se encontram no sistema linguístico envolvente. Assim, existem oposições que são integradas se existem na língua, e outras que não integradas se não existem.

Este dado levanta uma das críticas possíveis ao modelo: perante a ideia de que as crianças possuem um sistema genérico com todos os contrastes de início, como é que este sistema – mais rico – se vai restringindo progressivamente? Nas palavras de Acosta et al. (1998) *"...preocupa a afirmação de Stampe de que a representação subjacente que a criança tem de uma palavra é igual à da forma adulta falada. Se assim fosse, o sistema perceptivo da criança teria que estar completamente desenvolvido no início da fala com significado."* (p.44)

Para além deste problema, subsiste, segundo Serra et al. (2000), a questão de os processos poderem ser lidos quer como simplificações, quer – simplesmente – como limitações perceptivas. O valor do conceito de processo não deixa, no entanto, de prevalecer como instrumento explicativo de grande peso. Acosta et al. (1998) acrescentam às críticas as da (1) possibilidade de definição operacional dos processos enquanto "operações mentais", (2) a inexplicabilidade das variações individuais mediante a universalidade de ordenação de processos e (3) a ausência de explicação, no modelo, da forma segundo a qual a criança extrai e armazena uma representação fonológica.

Stampe rejeitou a possibilidade de delimitar o âmbito dos processos possíveis. Caberia, posteriormente, a Ingram (1976, 1979), Schriberg e Kwiatkowski (1980) e Hodson (1980) a sua definição. Herdeiro, em parte, das concepções de Stampe, Ingram, em particular, lançar-lhes-á um novo revestimento que passará pela contemplação da variabilidade produtiva nas crianças, incluindo um factor de "preferências individuais" (Bosch, 1984).

O modelo incial de Ingram (1976, 1979) enquadra-se num desenvolvimento da fonologia natural de Stampe, segundo a qual a criança cumpre o seu percurso de desenvolvimento tardio (1,6 a 4 anos) pela perda progressiva dos processos fonológicos.

Ingram (1976) descreve o desenvolvimento fonológico em paralelo com os estádios de desenvolvimento cognitivo de Piaget. Recorre às noções de assimilação e acomodação para descrever, respectivamente, os processos de sucessiva criação e modificação de estruturas ao longo do desenvolvimento. Dotada de um papel activo, a criança organiza-se no interior do seu sistema, contando com a colaboração não só desta dimensão (organização), como também da produção e percepção. Para além do sistema da criança, participam no percurso desenvolvimental os sistemas da palavra adulta (modelos normativos) e da palavra infantil (o grupo de sons que, em dado momento, a criança efectivamente produz).

Neste contexto de estruturação progressiva e gradual do seu sistema fonológico, o conceito de preferências fonológicas vem marcar a oposição ao universalismo de Stampe – aqui, cada criança se orientará para o uso de um conjunto específico de processos. A variabilidade individual postulada é, no entanto, compatível com a formulação de uma tipologia de processos de simplificação passível de abarcar a caracterização da fala infantil.

Elemento simultaneamente metodológico (método de análise de dados) e teórico-conceptual, a noção de processo fonológico entrelaça-se, nomeadamente, com o pressuposto da palavra enquanto unidade privilegiada na aquisição. Esta relação é visível na necessidade, enfatizada pelo próprio autor (Ingram, 1979), de complementar uma análise baseada em processos com uma consideração de aspectos de ordem dinâmica (variabilidade fonética e influência lexical), de processos não isomórficos (ausência de correspondência um-a-um entre pronúncia infantil e adulta), bem como de preferências individuais (por uma classe de sons ou estrutura silábica).

Para além desta variabilidade individual, a variabilidade translinguística encerrada na noção de carga funcional é um factor a ser contemplado, tornando-se fundamental atender à frequência dos diversos fonemas na língua em aprendizagem.

3.1.4. A Fonologia prosódica

A fonologia prosódica de Firth (1948), antecipadora dos modelos não lineares actuais, deslocou-se dos aspectos paradigmáticos (simultâneos, concorrentes) da fonologia, dirigindo-se para o domínio sintagmático (elementos sucessivos, articulados no tempo). Os designados *componentes fonémicos longos* (traço fonético estendido por mais que um segmento dentro de uma unidade fonológica – forma mais evidente de prosódia, bem como outras características fonéticas e fonológicas) são, nesta abordagem, extraídos das representações e sobrepostos a um esqueleto de unidades de especificação mínima – as unidades fonemáticas. Resulta a implementação do conceito de prosódia enquanto elemento fonológico cuja descrição só é possível por referência a um domínio de longitude maior que a de um simples segmento, incluindo-se aqui, entre outros, os aspectos suprassegmentais de acento e entoação (Trask, 1996).

Antes de gerar muitas das recentes grelhas de leitura não lineares – nomeadamente a da fonologia autossegmental – esta concepção foi, no território do desenvolvimento fonológico, aproveitada pelo modelo de Waterson (1971). Apostando num enfoque holístico (considerando como unidade a palavra como um todo, e não o segmento), Waterson defende as ideias de uma especificidade inerente ao sistema da criança, bem como a de que a percepção da criança começa por ser esquemática e incompleta. A escolha de um padrão de pronúncia por parte da criança residiria na saliência perceptiva das emissões adultas.

Numa perspectiva descritiva relativamente ao decurso de desenvolvimento, surgem as ideias de que a criança começa por desenvolver a produção e a percepção com base na melodia. Neste momento, as unidades fonéticas são realizadas de forma não analisada. Progressivamente, as crianças vão atendendo a unidades como acentuação, silabificação e, finalmente, a fonemas e traços.

Segundo Bosch (1984), é ainda elemento estruturante da abordagem prosódica a rejeição da universalidade na aquisição. Este passará, segundo Acosta et al. (1998) pela admissão de que – dada uma percepção inicial de palavras em função de características gerais mais do que unidades fonemáticas – *"...não resulta inesperado que um fonema seja tratado diferencialmente em distintas formas lexicais"* (p. 47).

A ênfase na oração ou palavra trouxe, na perspectiva de Serra et al. (2000) *"...vantagens que a fonologia não linear posteriormente retomou"* (p. 216). O fonema deixa assim de ser a unidade básica, tornando-se *"... contingente ao lugar que ocupa na palavra. A forma como é percebido organiza a sua representação e produção "* (idem, p. 217). Segundo os autores, estas premissas explicam a diversidade individual e a variação entre contextos lexicais no percurso de desenvolvimento, ao mesmo tempo que dão peso ao *input* e à percepção das crianças. Desprezam, todavia, o que há de observável como constante entre os sujeitos e, necessariamente, minimizam uma das dimensões fundamentais do desenvolvimento. Acosta et al. (1998) acrescentam a estas limitações (1) o facto de o modelo se circunscrever aos estadios iniciais de aquisição e (2) a ausência de previsões relativas aos tipos de erro que poderão ocorrer no desenvolvimento.

A ênfase em material linguístico específico, mais que na procura abstracta de universais, fez deste modelo um contribuinte significativo para alguns dos mais ecléticos modelos cognitivistas (Vihman, 1996).

3.1.5. Os Cognitivistas de Stanford

Em ruptura com o trajecto disciplinar mantido até inícios da década de 70, os cognitivistas impuseram uma perspectiva ateórica e não dedutiva, rejeitando o empréstimo de uma base linguística para as suas formulações. O modelo foi elaborado durante 10 anos por um grupo de investigadores da universidade de Stanford.

Com o cognitivismo, a questão da ordem de aquisição foi apagada (de Olmsted, ao nível perceptivo, ou de Jakobson, ao nível da produção) por uma preocupação com as competências cognitivas inerentes à produção linguística da criança, agora evidentemente dotada de um papel activo. Nesta qualidade, as crianças formulam hipóteses, provam e corrigem, sem que, obviamente, tenham disso consciência.

Menn e Stoel-Gammon (1995) formulam um modelo de criança com meios limitados perante o sistema-alvo, usando a palavra como primeira unidade e recorrendo a estratégias de substituição, evitamento e exploração.

A primeira tentativa de articulação desta posição surgiu de Ferguson e Farwell (1975), que partiram de um estudo longitudinal para constatar (a) um alto nível de variabilidade na produção das primeiras palavras, (b) uma "regressão" na pronúncia das primeiras palavras, inicialmente mais bem pronunciadas do que posteriormente, e (c) provas de uma selectividade das palavras produzidas com base nos seus sons constituintes. Ferguson e Farwell enfatizam as variações intra e interindividuais, tendo cada criança a sua estratégia resultante num léxico precoce idiossincrático.

Em todos os domínios linguísticos, a criança cumpre uma marcha a partir de uma aprendizagem pré-sistemática e no sentido da descoberta e da sobregeneralização de padrões (Vihman, 1996). Acosta et al. (1998)

descrevem este percurso: "À *medida que o seu vocabulário receptivo e produtivo aumenta, (as crianças) começam a notar similitudes entre segmentos ou sequências de segmentos e formulam regras para relacionar palavras com formas similares e/ou formas silábicas.*" (p. 48) Segundo os autores, estas regras não são apenas variáveis de criança para criança, como também são mutáveis. Quer isto dizer que, no percurso de aproximação à fala adulta, elas podem modificar-se se existirem contradições internas.

Segundo Ferguson e Farwell (1975), o desenvolvimento fonológico precoce é fortemente afectado pelas propriedades das palavras. Os primeiros contrastes acontecem em palavras individuais, não se generalizando muito cedo e permanecendo limitados a palavras específicas (contrastes lexicais). O parâmetro lexical opera quando um contraste se começa a generalizar, dispersando-se gradualmente pelas palavras em vez de acontecer de forma súbita em todas as palavras relevantes. Para os mesmos autores, as crianças têm pronúncias alternativas para tipos lexicais. Algumas palavras são mais variáveis que outras. As palavras com pronúncias mais estáveis chamam-se formas estáveis (Ingram, 1992).

No que diz respeito às formas progressivas, haverá, inicialmente, restrições impostas pelo facto de o sistema fonológico ser limitado. Uma das características que daqui resulta é o idioma fonológico – primeiras pronúncias das crianças que são superiores a outras pronúncias posteriores. Tudo acontece como se as primeiras tentativas fossem reflexões directas das capacidades perceptivas e articulatórias das crianças, sem que houvesse interferência do sistema fonológico. Uma vez integradas no sistema, a sua pronúncia tornar-se-ia mais simples. A existência dos idiomas (fonológicos) progressivos sugere que as capacidades perceptivas e produtivas da criança são mais avançadas que o seu sistema fonológico.

A selectividade fonológica da criança – consubstanciada no recurso a regras complexas – não seria evidência de limitações articulatórias inatas, exercendo antes uma função de processamento dirigido à redução das formas a serem armazenadas e acedidas. De acordo com estratégias de selecção e evitamento, as crianças tendem a produzir palavras que contêm sons dentro do seu sistema, e a evitar as que não contêm esses sons. Neste processo existem, segundo Serra et al. (2000), produções que não são fruto do sistema adulto nem são simplificações.

Resulta assim deste conjunto de noções uma ideia global de variabilidade na sequência de aquisição. Fala-se em estratégias individuais, preferências e léxico idiossincrático. Nas suas várias expressões, os modelos cognitivistas rejeitam o conhecimento inato das categorias linguísticas, apostando antes na existência de capacidades naturais para a percepção e produção. Neste sentido, a universalidade existente só se deve às bases auditivas e articulatórias de cada momento maturativo (Serra et al., 2000). Relativamente às unidades de aquisição, no início a unidade é a palavra e progressivamente os contrastes incorporam-se na representação.

Referindo-se às críticas a este modelo, Serra et al. (2000) apontam o facto de, na qualidade de modelo construtivista, apostar na interacção sujeito/meio e não permitir, nesta medida, grandes predições nem refutações da teoria.

3.1.6. Os Modelos Biológicos

De elaboração recente, os modelos biológicos enfatizaram a ideia de que a fonologia teria origem no âmbito dos constrangimentos perceptivo-motores, fazendo sugestões específicas acerca dos mecanismos que facilitam a transição do balbucio para a fala. São referências proeminentes, neste domínio, Kent (1992), Locke (1986) e Locke e Pearson (1992).

Locke (1983) formulou o designado modelo da continuidade, centrado na acção de componentes fisiológicos, perceptivos e cognitivos na transição do balbucio para a fala. Submeteu-o a elaborações posteriores (1992), ampliando-o ao nível da consideração explícita de aspectos sociobiológicos e neuronais.

Complementar a esta abordagem, a noção de auto-organização (Kent, 1984) ou sistema auto-organizado (Edelman, 1987; Thelen, 1985), centralizou os precursores do controle motor na primeira infância. A ideia de categorias fonéticas universais enquanto factores genéticos (Jusczyck, 1992) foi aí também inserida.

Lindblom (1992) foca, por sua vez, os princípios linguísticos estruturais, bem como as considerações de percepção e produção capazes de explicar as origens ontogenéticas dos sistemas fonológicos.

3.1.7. Alternativas formais: da regra à representação

Entre as propostas mais recentes, alinham-se os modelos não lineares, derivados dos modelos generativos dos anos 60, e os modelos conexionistas, elaborados por psicólogos e cientistas não especificamente interessados no desenvolvimento fonológico. Um aspecto comum a ambos é o de terem permitido um deslocamento da regra (processo) para a representação.

Fonologia Não Linear

As aplicações do modelo generativo aos fenómenos prosódicos – entoação e acento – conduziu, no momento do declínio da fonologia generativa clássica, a dois modelos que viriam a representar papel precursor na formação do conjunto vasto dos designados modelos não lineares: o modelo autossegmental de Goldsmith (1979) e o modelo métrico (Liberman e Prince, 1977) mostraram-se, então, capazes de *"...exprimir mais directamente as bases fonéticas das regras de assimilação e de abranger efeitos fonológicos baseados na sílaba e na palavra, conseguindo ainda incorporar fenómenos até então extra-teóricos como a estrutura interna das sílabas"* (Vihman, 1996, p.38).

A fonologia não linear (da qual a fonologia autossegmental é uma representante eminente) tem-se vindo a impor essencialmente como formalismo descritivo de grande utilidade. As propriedades mais notórias desta formalização passam pela (a) especificação de domínios de aplicação para os traços fonéticos que vão para além do segmento (sílaba e palavra), bem como a (b) liberdade na ordenação sequencial dos traços, liberdade que resulta da sua localização em níveis de organização diferentes (fiadas) (Menn, 1978, in Vihman, 1996). O recurso explicativo de base assenta, assim, num pressuposto de que existem níveis de representação, que estes correspondem às designadas fiadas e que, entre elas, existem ramificações que as relacionam. A fiada da palavra ramificar-se-ia nas fiadas dos pés, estes nas fiadas das sílabas, estas, nas fiadas dos seus constituintes, estes nas dos segmentos.

Bernhardt e Stoel-Gammon (1994) salientam que existe uma diversidade de grelhas não lineares, incluídas nas várias descrições de tipos e funções entre o segmento e a frase. Acrescem que, no entanto, elas são semelhantes na forma como assumem as unidades suprassegmentais enquanto parte da estrutura prosódica. Assim, para o exemplo da palavra porta – e mediante a adaptação do esquema particular de Vihman (1996), a representação não inclui a fiada do pé e será feita da forma sugerida na fig. 3.1.

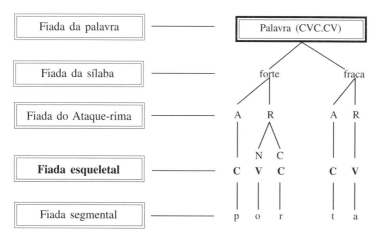

FIG. 3.1. Níveis de representação na Fonologia Não Linear (adapt. Vihman, 1996); A e R indicam ataque e rima; N e C indicam núcleo e coda; C e V indicam consoante e vogal.

Para além de domínio formalizante e descritivo, a fonologia não linear ramificou-se em subdomínios com potencial explicativo. A teoria autossegmental de Goldsmith (1979), desenvolvimento particular destes modelos não lineares, veio de algum modo fornecer um revestimento explicativo para o desenvolvimento fonológico. Segundo o autor, a fonologia precoce envolveria representações autossegmentais de certos traços, i.e., a localização de um traço numa fiada separada (por exemplo, apenas para velares ou nasais). O curso posterior do desenvolvimento envolveria a "desautossegmentalização", ou a incorporação desses traços (inicialmente representados a nível superior) no nível dos segmentos.

Explicações mais recentes (Velleman, 1992, in Vihman, 1996) apelam a hipóteses como a de inexistência de níveis de representação em estadios precoces, ou até à falta de determinadas ramificações. A falta de ramificações justificaria a emissão de palavras monossilábicas apenas (ramificação de palavra inexistente), ou omissão de determinados segmentos (ramificação de sílaba inexistente).

Para além da teoria autossegmental, podem ainda ser considerados os contributos explicativos da fonologia métrica, fonologia lexical e da teoria da subespecificação para a conceptualização do desenvolvimento. Esta última constitui uma das vias explicativas na explicação da representação de traços durante o desenvolvimento, concorrendo com a teoria da especificação contrastiva (Ingram, 1999).

Modelo conexionista

Em relação ao passado dos modelos de desenvolvimento fonológico, o modelo conexionista recuperou alguns conceitos do comportamentalismo, como a frequência do input e a variabilidade do output. Estes aspectos haviam sido minimizados nos modelos estruturalistas e universalistas dominantes até inícios dos anos 70.

Tendo como autores de referência McClelland e Rumelhart (1986, in Schaffer & Plunkett, 1998), esta corrente integrou o grupo de alternativas ao enfoque computacional no âmbito da Psicolinguística. A perspectiva conexionista partilha com a concepção cognitivista ou mentalista o respeito pela realidade das representações mentais. Contudo, uma oposição fundamental as divide. Segundo Plunkett (1998) *"...é uma assunção fundamental dos modelos conexionistas de aprendizagem da linguagem a de que ela é baseada em processos associativos envolvendo conexões e pesos sinápticos modificáveis entre redes de unidades simples de computação"* (p.98). A génese da oposição ao cognitivismo radicará, segundo o autor, no facto de esta última abordagem admitir a existência de sistemas simbólicos de natureza física nos quais as representações são manipuladas por um conjunto de regras explícitas.

Para a explicação – pretendida funcional – da actividade cognitiva, o conexionismo recorre a princípios como os da activação (excitação--inibição). Ao pretender substituir-se a "metáfora do computador" pela "metáfora do cérebro", deu-se particular enfoque à noção de armazenamento da informação em redes (não se supondo, assim, localizada na memória). Estas redes conteriam unidades sub-simbólicas que interagiriam entre si, de acordo com a interacção estabelecida pelo organismo com o meio. Para além de acentuar esta dimensão empiricista na teorização da aprendizagem (apelo às determinações contingenciais do *input*), este enfoque viria a fazer apelo a perspectivas biológicas.

Sternberger (1992) aponta como assunção central do conexionismo a de que todos os fenómenos da aquisição de competências fonológicas podem ser descritos como mudanças *on-line,* baseadas na forma adulta tal como a criança a percebe. O autor salienta também a existência de níveis de representação (pragmático, semântico, sintáctico, programação motora) ao nível dos quais decorre não apenas uma activação sequencial (de níveis superiores para inferiores), como também um processo de *feedback* (sentido inverso). Dentro deste marco, Storkel e Morissette (2002) exploram as interacções entre fonologia e léxico.

3.2. A sílaba como primeira unidade: enfoques produtivos e perceptivos

Moskowitz (1973), um dos primeiros investigadores a preocupar-se com a dimensão da primeira unidade de produção, postulou a sílaba como primeira unidade fonológica universal.

Ferguson e os seus colegas começaram por considerar existir, acima de tudo, uma variabilidade – algumas crianças começariam com a sílaba, e outras com a palavra como um todo. Desenvolvimentos posteriores vieram a privilegiar a palavra como unidade de contraste no sistema da criança.

MacNeilage e Davis (1990) defenderam a ideia de que o formato silábico forneceria, no desenvolvimento precoce, o esquema motor para o preenchimento do conteúdo silábico e segmental específico.

Com o regresso à representação, regresso marcado pela fonologia não linear, diversas unidades assumem destaque nos planos múltiplos de representação que são pressupostos. Entre estes, o domínio da sílaba ocupa o seu lugar de eminência.

3.2.1. Investigação no âmbito da percepção e valorização dos aspectos prosódicos

A relevância da percepção para a aquisição é um dado inquestionável (Almeida e Chakmati, 1996). A atribuição explícita de peso às unidades suprassegmentais é, no entanto, uma tendência recente. Esta tendência inclui, no seu quadro geral, uma tendência para a afirmação da unidade silábica no percurso desenvolvimental.

Revemos em seguida alguns dados da investigação recente, dados estes passíveis de elucidar sobre a afirmação crescente do papel da percepção de dimensões prosódicas com especial ênfase na sílaba.

Crianças bilingues de 4 meses distinguem línguas ritmicamente similares, segundo Bosch e Sebastian (2001). O dado robustece a hipótese de uma discriminação precoce de padrões prosódicos. Ramus, Nespor e Mehler (1999) apoiam uma noção de classe rítmica aplicada à caracterização das línguas, articulando-a com a afirmação da capacidade precoce (de neonatos) para a percepção do ritmo. Na mesma linha, Nazzi, Bertoncini e Mehler (1998) sugerem que os neonatos utilizam informação rítmica para categorizar afirmações em classes largas de línguas (baseadas no acento vs. baseadas na mora). Esta afirmação é ainda explorada em Mehler, Christophe e Ramus (2000).

De acordo com os dados de Snow (1994), a dimensão da entoação parece ser de aquisição mais precoce que a da duração silábica.

Confrontando o peso das pistas fonotácticas com as pistas prosódicas na segmentação de palavras em crianças de 9 meses, Mattys, Jusczyk, Luce e Morgan (1999) concluem pela supremacia das últimas. Jusczyk, Goodman e Baumman (1999) encontram, em crianças de 9 meses, maior sensibilidade a constituintes intrassilábicos quando a sílaba em causa está em início de palavra. Desafiando a concepção de uma representação holística das palavras, Coady (2001) apoia a hipótese de uma sensibilidade segmental legível mediante a utilização de métodos de investigação adequados.

3.2.2. Especial relevância da sílaba

A dispersão dos dados da investigação por domínios perceptivos de amplitude diversa convive com uma clara afirmação do papel da sílaba no processamento da linguagem.

Eimas (1999) reúne, a partir de provas de categorização em crianças de 3-4 meses, dados tendentes a reforçar a hipótese de que as representações silábicas são inicialmente as mais robustas.

Bertoncini (1998) sugere que as crianças mostram uma sensibilidade particular à composição silábica das afirmações e a padrões prosódicos associados. Esta sensibilidade permitir-lhes-á começar a processar a fala com base no suporte inicial das propriedades prosódicas associado aos constituintes silábicos das afirmações. Dado de grande relevância para a valorização da unidade silábica é ainda o facto de apenas existir nas crianças uma capacidade de diferenciação do número de componentes (padrões acentuais ou contorno entoacional) quando estas propriedades são veiculadas pelas sílabas.

Tabossi, Colina, Mazzetti e Zopello (2000) defendem, a partir de dados obtidos com falantes do espanhol e do Italiano, que a unidade sublexical usada por falantes de línguas românicas para a segmentação da fala e acesso ao léxico é a sílaba.

Os dados de McClure et al. (1996) revelam que, em tarefas de síntese fonémica, as crianças fundem mais facilmente os segmentos dados quando estes correspondem ao par ataque/rima.

Inagaki, Hatano e Otake (2000) encontram uma progressão desenvolvimental na segmentação de palavras do Kana que parte da sílaba para chegar à mora.

A verificação do uso de propriedades estatísticas de sílabas para a detecção de palavras num continuum sonoro em crianças que aprendem a linguagem (Safran, Johnson, Aslin e Newport, 1999) reflecte simultaneamente o peso das influências ambientais e da realidade da sílaba enquanto objecto perceptivo.

3.3. *O papel dos processos de simplificação no desenvolvimento da fonologia infantil*

Os processos de simplificação são usados pela criança como estratégia de confronto perante os modelos da língua oferecidos e manipulados pelos adultos. Constituem o recurso mental que a criança usa perante as suas limitações perceptivas e neuromotoras, permitindo-lhe levar a cabo as nuances expressivas da sua língua.

O uso de tais processos é descrito por Ingram (1976) com leitura paralela àquela que Piaget descreve nos seus estádios de desenvolvimento cognitivo. O papel da assimilação/acomodação, base do processo de aprendizagem, consubstanciado na modificação de estruturas ao longo do desenvolvimento infantil, será replicado por processos de simplificação no domínio da aprendizagem da linguagem oral. Ela encontra "formas", mais ou menos universalizadas, para reduzir a complexidade estrutural linguística, tal como a assimilação/acomodação piagetiana ajusta o domínio do saber à limitação do poder conceptual da criança.

A actividade cognitiva da criança permite organizações linguísticas particulares. O seu papel activo permite-lhe criar, recriar e modificar estruturas no percurso de aquisição do edifício chamado linguagem. A gradual superação nos processos de simplificação de fala representa a possibilidade de acesso a conglomerados sonoros que traduzem sentido em línguas particulares.

Uma vez instaurado o modelo fonológico alvo nos circuitos neuronais dos falantes, o sentido manter-se-á inalterado, quaisquer que sejam as diferenças produtivas, de carácter regional ou individual, permitindo interacções sem bifurcações interpretativas ou desvios na compreensão. A linguagem escrita "nutre-se", também, de tal representação interna.

São frequentes os erros de escrita que encontram justificação num conhecimento fonológico inconsistente.

O recurso a grelhas de avaliação de processos fonológicos, usados por profissionais que se dedicam à reeducação de crianças com evidência de atraso no seu desempenho linguístico, tem revelado bastante funcionalidade das mesmas, não somente para a classificação dos manifestos desvios na produção fonológica, mas também para a busca de prioridades a considerar num plano de reeducação.

Por consequência, não se pretende, aqui, adoptar uma postura teórica de adesão ao modelo generativista que criou os processos de simplificação da fonologia. No entanto, deles nos servimos e adequamos ao PE, nesta obra, com o objectivo de dispor de meios de análise que permitam reflectir sobre as produções fonológicas desviadas na infância.

3.4. Uma grelha de processos de simplificação

A variedade de categorias encontradas na literatura incidente sobre processos de simplificação é passível de redução a sete tipos básicos. Estes são:

1 – A *epêntese*, que consiste na inserção de fonemas;
Podem considerar-se os seguintes subtipos:
- Epêntese de vogal neutra – Ex: *pelanta* para planta;
- Epêntese de consoante – Ex: *plantra* para planta;
- Epêntese de vogal – Ex: *pilanta* para planta;
- Epêntese de sílaba – Ex: *bárbra* para barba;

2 – A *omissão*, resultando na produção da palavra com ausência de sílabas ou de fonemas. Ocorre, necessariamente, em palavras com mais de uma sílaba (dissílabos, trissílabos, polissílabos)
Existem dois subtipos básicos:
- Omissão de sílaba átona, resultando na produção da palavra com ausência de uma das suas sílabas não acentuadas: Ex – *cicleta* para bicicleta;
- Omissão de fonema, quando o fonema alvo não é articulado nem substituído por nenhum outro (no último caso é uma substituição).
  O fonema omitido pode ser:
  - Uma consoante oclusiva: Ex – *bicileta* para bicicleta

- Uma consoante fricativa: Ex – *caaco* para casaco
- Uma consoante líquida: Ex – *senhoa* para senhora
- Uma vogal: Ex – *crac*ol para caracol
- Uma semivogal: Ex – *relójo* para relógio

3 – A *substituição*, que ocorre quando o fonema alvo não é articulado, sendo articulado um outro que não existe na(s) sílabas contíguas. Esta distinção é, como veremos, necessária, para distinguir a substituição da metátese e/ou da harmonia.

É relevante considerar se as substituições transformam o fonema afectado num fonema da mesma classe de modo ou num fonema de outra classe de modo. No primeiro caso, consideramos que se tratam de substituições intra-classe e, no segundo, de substituições inter-classe.

Nas substituições intra-classe, a troca de uma oclusiva por outra ou de uma fricativa por outra podem comportar adição de vozeamento (beixe para peixe) ou remoção de vozeamento (panho para banho).

O ponto de articulação pode ser o alvo da substituição. Consideram-se, como direcções básicas, a anteriorização *(ioburte* para iogurte*) e a posteriorização (danho* para banho*)* Pode ocorrer, em simultâneo, a substituição de ponto e vozeamento *(pissama* para pijama*)*.

No caso das líquidas – e uma vez que são todas vozeadas – considera-se a substituição entre subclasses de modo: lateral para vibrante (vera para vela) e vibrante para lateral (*senhola* para senhora).

Nas substituições inter-classe importa distinguir a classe do fonema resultante da transformação. Podem, assim ocorrer substituições como as ilustradas no quadro 3.1.

	Substituição inter-classe – substituição entre diferentes classes de modo (oclusivas, fricativas, líquidas)	
Para Oclusivas	sem modificação de vozeamento	(matã para maçã)
	Desvozeamento	(meta para mesa)
	Adição de vozeamento	(madã para maçã)
Para Fricativas	sem modificação de vozeamento	(zotões para botões)
	Desvozeamento	(xotões para botões)
	Adição de vozeamento	(jasaco para casaco)
Para Líquidas		(larrafa para garrafa)

QUADRO 3.1. Substituições inter-classe

Finalmente, podem ser consideradas as substituições que afectam aspectos estritamente fonéticos, resultando da dificuldade manifesta para a estrita realização articulatória. Inclui-se aqui o sigmatismo interdental (Ex: thopa para sopa) e o sigmatismo lateral (sonoridade característica do uso de aparelho nos dentes).

4 – A *metátese*, correspondendo ao deslocamento ou "migração" de um segmento dentro da palavra. Para existir metátese, o fonema deixa de existir na sílaba de origem.
A metátese é considerada:
• Silábica, quando o segmento migra para uma outra posição na mesma sílaba; Ex – *corcodilo* para crocodilo;
• Transsilábica, quando migra para sílabas adjacentes. Ex – *fotogafria* para fotografia.

5 – A *harmonia*, que consiste na substituição de um fonema ("contaminado") por outro existente na palavra ("contaminador"). O processo implica – ao contrário da metátese – que o fonema "contaminador" se mantenha na sílaba de origem.
A harmonia pode ser
• Anterior, quando a consoante contamina a sílaba. Ex: *rarrafa* para garrafa;
• Posterior, quando a consoante contamina a sílaba seguinte. Ex: *garrarra* para garrafa.

6 – A *semivocalização* é, em última instância um subtipo de substituição – concretamente, a substituição de um qualquer fonema consonântico por uma semivogal.
Ex: *euado* para gelado

7 – A *distorção* ocorre quando se observam mais de dois processos num mono ou dissílabo, ou quando existem mais de três processos num tri ou polissílabo.
Todos estes processos podem afectar qualquer um dos formatos silábicos existentes no Português Europeu. Uma vez assumida a valorização do formato silábico na análise das produções fonológicas, é necessário que a ocorrência de um processo de simplificação seja referenciada ao respectivo contexto (CV, CVC, CCV, etc.).

Do ponto de vista do impacto destes processos na preservação ou alteração da palavra, assinale-se que os processos da epêntese, de omissão da sílaba átona e, geralmente, de distorção, alteram a estrutura silábica da palavra – no sentido em que os formatos se convertem em outros (epêntese – *fe*lor para flor) ou no sentido em que há desaparecimento de sílabas (omissão – *tola* para pistola). Os restantes processos afectam a composição fonémica da palavra. O caso particular da metátese pode constituir uma situação do primeiro tipo – alteração da estrutura silábica (*prota* para porta) – ou do segundo (*mánica*, para máquina).

Partindo de uma análise desta natureza, apresentamos, a seguir, alguns dados quanto à evolução das produções fonológicas em crianças dos 3 aos 7 anos, a partir de um estudo transversal (Lima, 2003).

3.5. Padrões referenciais de desenvolvimento

O desenvolvimento fonológico infantil encontra a sua fase de estabilização em momento anterior ao de outros aspectos linguísticos. Um elevado número de crianças encontra-se em posse deste tipo de saberes antes da entrada para o primeiro ciclo de escolaridade, dada a "cumplicidade" entre a fonologia e a linguagem escrita. Fomentar o domínio máximo da fonologia previamente à aprendizagem da leitura-escrita, deve, pois, ser um objectivo prioritário.

Os aspectos fonológicos mais relevantes para um bom desempenho de competências de leitura e escrita são: i) identificação de fronteira de palavra, através da promoção do conhecimento fonológico e da segmentação da produção escrita em unidades lexicais; ii) aquisição do inventário de sons para posterior correspondência entre o fonema e o grafema e vice-versa; iii) organização de sons em sílabas, e estas em palavras, a fim de transpor, para a escrita, a distribuição silábica característica do modelo de oralidade proposto pela língua.

Os estudos sobre padrões referenciais fonológicos são escassos no nosso país. Contudo, trabalhos levados a cabo por Freitas (1997), bem como por Lima (2003) referem vários tipos de dados a eles vinculados.

Assim, (1) quanto ao inventário da aquisição de sons, ambas as autoras coincidem em que as consoantes oclusivas orais (p, t, k, b, d, g) e nasais (m, n, nh) se adquirem antes das consoantes fricativas e líquidas.

Esta última classe de consoantes – líquidas – apresenta diferenças na sua realização, dependendo esta do tipo de fonema e de sílaba na qual se insere. Na verdade, retomando a temática exposta no capítulo II, os fonemas consonânticos /r/ e /l/ podem estar presentes em sílabas, tanto como ataque simples, como ataque ramificado (fonema /l/), ou como coda, para ambos fonemas. O ataque equivale à primeira consoante da sílaba (ex: lata; cara); o ataque ramificado corresponde a um tipo de sílaba que contém duas consoantes (ex: cravo), e a coda está representada pela última consoante da sílaba (ex: corda; soldado).

Quanto à organização dos sons na sílaba, tanto Freitas como Lima dão conta da precocidade de aquisição da sílaba que comporta apenas uma vogal (ataque vazio, como por exemplo, em á-gua). As sílabas do tipo consoante-vogal (ataque simples) com consoante oclusiva, são também adquiridas precocemente.

Um segundo estádio, admitido por Freitas, faz referência à emergência de ataque simples (primeira consoante) com consoantes fricativas, seguidas de líquidas.

Num terceiro nível de emergência de ataque, este surge ramificado, isto é, comportando duas consoantes (ex: frota), em que a segunda pertence ao grupo das líquidas /l/ e /r/.

Quanto à realização das possíveis consoantes em coda (S, l, r), também aqui se cruzam dados: a coda /S/ antecede as líquidas /l/ e /r/.

Tomando como ponto de análise os resultados apresentados por Lima (2008), sobre desenvolvimento fonológico infantil dos três aos quatro anos de idade, os padrões referenciais de desenvolvimento neles encontrados são, sobretudo, relevantes pelo estabelecimento de hierarquias que apresentam em relação, quer ao domínio das consoantes dentro de cada classe de modo, quer ao das mesmas em contextos silábicos que vão de Consoante-Vogal a Consoante-Consoante-Vogal.

Certamente que o estudo a que se faz alusão não pode ser generalizado a toda a população portuguesa. Procedimentos de avaliação de qualidades psicométricas do instrumento aplicado estão sendo levados a cabo para que tais dados possam adquirir o estatuto de normas.

Analisando os dados das variáveis inerentes à criança (sexo, grupo profissional dos pais e estabelecimento de ensino), somos levados a concluir sobre a reduzida interferência que os mesmos apresentam no delinear de perfis de desenvolvimento fonológico diferenciados.

A análise dos resultados que referenciam o desempenho fonológico permite, no entanto, verificar que existem três níveis ou tendências no devir da emergência da fonologia na criança:

1 – Dados que confirmam a natureza da determinação do formato sobre o segmento (convergência com Freitas, 1997). Esta afirmação remete para a leitura, a seguir:

Tomando como exemplo o segmento /r/, este apresenta-se de mais precoce realização na palavra *cara* (na qual surge como ataque simples, em sílaba CV) que na palavra *prato* (fonema /r/ em ramificação de ataque e formato silábico CCV) ou em *porta* na qual o mesmo fonema /r/ ocupa o lugar de coda.

2 – Dados que afirmam a acção autónoma do factor segmento em tipos silábicos CV e CCV.

As consoantes oclusivas orais (p, t, k, b, d, g) e nasais (m, n, nh) antecedem a produção das consoantes fricativas (f, v, s, z, S, Z) e líquidas (l, r, R, J=lh).

Também, dentro de cada classe de modo (oclusivas, fricativas, líquidas), as consoantes vozeadas ocorrem mais tardiamente que as não vozeadas (p, t, k, f, s, S).

3 – Dados que sugerem uma determinação inversa, isto é, do segmento sobre o formato.

Neste domínio se explica o comportamento da criança frente aos fonemas /r/ e /l/, ambos passíveis de se constituírem tanto como ataque ramificado (segunda consoante da sílaba – CCV) como coda (última consoante de uma sílaba – CVC). Para o primeiro (fonema /l/), resulta mais facilitada a sua realização em CCV (ex: b<u>l</u>usa) que em CVC (ex: so<u>l</u>dado), enquanto que para o fonema /r/ resulta mais fácil a realização da sílaba CVC (ex: co<u>r</u>mer) que a sílaba CCV (ex: f<u>r</u>uta).

Uma análise mais detalhada dos aspectos aqui focados, a seguir, permitir-nos-ão percepcionar esta questão com o detalhe que convém.

3.5.1 *Nível de organização superior ao fonema (sílaba)*

Verificou-se a realidade de uma relação "top-down" (determinação da sílaba sobre o segmento) nos seguintes âmbitos:
- A emergência de /r/ e /l/ em codas e ramificações de ataque é claramente mais tardia que em ataque simples.

- As consoantes em ataque (consoantes iniciais) realizam-se de forma diferente quer este seja ou não ramificado, existindo uma facilitação da produção em contextos de não ramificação do ataque. Ou seja, uma mesma consoante que possa ocupar o segmento inicial da sílaba CV é de mais difícil produção quando incluída num contexto CCV.
- As determinações do modo sobre a consoante inicial em CV e CCV são inversas. Ou seja, em CV as oclusivas surgem associadas a mais precoce desempenho que as fricativas; em CCV as fricativas como consoante inicial oferecem maior facilitação à produção do segmento.

Por tudo isto, em geral, a noção de aquisição de segmento, tal como ela foi abordada em diversos estudos numa perspectiva histórica, surge como frágil à luz das determinações demonstradas. Adquirir o segmento não é, em suma, algo que ocorra de forma autónoma e dissociada dos contextos suprassegmentais que os incluem.

Para além deste nível de reforço de um processo de aquisição "top-down", os nossos dados tendem a prolongar o convite a um nível explicativo no qual uma plataforma superior à sílaba – a morfossintaxe – é passível de elucidar sobre especificidades da aquisição da sílaba, nomeadamente aquelas que tocam a (a) variabilidade em função da posição na palavra e a (b) variabilidade decorrente do tipo de segmento (caso do fonema /S/ em coda).

Um primeiro nível de divergência face às formulações de Freitas (1997) dentro desta ideia de organização da aprendizagem baseada no formato silábico incluiu, nos nossos resultados, uma tendência de interacção de constituintes em formatos híbridos, i.e., combinando constituintes problemáticos (ramificação de ataque, ramificação de núcleo e de rima – coda). O ataque vazio revelou-se, neste contexto, como determinante para a reconfiguração da hierarquia proposta em Freitas (idem).

Assim, assistiu-se a tendências que diferenciam os comportamentos na coda em função da co-presença de ataques simples, vazios ou ramificados; de forma análoga, o núcleo ramificado induz desempenhos distintos conforme o ataque é simples ou vazio e ainda em função da co-existência de coda fricativa (CVGs); finalmente, o ataque ramificado surge em posições hierárquicas diferentes conforme existe (CCVC) ou não (CCV) ramificação da rima.

A noção de sílaba como unidade organizadora não surgiu, no entanto, nos nossos dados como tendência absoluta. Dois outros níveis de especificação linguística do desenvolvimento fonológico foram sugeridos, e que são a seguir expostos.

3.5.2. *Características do segmento enquanto factor determinante para a realização do mesmo*

O modo, o ponto e o vozeamento interferem a níveis diversos na realização das distintas consoantes iniciais de um mesmo formato – CV.
- Em relação ao modo, a hierarquia inicia-se nas oclusivas para terminar nas fricativas.
- O factor vozeamento organiza, por sua vez, as classes de oclusivas e fricativas numa sequência interna surdo → sonoro.
- O factor ponto apresenta uma determinação menos consistente que as duas anteriores mas, no entanto, tendente para o privilégio das consoantes anteriores sobre as posteriores.

Por outro lado, considerada a emergência dos segmentos /l/ e /r/ nas ramificações de ataque, observa-se que os primeiros antecedem os segundos, tal como acontece em ataque simples.

3.5.3. *Determinação do segmento sobre a aquisição do formato*

Se a aquisição da estrutura silábica é, em parte, condição para a realização do fonema, o inverso também ocorre. Isto verifica-se aos seguintes níveis:
- A aquisição de ramificações de rima e de ramificações de ataque obedece a hierarquias distintas conforme se trata do fonema / l / ou /r/, ocorrendo uma facilitação da produção da ramificação do ataque, no caso do primeiro e uma facilitação ao nível da coda, no segundo. Desta forma, uma sequência de aquisição de constituintes problemáticos parece não ser totalmente independente do tipo de fonema em causa.
- A aquisição do /S/ em coda precede, nos nossos resultados, a própria aquisição de ataques simples com /l/ e /r/.

Tendo sido remetida parte das explicações deste facto para questões inerentes à morfossintaxe, não descartamos, no entanto, a possível realidade articulatória deste tipo de forças, situadas numa primeira leitura ao nível segmental.

A caracterização evolutiva dos processos revela uma tendência que progride da omissão à substituição (CV) /semivocalização (coda) à metátese (codas e ramificações de ataque). Este último processo notabiliza-se na curva terminal do desenvolvimento.

Parece, portanto, haver um poder sinalizador do tipo de processo, na medida em que se caminha para uma aposta progressiva na produção. Esta inclui etapas intermediárias em que se substitui por algo próximo (caso da semivocalização) e onde, finalmente, se "experimenta" um jogo de deslocações do segmento de forma cada vez mais consciente dos limites da sílaba a que ele pertence. Merece aqui algum relevo a metátese silábica, na qual a mudança de lugar do segmento parece querer indicar a maior facilitação com que a criança se debate frente ao domínio da estrutura silábica.

O confronto destes dados com a clínica parecem reforçar a constatação de que a omissão é também anterior à substituição, podendo ocorrer um processo intermédio de harmonia. Esta ocorre, de facto, com particular incidência nos primórdios do desenvolvimento da linguagem e ocorre, precisamente, pelas dificuldades de confrontação com o sistema de contrastes. O mesmo facto se confirma relativamente à metátese. Quando o fonema já é adquirido em formato CVC ou CCV de forma isolada, em contexto inter-silábico ocorrem frequentes metáteses.

Outras questões se levantaram, nomeadamente em torno do factor "dimensão da palavra". Este factor, eventualmente remetente para aspectos de atenção e memória auditiva (inerentes à retenção dos padrões sequenciais sonoros), não deixa, por outro lado de lançar concorrentes hipóteses explicativas que poderão passar por aspectos ligados à frequência de ocorrência de distintos tipos de palavra (monossílabos, polissílabos, etc.) na língua, a familiaridade dos estímulos e a complexidade de estruturas silábicas que as incluam. Salientamos porém que, ao nível da construção do instrumento, foi tida em conta a preocupação de seleccionar estímulos familiares em geral – particularmente para os polissílabos e monossílabos em formatos complexos (CCVC).

Ainda relativamente à construção do instrumento, foi levantado um corpo de estímulos que contemplou oposições de acento (tónico/átono) na maioria dos formatos, com exaustividade para CV. A opção pela exclusão deste tipo de análise prendeu-se com a grande quantidade a extrair de todo o material existente. Pensamos, contudo, ser esta uma questão relevante que poderá constituir uma direccionalidade importante para futuras investigações, já que este problema se apresenta com particular relevância para a fonologia não linear, não conhecendo nós, neste momento, qualquer abordagem a este propósito neste país.

Por todo o exposto, parecem surgir, no termo deste percurso, um conjunto de novas problematizações que se nos afiguram relevantes quer para um conhecimento do percurso real de aquisição nas crianças falantes do PE, quer para o próprio questionamento e reformulação de níveis explicativos neste domínio.

Capítulo IV
O Atraso de Linguagem no Contexto do Desenvolvimento Fonológico

1. Patologia, alteração / perturbação e atraso de Linguagem

O conceito de *patologia*, vasto e largamente equacionável em alguns contextos, opõe-se ao de normalidade, podendo remeter para o que se desvia de algo, do qual se diz ser regra ou norma, aceite esta por um colectivo suficientemente amplo de sujeitos.

Falar sobre patologia da linguagem significa que está presente uma dificuldade, estabilizada, relacionada com a interacção comunicativa, seja na vertente da expressão, da compreensão ou de ambas, e produzindo impacto social e pessoal.

Este último (impacto pessoal) pode, em alguns contextos, demarcar uma auto-imagem negativa, chegando a delinear os mais variados comportamentos de evitamento da comunicação.

Esta designação de patologia da linguagem, de grande uso na clínica, remete para a presença de traços de dificuldade persistente, dificuldade perante a qual se prescrevem e implementam medidas terapêuticas específicas. No entanto, o conceito de patologia não é unívoco no âmbito das problemáticas de linguagem, apresentando um relativismo intrínseco.

Na verdade, ao falarmos de problemas de linguagem, estes devem ser perspectivados quer do ponto de vista do ouvinte quer do falante. Os processos que materializam a fala implicam vivências concretas, particulares, que conduzem à formulação de juízos sobre possíveis incapacidades. Tais juízos estão latentes não apenas naquele que ouve, mas também, possivelmente em menor grau, naquele que produz.

Desta díade – falante/ouvinte – emerge o relativismo atrás referido. Na verdade, nem sempre a incapacidade é óbvia para um colectivo de ouvintes, pois nem todas as dificuldades linguísticas apresentam a mesma valorização social. Do mesmo modo, podem coexistir situações nas quais, quando um sistema de comunicação falha, outro, alternativo, o pode substituir. Dilui-se, deste modo, a "carga" da patologia, criando-se impacto interactivo, apenas, em interlocutores que não dominam tal sistema facilitador alternativo.

A valorização da incompetência comunicativa entre dois (ou mais) agentes transcende o mero uso ou domínio linguístico. As linguagens gestuais e emocionais, o uso de atributos suprassegmentais da cadeia falada (ritmo, entoação, pausas, acentuação etc.), constituem, não raramente, verdadeiros códigos de interacção comunicativa.

Uma singela ilustração deste facto pode ser encontrada em crianças cujo domínio fonológico e/ou sintáctico e semântico se situa em níveis de desenvolvimento muito inferiores à sua faixa etária, não sendo assinalados como portadores de qualquer desvio ou incompetência linguística por parte dos que lhe estão próximos no contexto sócio-familiar em que se movimentam.

Salvaguardada a relatividade do conceito de patologia, os conceitos de *alteração* ou *perturbação* surgem, *grosso modo*, como sinónimos do primeiro. Existe uma alteração, uma perturbação ou um problema quando há um *desvio* do normativo – ainda que este normativo possa, em muitos casos, estar fortemente dependente de uma co-construção social.

No vasto âmbito de análise encontramos o conceito de *atraso de linguagem* infantil. Este, tal como o nome indica refere-se à lentificação, morosidade no processo de aprendizagem da linguagem infantil. A literatura refere-se a distintos níveis de atraso agrupando-os em atrasos simples ou ligeiros, moderados e severos. Estes dois últimos, moderados e severos, frequentemente associados a défice cognitivo, referem-se a crianças com acentuadas dificuldades de acesso ao domínio formal e/ou conceptual da linguagem. A característica comum a todos eles é da presença de défices na apreensão dos símbolos linguísticos.

Existe, porém, uma forma particular ou específica do atraso no domínio da linguagem. A designação de *perturbação específica do desenvolvimento da linguagem* (PEDL), categoria taxonómica actual, tem coexistido com outras, de cariz mais clássico: *afasia de desenvolvimento, disfasia, atraso/perturbação específica*. Este diagnóstico (PEDL) é feito por exclusão, uma vez que a criança não apresenta qualquer défice sensorial, cognitivo (nos seus processos básicos), motor, ou privação sócio--linguística e emocional.

A perturbação do desenvolvimento da linguagem constitui-se como mais um quadro de atraso de linguagem, também designado de atraso simples de linguagem, pois nele também se evidenciam adulterações na estrutura formal da língua que envolvem, fundamentalmente, a fonologia e a morfossintaxe.

No atrás referido atraso de linguagem, alguns autores admitem a subdivisão – de acordo com a severidade do quadro, grau de compromisso com o (não) domínio linguístico ou com a incompetência produtiva – em atraso simples, moderado e severo.

Do mesmo modo, também na Perturbação Específica de Linguagem se incluem outras categorias onde a adulteração de linguagem se revela como uma das áreas de desenvolvimento mais afectadas. Nesta linha, incluem-se a síndrome fonológico-sintáctica; a síndrome de produção fonológica; a perturbação semântico-pragmática; a afasia receptiva e a disfasia mnésica.

Por consequência, a complexidade das classificações, na clínica em geral e na linguística clínica, é propícia a divergências de conceptualização.

Neste sentido, adoptaremos aqui, neste capítulo, a designação de *perturbação específica de linguagem ou Perturbação Específica do Desenvolvimento da linguagem (PEDL),* para designar um quadro para além do quadro do atraso. O atraso de linguagem apresenta os vulgares e característicos processos de simplificação de fala (presentes em toda a criança em seu devir de aquisição linguística e relacionados com determinadas faixas etárias e gradualmente superados). Porém, as dificuldades reveladas na perturbação ultrapassam as presentes no atraso de linguagem. A dificuldade para o domínio da fonologia surge, na primeira, como perseverante, atípica, sendo a estrutura gramatical da língua a dominar aquela que oferece maior dificuldade, estendendo-se pela fonética, fonologia morfossintaxe, pragmática e, em muito menor escala, a semântica.

É, pois, este, um quadro que ultrapassa o simples desfasamento cronológico, próprio do atraso simples de linguagem. Dada a severidade da manifestação e o carácter de persistência deste quadro, mesmo quando em atendimento por especialista, várias são as linhas de investigação que o referem pelos traços linguísticos relacionados com lesão cerebral, não visualizável através da imagiologia encefalográfica e que interfere quer com os aspectos quantitativos, como com os qualitativos da linguagem verbal, com forte reflexo no domínio da linguagem escrita.

As designações de Perturbação Desvio, Alteração, Défice e Dificuldade de Linguagem contracenam, por vezes, em alguns textos, como se entre elas não existisse qualquer diferença, e pudessem, assim, ser usadas de forma aleatória.

Sem pretender entrar em grandes debates de classificação, a designação de Desvio é aqui assumida como algo que se afasta, diverge ou destoa em relação a algo previamente definido. No nosso caso, o afastamento ou divergência refere-se à norma imposta pela língua portuguesa, tratando-se, nesta obra, da forma particular de fuga à norma dos padrões sonoros (Fonologia) que, na mesma, constituem o trampolim para aceder ao significado. Por consequência, o *Desvio* constitui a genérica categoria que pode abarcar todas as demais, atrás enumeradas, qualquer que seja a sua etiologia, uma vez que todas manifestam divergência (linguística) em relação ao estabelecido.

Défice e *Dificuldade* surgem como sinónimos, pois ambos traduzem anormalidades em relação ao considerado normal ou expectável para a sua faixa etária.

A *alteração* de linguagem pode representar um desvio temporário (positivo ou negativo), por referência ao próprio sujeito.

O sentido de *perturbação*, já atrás especificado, distancia-se dos demais pois refere-se a diferenças, sobretudo *qualitativas* na forma de se aproximar da normatividade.

A consistência semântica de cada um dos termos atrás referidos está fortemente dependente do contexto discursivo no qual ganha corpo. Com ou sem carácter constitucional, cada uma das manifestações linguísticas que incluem as anteriores designações, pode estabilizar-se, tornando-se permanente o seu carácter desviado. Reforça-se, uma vez mais, a ideia da construção, o mais atempada possível, dos pilares que suportam o vigoroso edifício da linguagem infantil

Atitudes reeducativas persistentes – não só através da constante oferta de modelos da língua-alvo, mas também do treino de competências psicolinguísticas envolvidas em toda a aprendizagem linguística (actividades de escuta, discriminação e reconhecimento de material verbal, memória e evocação de padrões verbais, etc.), oferecem-se como métodos facilitadores para a instauração do processo de aquisição linguística, em qualquer uma das categorias atrás descritas (atraso e perturbação específica).

A singularidade de cada contexto de comunicação, bem como as pautas evolutivas no devir do desenvolvimento linguístico, devem constituir a norma determinante das linhas de orientação reeducativa. O princípio condutor de qualquer processo reeducativo deve, ainda, orientar-se por estratégias flexíveis que cumpram objectivos pré-determinados e visem o máximo ajuste comunicativo-linguístico, inter e intra-social.

Em suma, o diagnóstico diferencial entre estas duas categorias – atraso e perturbação – com manifestas lacunas no desenvolvimento da linguagem, deve obedecer a uma análise cuidada de processos, dimensões e níveis de gravidade. Paralelamente se devem pesquisar algumas possíveis "razões" que facilitem a pertença/não pertença às classificações atrás designadas.

2. Atraso de Linguagem Infantil: Abrangência(s)

Retomamos agora o tema central deste capítulo: *atraso* de linguagem, *atraso na aquisição* da linguagem, *desfasamento* na aquisição da linguagem e, ainda, *atraso simples* de linguagem. Todas estas designações têm sido utilizadas para referenciar alterações nos padrões temporais considerados normais para a aquisição da linguagem.

Considera-se, pois, que existe um atraso de linguagem quando pode ser observado um desfasamento temporal no domínio linguístico face à norma etária estabelecida. A norma é formulada como percurso de aquisição cronologicamente referenciado.

No atraso de linguagem poderão ser observados défices em todas as dimensões (fonética, fonologia, sintaxe, semântica, pragmática) e processos (compreensão e expressão) da linguagem. Constitui uma categoria de grande amplitude que engloba, como atrás referido, atrasos moderados e severos. Contudo, as dificuldades mais evidentes, neste tipo de quadro relacionam-se com as adulterações nas dimensões fonética, fonológica, fonético-fonológica, e, com menor incidência, na morfossintaxe.

Tendo isto em conta, em toda a extensão deste capítulo e de todo o trabalho em geral, a designação de atraso de linguagem será entendida, prioritariamente, como *atraso na aquisição e desenvolvimento Fonético-Fonológico*.

Cumpre ainda precisar as implicações do termo *atraso* face ao de *défice*. Enquanto que a referência a um atraso sustenta uma perspectiva desenvolvimental, a noção de défice baseia-se em insuficiência, de tipo sócio-linguístico. Ambas as designações estão vinculadas a incompetência linguística, ainda que a comunicação, sobretudo em ambientes familiares, se efectue sem grandes desvios na comunicação.

O que representa, pois, um atraso no domínio da fonética do português europeu? Em que se diferencia este de um atraso no domínio da fonologia?

A possibilidade de produção de som laríngeo (fonação), acrescida da reconversão deste som noutro tipo de produção, graças à coordenação dos vários órgãos da cavidade oral, resulta na articulação dos sons da língua, quer de forma isolada (sílaba), quer contextualizada (em palavra ou frase).

A dificuldade na aquisição da fonética relaciona-se com o difícil ou ausente possibilidade de acesso à articulação dos elementos sonoros da língua – os fonemas, em sílabas que os contém, tanto na sua forma isolada como contextualizada.

Tal facto pode estar na base de múltiplas incompetências, tanto orgânicas como cognitivo-linguísticas. Deste modo, a não articulação de qualquer uma das sonoridades da língua, com carácter persistente, em todos os contextos de ocorrência, ultrapassando a faixa etária prevista, revela um *atraso*, considerado este de cariz fonético. Assim, se uma criança com 4 anos de idade diz "ta" quando lhe é pedido "ka" e "tama" quando lhe é sugerido "cama", ela não articula o fonema /k/ quer na sílaba quer na palavra, estando, portanto, em presença de um défice fonético. Porque o domínio desta consoante ocorre por volta dos três anos de idade e esta criança apresenta quatro, estamos, pois, em presença de um desfasamento cronológico em relação à articulação do referido fonema.

A inclusão deste tipo de erro na categoria de atraso de linguagem requer outro tipo de abordagens e análise linguística. Contudo, muitas crianças com atraso de linguagem manifestam um perfil produtivo onde estão presentes um ou vários erros de cariz fonético.

A realização física das sonoridades da língua, manifesta sob forma de actos de fala, requer aprendizagem de, pelo menos, três características básicas e diferenciadoras entre os fones: i) ponto de articulação (ponto de contacto dos órgãos superiores com inferiores), ii) modo de articulação (relacionado com a saída do ar no tracto vocal) e iii) vozeamento (entrada ou não em funcionamento das cordas vocais). A dificuldade para aceder a qualquer uma destas características traduz a dificuldade em aceder a padrões articulatórios normativos. Em termos de intervenção torna-se necessária uma aprendizagem conduzida dos mesmos, sempre que a criança o não consiga de forma natural.

Ensinar a falar é entendido, frequentemente, como ensinar a articular. Estas duas actividades não são, no entanto, sinónimas, uma vez que a fala extravasa a mera articulação ao produzir sonoridades (produtos de articulação) que veiculam significados. Isto apenas acontece quando se organizam os fones (som mínimo da língua) de acordo com a norma linguística estabelecida.

Por consequência, a articulação de fones (enquanto entidades abstractas e despidas de sentido) pode realizar-se de forma deficitária quando estão presentes i) alterações de tipo orgânico (malformações congénitas ou adquiridas dos órgãos articulatórios, alterações neuromotoras e miofuncionais, etc.); ii) alterações funcionais, quando extravasa a possibilidade orgânica e se centra na capacidade de aprendizagem; iii) alterações sensoriais, quando relativa à insuficiência perceptiva acústico-verbal do ouvinte. Há ainda a considerar a iv) articulação deficitária que representa a continuidade de modelos sócio-linguísticos adulterados ou regionalizados.

Em suma, uma dificuldade fonética, classicamente designada de *Dislalia*, representa a impossibilidade/dificuldade para realizar, do ponto de vista físico, os sons da fala, podendo a sua etiologia ser diversificada. A articulação é indispensável para a fala, ultrapassando, no entanto, a mera função de produzir sons da língua, quer de forma isolada (domínio fonético), quer de forma conglomerada (domínio fonológico). A verdadeira função da fala consiste em projectar ou traduzir sentidos (domínio semântico) para um ouvinte passível de os interpretar, reforçando a cadeia comunicativa.

O que é, pois, necessário para que a articulação de todos os sons de uma língua esteja conseguida?

Qualquer fonema deve manter a sua consistência produtiva, de acordo com a produção-alvo, independentemente da sua posição na sílaba, na palavra, e da posição da própria palavra em qualquer conglomerado de lexemas passíveis de constituírem um enunciado ou discurso.

Existe, no entanto, um tipo de questões que, a este propósito se podem levantar. No seu devir linguístico, a criança, frequentemente, se deixa influenciar por aspectos de carácter suprassegmental, familiaridade linguística ou outros, desvirtuando, por consequência, a(s) palavra(s) no seu todo, independentemente do domínio fonético de cada um dos seus elementos silábicos, de forma isolada. Falamos, pois, neste caso, de um défice não de articulação mas sim de integração, o qual designamos de desvio, erro ou défice de cariz *fonológico*.

Um *défice fonológico* não se vincula à produção de sons, mas sim à organização dos mesmos num sistema que estabelece contrastes de significado. A sua realização física, autónoma, pode estar conseguida. Porém, a distribuição dos sons na palavra ou cadeia falada pode ser incorrecta. Este facto, quando verificado, é designado de *dificuldade fonológica*. Um exemplo concreto pode ser a emissão da palavra *ragafa* em vez de garrafa (a criança articula cada uma das consoantes constantes da palavra, mas não as organiza com a sequência que o modelo fonológico impõe) ou ainda *tebisão* em vez de televisão, quando a criança é capaz de articular a palavra *laço* (a criança produz a sílaba que contém o fonema /l/ em *la*ço e não em te*l*evisão).

No primeiro exemplo (garrafa), a sílaba /ga/, que deveria constar em primeiro lugar, consta em segundo, ocorrendo, por consequência, um erro do tipo "metátese extrassilábica". No segundo exemplo, a articulação do fonema /l/ não ocorre num dado contexto fonológico – palavra constituída por quatro sílabas –, mas ocorre num outro, facilitado quanto ao número de sílabas (duas, na palavra *la*ço) e em posição (também facilitadora) de início de palavra.

A dimensão fonológica está, neste sentido, associada à formação de *representações mentais*, traduzindo-se em produções fonémicas que variam em função do contexto em que surgem.

2.1. *O que significa dominar um sistema fonológico?*

Quando alguém fala, produz um contínuo sonoro cuja descodificação não poderá ser feita sem o conhecimento da língua utilizada. É desse facto que decorre a enorme dificuldade na diferenciação de sons e a impossibilidade de compreensão de uma língua que não nos é familiar.

Perante uma infinidade de sons, quer o falante quer o ouvinte, devem, em primeiro lugar, reconhecer as unidades que funcionam como elementos de um sistema. Só com base neste processo podem aceder a domínios de superior complexidade, tanto ao nível da estrutura formal como ao nível conceptual – domínios que permitem consubstanciar a comunicação numa pluralidade de contextos.

O que determina que um som se constitua como fonema é o *valor* que o mesmo adquire no seio de um agregado sonoro constituído por elementos de uma dada língua. Aos fonemas corresponde uma utilização que é designada de *distintiva*. Isto significa que duas palavras se podem distinguir por uma ou mais características, designadas de *traços distintivos*, os quais estão na base da diferenciação do significado subjacente.

Assim, tal como em exemplos anteriores, se na palavra *faca* o primeiro fonema for substituído por /v/, mantendo os restantes, obteremos um significado diferente. O sentido extraído da palavra *vaca* nada tem a ver com aquele que é extraído da palavra *faca*.

Este dado, tão pertinente na fonologia, representa o patamar basilar para aceder ao significado (dimensão semântica). Os elementos sonoros mínimos da fala – fones (designados *fonemas* quando em contraste com outros fones, em contexto palavra) apenas ganham sentido quando combinados com seus congéneres. De forma isolada, representam apenas entidades abstractas que não servem à comunicação entre falantes. Quando contextualizados, isto é, em partilha com outros em função de normas linguísticas, permitem aceder a um significado emergente e partilhável pela comunidade de falantes.

Falar exige, em primeiro lugar, articular os sons da fala. Este aspecto representa um acto motor padronizado no qual apenas se admitem ligeiras subtilezas individuais. Este domínio ou dimensão constitui o vasto campo da Fonética articulatória – um dos ramos da Fonética, disciplina da Linguística no âmbito da qual também se pode adoptar uma perspectiva mais voltada para a caracterização das unidades sonoras (Fonética Articulatória), ou mais voltada para os processos de percepção dos sons da fala (Fonética Perceptiva).

Sintetizando, o domínio da fonologia implica que o falante organize e sequencie o sistema de contrastes inter-sonoridades no contexto de uma dada língua. Esta organização deverá permitir a inferência de significados a partir de diferenças contrastivas: a criança deverá perceber que a sequência "bola" é diferente da sequência "mola" porque um dos elementos fonémicos (/b/, /m/) assinala um contraste entre ambas. Para além disto, dominar a fonologia deve ser uma competência que permita integrar modelos fonológicos em contextos discursivos. Um sistema fonológico competente manipula não apenas palavras mas também, necessariamente, unidades superiores que consubstanciam a fala corrente ou discurso.

O domínio da Fonologia apela, em consequência, a toda uma actividade cognitiva e remete para o foro das designadas *representações fonológicas* – as representações mentais na sua especificidade linguístico-fonológica. As representações fonológicas, enquanto forma de representação mental, constituem "configurações internas". Na sua especificidade, essas configurações estão vinculadas à organização das unidades linguísticas que diferenciam significados. Sendo requisitos para o uso da linguagem, adquirem-se no tempo e estabilizam-se pela actividade de fala.

2.2. O nível da metafonologia / conhecimento fonológico

São as representações fonológicas que permitem o acesso à manipulação dos elementos intra-palavra (sílaba, segmentos). Esta actividade de manipulação, situada a um nível para além da simples representação, evidencia a disponibilidade do designado *conhecimento fonológico*. O conhecimento fonológico é um conhecimento linguístico necessário para pensar sobre a linguagem ao nível especificamente fonológico, levando à manipulação de representações mentais de sílabas, fones e fonemas no âmbito da palavra. Corresponde, em termos latos, à capacidade para aceder e analisar a estrutura interna da palavra.

A expressão *conhecimento fonológico* é frequentemente substituída pela de *consciência fonológica*, sendo também geralmente tomada como equivalente à de *metafonologia*. A metafonologia é, por sua vez, uma modalidade local no âmbito do que se considera metalinguagem. Podemos incluir na metalinguagem vários níveis de consciência explícita, tendo em conta as diferentes dimensões da língua sobre as quais essa consciência actua – a consciência fonológica, a consciência sintáctica ou a consciência pragmática.

A modalidade concreta de consciência fonológica, conhecimento fonológico ou metafonologia remete para um nível de processamento cognitivo onde está em jogo a manipulação de unidades sem implicações semânticas. A capacidade de segmentação de palavras em outras unidades (sílabas ou fonemas) que são identificadas, podendo ou não ser seguida de recombinação através da adição ou eliminação dessas mesmas unidades com vista à formação de novos padrões fonémicos define, genericamente, o universo de operações vinculadas ao conhecimento fonológico.

Assim, a criança que afirma que "limão" rima com "cão" emite um juízo metafonológico, pois conseguiu manipular e identificar a sub-unidade "ão", a qual permitiu ulteriores juízos de semelhança.

A criança que consegue "tirar o /p/" a "pato", formando como padrão resultante "ato", demonstra competências metafonológicas associadas à segmentação, identificação e eliminação de material linguístico. O mesmo se pode dizer da criança que adiciona "sa" a "pato" e obtém "sapato"(por epêntese de sílaba) ou da criança que recombina as sílabas de "café" para formar "feca" (metátese extrassilábica).

É ainda possível considerar todo o conjunto de manipulações que partem de unidades isoladas que são dadas (e.g., "pa" e "to") e resultam na identificação de um padrão ("pato"). De um ponto de vista operacional, esta última dimensão de actividade sob forma de reunião de unidades, é designada de *fusão,* por oposição à generalidade dos processos de *segmentação* (análise das unidades de um padrão).

Inúmeros estudos apoiam a hipótese segundo a qual as competências metafonológicas adquiridas até ao limite do período pré-escolar têm uma importância capital no processo de aquisição da leitura-escrita. Ao nível da linguagem oral, defendemos que este nível de competências deverá ter um lugar reservado na reeducação fonológica, e que a exploração de múltiplas actividades metafonológicas não deverá, jamais, ser esquecida em crianças que revelaram dificuldades no início da sua aprendizagem da oralidade.

Consequentemente, centrar-nos-emos em aplicações deste conceito no capítulo reservado à intervenção.

3. Abordagens etiológicas do atraso de linguagem

Tal como tem vindo a ser referido, o atraso de linguagem traduz-se pela emergência tardia do desempenho linguístico, desenhando incompetências na criança, sobretudo fonético – fonológicas, que podem estabilizar-se, perdurar no tempo e carecer de intervenção especializada para a superação das mesmas. Por tal motivo se refere que, nas crianças que apresentam atraso de linguagem, as aquisições linguísticas ocorrem em períodos etários além dos esperados para os seus correspondentes níveis cronológicos, constituindo-se como potenciais candidatos a dificuldades na realização da produção escrita.

Deste modo, comportamentos verbais como o recurso a processos fonético-fonológicos de grande simplificação formal, o domínio restrito de um vocabulário fluente nos seus contextos imediatos, o uso reduzido de palavras funcionais, a emissão de tempos verbais com manifestos desvios na sua flexão, ou de enunciados de curta extensão, podem ser indicadores de um atraso de linguagem, cuja abrangência se revela na maior ou menor extensão das reduções da complexidade do sistema linguístico alvo.

Atraso, representa, pois, uma divergência, fuga ou desvio aos padrões de domínio estabelecidos para qualquer conduta, em determinada faixa temporal. A emergência da linguagem produtiva surge tarde e com evidentes desvios ao modelo-padrão. Pode mesmo não chegar a acontecer, qualquer que seja o desfasamento cronológico.

O atraso de linguagem revela-se, por consequência, sob forma de saberes que traduzem um nível linguístico correspondente a idades mais remotas. Podemos, pois, considerar a presença de um atraso linguístico sempre que uma criança com quatro anos se expressa tal como o faz uma outra com apenas 24 meses de idade.

Existem múltiplas hipóteses explicativas na abordagem da etiologia acerca do atraso de linguagem. Estas hipóteses não são exclusivas, no sentido em que cada tipo de atraso pode estar associado a um factor específico, ou mesmo resultar da congregação de vários. Passamos, então, a sistematizar as abordagens que podem ser encontradas na literatura.

Factores que podem afectar a aquisição da linguagem

Numa tentativa de sistematização, podemos considerar a existência de dois principais factores: (1) aqueles que são inerentes a própria criança, isto é, endógenos, na base dos quais se pode citar uma lesão cerebral, uma deficiência na captação da informação sensorial auditiva, etc., e (2) os que se vinculam à multiplicidade de contextos nos quais a criança se insere – exógenos, como o contexto sócio-familiar, emocional, educacional.

3.1. *Factores inerentes à criança*

Lesão cerebral manifesta

São atributos indispensáveis a qualquer sujeito falante a i) presença de áreas cerebrais ilesas que permitam a coordenação dos distintos grupos musculares relacionados com a fala, a; ii) boa comunicação interneuronal que garanta o registo e acesso facilitado a informação multimodal; a iii) funcionalidade da motricidade oral (língua, lábios, maxilares, palato, véu palatino, etc.); a iv) mobilidade laríngea (mobilidade e vibração das cordas vocais, coordenação fono-respiratoria, faringo-laringea, etc.).

Circunscrevendo-nos à linguagem falada, para que tal aconteça, é necessário que as áreas cerebrais relacionadas, quer com a recepção da informação sensorial (visual, auditiva, táctilo-cinestésica), quer com o registo e acesso facilitado à mesma, se encontre liberta de qualquer dano. Porém, não basta possuir bom cúmulo de informação nas áreas cerebrais responsáveis, mas sim, dele fazer o melhor uso, extraindo e projectando dados que deverão "estar ao serviço" da comunicação interindividual. Para tal se requer, após o processamento do material conceptual acumulado, o envio de ordens motoras aos músculos das estruturas periféricas, a fim de realizar os necessários ajustes para que a fala se materialize, revelando, desta forma, quanto o contexto interactivo o exija.

Por consequência, ao falar de linguagem – entendendo-se esta como a possibilidade de registar e evocar conhecimentos adquiridos, bem assim como a respectiva capacidade para os traduzir em símbolos verbais, quer orais quer escritos, não pode ser ignorada a relevância que assumem os factores intrínsecos à própria criança, no desempenho da sua actividade expressiva.

Existe uma lesão cerebral evidenciável quando esta surge registada nas mais variadas formas de visualização do cérebro, tanto em relação ao espaço como à dimensão do tecido cerebral danificado. As lesões cerebrais que afectam quer a recepção e tratamento de informação linguística, quer a coordenação do movimento para a fala, constituem os designados factores neurolinguísticos, interferentes na produção verbal oral.

No âmbito deste conjunto de factores, de carácter neurolinguístico, que dificultam a linguagem falada, podemos encontrar crianças com lesões cerebrais de distinta gravidade, de origem tanto congénita como adquiridas (afasias, dispraxias, etc.). Estas lesões impossibilitam a utilização, coordenada, não apenas dos subsistemas interferentes na produção da linguagem falada (respiração, fonação, articulação), como também dos processos inerentes ao registo e evocação dos dados que constituem o objecto da compreensão em geral.

Assim, em crianças com lesões cerebrais que dificultam a captação de registos de tipo acústico-verbal, todo o subsequente processo de linguagem e fala se irá ressentir. Uma consequência imediata é a de que o armazenamento da informação é dificultado. Em última instância, o processo de *compreensão* da linguagem ficará comprometido.

Na criança com paralisia cerebral estão presentes lesões nas estruturas neurológicas centrais, piramidais, extrapiramidais ou outras, causando graus diversos de disartria (anartria em grau severo). A disartria inviabiliza a possibilidade de um uso coordenado dos padrões de fala, constituindo obstáculo à *expressão* linguística. Devendo-se a uma lesão neurológica de cariz central, a disartria não deve ser confundida com a clássica designação de dislalia, dificuldade para a articulação com ausência de lesão cerebral.

Até aqui abordámos dois níveis de consequências da lesão cerebral para o uso da linguagem: o nível de afectação da recepção e tratamento (compreensão) da fala e o nível da execução de movimento para produzir fala (expressão). Ainda que estes dois aspectos – compreensão e expressão – se possam constituir como módulos autónomos de funcionamento, na verdade ambos se relacionam com o processo da representação mental. Em primeiro lugar, há que ter em conta que o acto de fala exige representação mental ou conhecimento dos sons e da forma como estes se sucedem na cadeia falada. Exige, também, conhecimento dos movimentos que concretizam tais dados sonoros – os distintos momentos da articulação. Neste sentido, produzir os movimentos da fala implica, também, uma actividade cognitiva.

Um défice ao nível motor pode potenciar dificuldades no plano cognitivo, isto é, no plano da representação mental. Em quadros como a Paralisia Cerebral – nos quais a dificuldade se situa ao nível do movimento/expressão – as restrições no uso da mobilidade articulatória da fala, com ausência de défice cognitivo, geram diminuição ou ausência tanto na interacção comunicativa em geral, como na interacção através do uso da linguagem falada. A este facto pode agregar-se um outro factor potenciador de risco, que é o de os agentes educativos reduzirem o uso de potencialidades residuais de fala na criança com disartria (dificuldades de articulação por lesão neurológica central, em áreas da motricidade), sempre que antecipam e/ou traduzem respostas, partindo de indicadores de compreensão, baseados em pequenos gestos, por vezes involuntários, que a própria criança executa. Para além disto, as restrições à comunicação oral, bem assim como todo o movimento em geral, reduzem a possibilidade de explorações multi-sensoriais que alargam o panorama de conhecimentos de qualquer criança.

Sempre que uma criança se encontra privada da espontânea exploração do mundo circundante, sendo substituída por uma apreensão do real conduzida pelo adulto, ela fica penalizada no seu domínio dos dados do real, restando-lhe acessos simplificados aos vastos patamares do conhecimento.

Não ser capaz de produzir o acto motor da fala, não remete, necessariamente, para um atraso de linguagem. Contudo, o facto de não se estabelecerem os respectivos *feedbacks* que reforçam o conhecimento da fala – entre o que é ouvido (de outrem) e o que é falado ou realizado por um sujeito particular – pode conduzir a insuficientes conhecimentos da língua, sobretudo, quando, em determinados contextos, se torna necessário o confronto da linguagem oral com a escrita.

Em síntese, a presença de áreas cerebrais com lesão cerebral pode conduzir a vários tipos de problemas de foro predominantemente expressivo: (a) dificuldades de realização motora para o acto de fala; (b) dificuldades no conhecimento da estrutura formal da língua, particularmente manifesto através na produção escrita e sob forma de erros de cariz fonológico e sintáctico; (c) atraso na expansão de conhecimentos em geral, ou ainda, (d) atraso em ambas as vertentes da linguagem – compreensão e expressão –, por condições quer intrínsecas, quer extrínsecas à própria criança, quer ainda, pela combinatória de ambas.

Uma criança com lesão cerebral pode confrontar-se, pois, com lacunas da mais variada abrangência, algumas das quais muito similares àquelas que estão presentes no atraso de linguagem.

À presença de défices sensoriais, particularmente auditivos e visuais, num quadro de lesão cerebral, podem acrescer-se dificuldades de acesso ao conhecimento enquanto conjunto de representações mentais acerca dos objectos e/ou realidades do meio envolvente. Este dado, por sua vez, pode reforçar as dificuldades de linguagem na criança com défices de carácter neuromotor, situando-a em níveis de conhecimento e realização muito aquém do esperado para a sua idade cronológica e suas potencialidades cognitivas.

Lesão em estruturas periféricas da fala

Um correcto acto de fala materializado na realização dos padrões sonoros convencionais com uso de recursos suprassegmentais que os enfatizam, requer um equilíbrio entre as estruturas e funções orofaciais de forma a conseguir o encerramento labial, a mastigação, a deglutição, a normal posição da língua em repouso e o uso da respiração oral e nasal para os sons que a(s) requerem.

Assim, malformações congénitas craniofaciais, alterações do crescimento, ou anomalias adquiridas como consequência de lesões na estrutura orofacial, ilustram estes quadros, sendo exemplos a fissura palatina, lábio leporino, atresia maxilar, agenesia dentaria, má oclusão dentária, prognatismo, etc. Os efeitos para a fala repercutem-se na produção inadequada dos fonemas, bem assim como o uso frequente de uma ressonância predominantemente nasal (rinolália).

Ainda que alguns autores admitam a disartria como uma subcategoria da disglossia – alterações da morfologia dos órgãos periféricos da fala –, esta última representa uma outra causa dos problemas de fala, igualmente difíceis de ultrapassar, dadas as insuficiências ou incompetências fisiológicas presentes e o parcial sucesso das cirurgias de reconstrução. A presença destas insuficiências motoras não é sinónima de atraso de linguagem. Nesta problemática revelam-se, apenas, défices de realização das unidades sonoras da língua, e não limitações nos processos de aprendizagem cognitivo-linguísticos.

Contudo, quando a lesão em estruturas periféricas da fala se encontra associada a défices de carácter cognitivo, subestimulação, défices graves de interacção, défices sensoriais ou outros, os atrasos no desenvolvimento em geral e no desenvolvimento da linguagem em particular, podem ser potenciados sem que o défice orgânico se constitua, para tal, como factor determinante.

Disfuncionalidade cerebral com atraso cognitivo-linguístico

Prolongando a análise dos factores intrínsecos à criança, encontramos uma outra classe de factores que, passíveis também de uma leitura neurólogica, têm em comum o dado da afectação cognitiva da criança, sem que exista uma lesão cerebral manifesta. Em todos estes quadros há um quadro desenvolvimental marcado por um funcionamento cognitivo que, sob qualquer condicionante, dificulta o normal percurso de acesso à linguagem.

A cognição constitui um subproduto da inter-comunicação neuronal. Por consequência, o défice cognitivo deve ser entendido como um conjunto de dificuldades de registo permanente da informação, do acesso à mesma e, sobretudo, no caso da manifestação linguística, da recombinação dos elementos multissensoriais inscritos no "hardware" cerebral.

O registo da informação necessário ao processamento da linguagem requer, em primeiro lugar, a capacidade para o sujeito aceder à informação sensorial, de tipo acústico-verbal. Posteriormente analisada, registada e associada (fenómeno da compreensão) obtidos estão os princípios condutores da resposta, sob forma de motricidade, reflectida esta quer na linguagem oral quer na escrita.

A hipótese do atraso de linguagem enquanto subproduto do défice perceptivo (Olmsted, 1966) enfatiza o peso específico deste processo. Formula-se aqui a necessidade de existir, em cada criança, uma boa discriminação de fonemas para que a correcta produção dos mesmos ocorra.

A necessidade de encontrar diferenças inter-sonoras para as "catalogar" ou agrupar em palavras com as suas correspondentes identidades sonoras, estáveis em contextos comunicativos de menor a maior amplitude, pode justificar o atraso de linguagem presente em algumas crianças. Discriminação, memorização sequencial, atenção selectiva e outros atributos relativos ao processamento da linguagem, constituem directrizes reeducativas a seguir sempre que, no atraso de linguagem, se revele a presença de défices de cariz fonético-fonológico.

O atraso de linguagem na criança com défice cognitivo, justifica-se pela insuficiência dos processos cognitivos básicos que subjazem quer ao acto de fala quer ao acto de linguagem. A linguagem instaura-se a partir de uma plataforma orgânica de base na qual se inscrevem graduais níveis de complexidade. Existem condicionantes basilares, para quaisquer tipo de aprendizagens – as estruturas neuronais. Estas conglomeram informação particular em espaços particulares, criando redes de conhecimento que se multiplicam e comunicam entre si, levando a cabo o processamento ou tratamento de dados existentes no cérebro, com vista a uma posterior resposta exterior ou produção verbal, oral ou escrita.

Em grande número de casos, os registos de encefalografia, ressonância magnética ou tomografia axial computorizada de crianças com dificuldades de aprendizagem nas quais se incluem as dificuldades de linguagem, não evidenciam qualquer lesão do tecido cerebral. Contudo, a actividade cerebral deste tipo de crianças revela disfuncionalidades, facto que remete para o conceito de *minimal brain damage* (lesão cerebral mínima), isto é, formas de funcionamento, imanentes da dinâmica cerebral, divergentes em relação à maioria dos seus pares.

Concebendo a disfuncionalidade como uma *adulteração difusa* do SNC – tomado este termo como oposição à manifesta, localizada e visualizável lesão do tecido cerebral – a disfuncionalidade cerebral abarca um sem número de categorias que revelam comprometimento cognitivo e, por inerência, comprometimento linguístico.

A presença de ligeiras disfunções cerebrais é, nestes quadros, apontada como geradora das dificuldades de linguagem, traduzidas sob forma de atraso na sua aquisição e desenvolvimento.

Entre os quadros de disfuncionalidade cerebral, relacionados com factores de cariz neurológico, explicativos do atraso de linguagem, constam, da literatura especializada em problemáticas da linguagem: i) Disfunção Cerebral Mínima / Lesão Cerebral Inferida; ii) Dominância Cerebral Mista; iii) Dificuldades de Comunicação Inter-hemisférica como consequência da redução de níveis atencionais; iv) Quadros de Integração Inter-hemisférica conduzida pelo Hemisferio Direito; v) Disfunção Cerebral para o processamento e uso de estratégias adequadas para levar a cabo a aprendizagem linguística (Goldberg e Costa, 1986).

O atraso cognitivo-linguístico com base na disfunção cerebral atende às problemáticas do processamento cerebral especificamente ligado a linguagem e valoriza factores perceptivos, mnésicos, discriminativos, organizacionais (contrastes inter-fonémicos, etc.), motores, bem como a eficácia do feedback auditivo. Um défice em qualquer um destes processos ou níveis de tratamento da linguagem interferirá com a capacidade de representação e, por arrasto, do conhecimento linguístico.

Numa visão estratificada, os níveis de actividade psicológica implicados no processamento e codificação da linguagem correspondem a três distintos ajustes a desempenhar: (1) Percepção da fala adulta (reportório de sons e sílabas da fala alvo); (2) Organização (sons e sílabas usados por contraste entre si) e (3) Produção (reportório de sons e sílabas produzidos). Eventuais défices maturativos ou outros que afectam qualquer uma destas dimensões, poderão, em paralelo com os anteriormente referidos, ser responsáveis por atrasos de linguagem.

Num plano estritamente psicolinguístico, estão em jogo os requisitos de atenção (fixação nos dados relevantes da informação), percepção (conversão dos dados captados através dos sentidos em representações abstractas) e memória. A esta última função cabe o armazenamento das representações mentais relativas ao acto motor ou movimento para a fala, dos sons (sequência dos mesmos, estruturas e regras gramaticais da língua), de objectos e acontecimentos. A atenção e a memória, processos emergentes da estrutura cerebral (neste sentido, processos neurolinguísticos) são sempre lacunares em crianças com défice cognitivo. Por consequência, o acervo de registos, o acesso aos mesmos e, sobretudo, a busca de inter-relações entre eles, cria um tipo de discurso formal e conceptualmente pobre, claramente expresso nas suas produções verbais.

Na vasta categoria atrás referenciada – Disfuncionalidade Cerebral com Atraso Cognitivo-Linguístico, podemos enquadrar crianças com diagnóstico de *Perturbação da Atenção com Hiperactividade.* Estas revelam, igualmente, importantes lacunas nos processos neuropsicológicos que subjazem às aprendizagens em geral e à aprendizagem da linguagem em particular. Estando nelas, geralmente, ausentes défices sensoriais, motores, cognitivos, emocionais ou privação sócio-cultural, estas crianças revelam, todavia, sérias dificuldades para escutar, analisar/reflectir, facto pelo qual podem ser designadas de "preguiçosas" para tarefas que exijam atenção / concentração, de forma persistente. Os défices de atenção e memória apresentados, estão na base de disfunções em áreas cerebrais (lóbulo frontal e estruturas diencéfalo-mesencefálicas) responsabilizadas por funções cognitivas executivas, tornando-as, por consequência, menos activas no processo de auto-monitorização de comportamentos.

A criança com perturbação da atenção e hiperactividade representa, pois, uma potencial candidata a apresentar atraso de linguagem. Nela se revelam adulterados os factores predisponentes à aquisição e desenvolvimento da linguagem (escutar, seleccionar, registar e recuperar os dados de carácter acústico-verbal), sendo substituídos por produtos linguísticos onde prevalecem défices fonético-fonológicos, como resultado da "apressada" discriminação e do não menos veloz processamento dos sons que configuram cada um dos níveis formais da língua.

Um outro quadro de disfuncionalidade cerebral redundante em atraso cognitivo-linguístico é o do *autismo e* síndromes afins. O requisito da disponibilidade para a comunicação (fisica e psicológica) em produzir linguagem assume, também, um papel relevante para configuração de um atraso de linguagem. Falar pode ser visto como um comportamento que se apoia em *auto-feedbacks,* na medida em que tanto ouvimos o nosso interlocutor como nos ouvimos a nós próprios. Por inerência, quanto menor a interacção, menor a apreensão tanto dos modelos linguísticos interactivos como linguístico-formais. Cabe aqui falar de atraso de linguagem no Autismo, ainda que este deva ser considerado "um caso à parte" dentro dos atrasos de linguagem. O autismo, perturbação invasiva do desenvolvimento, revela défice de desenvolvimento linguístico na razão directa do compromisso cognitivo associado a este quadro. A presença de ecolalia e as dificuldades de contacto ocular reforçam ainda mais as já latentes dificuldades pragmáticas, bem assim como os aspectos formais da produção ou expressão linguística. Falamos, pois, em atraso de linguagem na criança com perturbações da comunicação, sempre que a esta patologia se agreguem outras, mormente aquela que se relaciona com défice cognitivo.

No vasto âmbito de quadros de disfuncionalidade cerebral com implicações cognitivo-linguísticas enquadram-se, ainda, os contextos de *deficiência mental* com marcada dificuldade para a compreensão e expressão da linguagem, na base da qual se encontram um funcionamento cerebral cuja dinâmica interactiva se traduz por défices, de maior a menor gravidade, na apreensão dos conteúdos vivenciais mediatos e imediatos.

Esta categoria, deficiência mental, equacionável por profissionais de várias áreas, encontra-se dispersa em outros modelos de classificação. Porém, nela se podem incluir comprometimentos linguísticos de grau ligeiro, moderado, grave ou severo.

O atraso de linguagem manifesto nos quadros de défice cognitivo pode situar-se entre dificuldades para o domínio da fonologia, sintaxe, e seus correlatos com a semântica, podendo estender-se até situações de reduzida possibilidade de manipulação da fala e linguagem.

A actividade cognitivo-linguística é, por excelência, uma actividade cerebral e requer o uso de funções intrínsecas à mesma. Por consequência, a manifesta dificuldade para o apropriamento da função linguística nesta categoria de crianças, é reveladora de uma disfunção dos mecanismos cerebrais responsáveis pela mesma, podendo conduzir a diferenciados níveis de domínio. O atraso de linguagem surge, aqui, como uma das componentes da aprendizagem (motricidade, socialização, autonomia, cognição, linguagem), passíveis de traduzirem um funcionamento cerebral com manifestas disfunções na sua dinâmica interna, disfunções estas que são definidas pelo desvio relativamente às crianças referenciadas como "normais" dentro de uma dada faixa etária.

A presença de disfunções no acto de traduzir o conhecimento em comportamento linguístico explícito, abarca o amplo espectro de dificuldades na revelação do conhecimento. Síndromes como o de Landau, X frágil, Rett, Down e outros, poderão ilustrar a vasta gama de contextos de défice cognitivo, com atraso no desenvolvimento da linguagem.

A mesma leitura deverá ser feita para o *Atraso de Desenvolvimento Global Infantil*, categoria paralela à do défice cognitivo. O atraso na linguagem é, neste diagnóstico, a manifestação de um tardio desenvolvimento nas áreas adaptativas e cognitivas. Contudo, a gradual aproximação aos padrões normativos constitui um objectivo mais expectável que o quadro anterior – défice cognitivo – sempre que sejam levados a cabo intensos programas de reabilitação neuropsicomotra e cognitivo-linguística.

Atraso de linguagem e défices sensoriais de cariz periférico

Crianças com défices sensoriais de cariz periférico (surdez de condução ou inflamações frequentes do ouvido médio, otosclerose, etc.), sujeitas a privação de dados elementares para a organização da linguagem – quer a nível visual quer auditivo – são também potenciais candidatas a atrasos de linguagem. No caso do défice auditivo, estima-se que este tenha uma incidência relativa de cerca de 1-3/1000 no universo dos atrasos de linguagem.

Nesta categoria se podem incluir as crianças que sofrem ligeiras, porém repetidas, perdas da acuidade auditiva devido a inflamação no ouvido médio (otites), acumular de cerúmen no mesmo, ou ainda pelas constantes inflamações na área faringo-laringea (amigdalite, faringite, etc.), cujo vírus se pode alojar no ouvido médio pela sua ascensão através da trompa de Eustáquio.

Sempre que estes fenómenos ocorrem nos períodos-chave para a aquisição dos padrões básicos da aprendizagem da língua – entre os dezoito meses e os quatro/cinco anos de idade, a criança pode ver dificultado o acesso às nuances perceptivas, isto é, à identificação precisa dos traços diferenciadores, dos sons da sua língua.

Também a presença de demasiado ruído ambiental e a possível competitividade com o mesmo, através de uma fala com elevadas intensidades, presente em alguns ambientes (cafés, pequenos/grandes comércios, etc.), alimentados, também, em algum tipo de ambientes educativos (creches, jardins de infância e escolas demasiado ruidosa), pode contribuir para a "dessensibilização" da criança para os sons da sua língua que revelam necessidade de maior precisão discriminativa.

As dificuldades de captação e discriminação sensorial repercutem-se, sobretudo, na diferenciação entre consoantes surdas e sonoras e, de uma forma particular, na persistente substituição entre consoantes fricativas (f, v, s, z, S, Z), bem assim como na presença de omissão ou distorção em palavras polissilábicas.

3.2. *Atraso de linguagem e factores determinantes inerentes ao contexto*

No âmbito dos factores inerentes ao contexto social (familiar, escolar e social), entra em jogo a necessidade de estimulação linguística suficiente, de estimulação sócio-afectiva, de estimulação cognitiva, bem como da oferta de modelos linguísticos adequados.

Os primeiros anos da vida da criança são cruciais para todo o desenvolvimento linguístico ulterior. É na interacção dos elementos familiares de maior proximidade que a criança desenvolve as suas competências comunicativas. O envolvimento afectivo que decorre de tal interacção desperta na criança a apetência para projectar "dizeres" que gradualmente reformula pela integração de novos elementos, os quais estão na relação directa das possibilidades neuromotoras e cognitivo-perceptivas próprias de cada faixa etária. Por consequência, a insuficiente ou ausente oferta de oportunidades comunicativas à criança traduz-se, a curto ou longo prazo, em dificuldades de linguagem.

Pais demasiado ausentes, graves privações sócio-afectivas, situações de abandono ou mesmo de manifesta conduta de agressividade directa ou indirecta, conduzem a criança para um contexto de interacção onde a carência de sustentáculos à comunicação pode alimentar o atraso no desenvolvimento da linguagem.

As interacções família/criança não oferecem apenas o modelo linguístico circunscrito ao contexto particular da interacção, através do recurso a fórmulas de produção simplificadas (*motherese*). Criam, também, motivação para uma apetência na base da qual se instauram as competências linguísticas da criança.

A escola e a família representam, pois, os grandes pilares desta construção, permanentemente inacabada, do saber dizer, do fazer e do querer. As brechas deste edifício representam, em última instância, as brechas de uma sociedade que menospreza as suas responsabilidades como educadora.

A constelação de hipóteses explicativas do atraso de linguagem, atribuíveis ao contexto familiar, inclui, ainda, um conjunto de abordagens que apelam a um mecanismo de reforço de feedbacks foneticamente incorrectos, usados pela criança, no seu devir linguístico, apesar da persistência dos familiares em tentar a ultrapassagem do problema através da oferta do correcto modelo.

Em alguns casos, alguns familiares utilizam, em seu discurso normal, uma linguagem produtiva normativa. Contudo, frentes aos desvios da criança, por eles considerados, por vezes, como "muito engraçados", reforçam, as emissões incorrectas da mesma, repetindo-as em algum tipo de tarefas comunicativas, do quotidiano. Podemos aqui citar o exemplo do vocábulo "*xixa*" (carne), o qual pode perdurar até tardiamente, nas referências lexicais da criança.

Falar exige a aprendizagem de diferentes padrões de motricidade, nos quais interferem diferentes órgãos. A sincronia motora do acto de fala requer aprendizagem persistente e sequenciada das tarefas quer formais quer conceptuais. Por consequência, deve acontecer num percurso temporal que corresponde à interiorização ou representação interna dos referidos movimentos automáticos, necessários à linguagem produtiva.

Ora, quando a produção da fala reflecte, de forma persistente, uma motricidade inadequada e a consequente adulteração da fala-padrão, o registo interno da mesma configura representações mais ou menos estáveis desta mesma forma, distorcida ou incorrecta, em relação à realidade normativa. Usar, continuamente, estes modelos particulares de produção desviada, corresponde a reforçar e estabilizar padrões de movimento desajustados e desta forma se podem alimentam feedbacks produtivos, foneticamente incorrectos. Nesta medida, quanto maior for o nível de estabilização dos mesmos, maior será a dificuldade de superação e maior será, por consequência, a persistência no erro ou desvio.

4. Sinais de atraso de Linguagem

O conceito de atraso abrange quadros variados que, na sua amplitude máxima de severidade, afectam, para além da fonologia, todas as outras dimensões da linguagem.

A fonologia revela-se como a pedra basilar sobre a qual se constrói um sistema linguístico eficaz e, inversamente, na sua ausência se desenvolvem outras problemáticas que interferem quer com a comunicação oral, quer com a escrita. Quando se analisam os sinais de um quadro de atraso, as afectações no domínio fonológico devem ser, assim, alvo prioritário de avaliação. Contudo, tal como atrás apontado, as demais esferas da língua não devem, também, ser descuradas.

O grau de atraso de linguagem está de acordo com a presença ou a ausência de signos linguísticos desviados, numa ou em várias dimensões da linguagem. Em qualquer situação da qual se suspeite a presença de atraso de linguagem, a fonologia estará, certamente, afectada, tal como tem vindo a ser repetido.

A fim de poder orientar qualquer profissional da educação na identificação de um atraso de linguagem, especificam-se, a seguir, alguns sinais, em cada uma das dimensões linguísticas, que podem constituir-se como importantes identificadores da necessidade de encontrar ajuda, para uma criança que os revele.

4.1. *Expressão verbal – Sinais de atraso*

Fonética e Fonologia

Estas dimensões constituem a primeira e mais evidente "cara"da competência ou incompetência da linguagem expressiva. Por tal motivo se oferece de fácil reconhecimento, por um vulgar observador, o seu bom ou mau desempenho.

O domínio da Fonologia, como referido, inicia-se por volta dos doze meses de idade, momento a partir do qual a criança acede à organização dos elementos fonémicos, dos quais emerge um sentido. Referimo-nos às primeiras combinações silábicas do tipo CV.CV (mamã, bebé, papá, etc.), as quais referenciam pessoas, animais alimentos ou outros do seu quotidiano físico e emocional.

No devir evolutivo sucedem-se as tentativas para imitar produções gradualmente mais complexas quanto ao número, posição e constituência silábica e tipos de fonema. A partir dos 24-36 meses alguns sinais podem, já, indicar alguma dificuldade na ultrapassagem de padrões linguísticos mais precoces, ou mesmo revelarem demarcada incompetência para a superação de pautas linguísticas, indexadas a determinadas faixas etárias. Entre estes sinais podemos enumerar:

- Ocorrência tardia das primeiras palavras (cerca dos dois anos);
- Produção de fala pautada por processos múltiplos de simplificação (omissão de sílaba, fonema, substituição de consoantes, eliminação das diferenciações interssonoras, através do uso da harmonia consonantal, etc.);
- Prevalência do gesto para comunicar;
- Selecção de ambientes para manifestar a sua possibilidade produtiva.

Quando a severidade do atraso é relevante, a criança poder-se-á confrontar com:
- Fala abundante, porém de parcial ou total ininteligibilidade;
- Expressão verbal mínima em quantidade e qualidade, com recurso a gestos.

Retomando o anteriormente explicitado, os processos de simplificação constituem formas abreviadas e incorrectas de a criança se confrontar com um sistema linguístico que não pode dominar na sua totalidade. Socorre-se, portanto, de estratégias "à sua medida" que explicitam um saber cujo referente, correspondente ao do adulto, se expressa por um outro significante, designação fonologicamente aproximada, de maior ou menor perceptibilidade ou compreensão, por parte de um ouvinte não familiarizado com a criança.

Os processos mais frequentes são:
- Omissão de sílaba em tri e polissílabo (*tebisão* por televisão).
- Omissão de fonema (*afé* por café).
- Omissão de vogal/semivogal em ditongo (*pexe* por peixe).
- Omissão de segunda consoante em sílabas CCV (l, r), tal como no exemplo *buxa* por bruxa.
- Omissão de consoante final em sílabas CVC (S, l, r). Exemplo: *pata* por pasta; s*odado* por soldado; *pota* por porta.
- Omissão de consoante em sílabas VC (l, r). Exemplo: *amofada* por almofada; *éba* por erva.
- Substituição entre consoantes da mesma categoria e nos distintos formatos silábicos (*cama* por gama; *crilo* por grilo).
- Substituição entre consoantes de diversas categorias (*dopa* por sopa).
- Substituição de consoantes surdas por consoantes sonoras (*cassa* por casa; *teto* por dedo).
- Substituição com anteriorização/posteriorização (*topo* por copo; *quinta* por tinta).
- Semivocalização de consoantes líquidas (*boua* por bola; *sou* por sol; *caia* por cara; *fiio* por filho).
- Metátese – Mudança de lugar de um fonema, dentro (intra-silábica) ou fora (trans-silábica) da sílaba a que pertence (*prota* por porta; *curado* por quadro). Este constitui um processo frequente

a partir dos quatro anos de idade (em crianças sem problemas) e pelos seis – sete anos em crianças com atraso de linguagem.
- Harmonias Consonantais – "contágio" de elementos sonoros próximos à sílaba afectada (indicativo de dificuldades de diferenciação dos traços distintivos interfonémicos). Exemplo: *rarrafa* por garrafa.
- Distorção – desvirtuamento / adulteração da palavra a ponto de a tornar irreconhecível. Exemplo: *biico* por frigorífico.

Morfossintaxe

- Vocabulário reduzido.
- Morfologia verbal reduzida (frequentemente 3ª pessoa e tempo presente) ou uso de infinitivo.
- Dificuldades no uso de orações coordenadas e subordinadas.
- Erros de concordância gramatical com possível ausência de palavras funcionais).
- Usos de linguagem bastante restritos.
- Omissão de pronomes reflexos e clíticos.
- Dificuldades na contracção da preposição (em, de) com o artigo (o, a)
- Baixo uso de conjunções.
- Início da construção morfossintáctica apenas por volta dos três anos e com frequente recurso a protopalavra.
- A Longitude Média do Enunciado inferior ao esperado para a idade cronológica
- Enunciados de curta extensão e presença possíveis erros gramaticais.
- Uso exagerado do gesto como suporte à comunicação.
- Uso de pronomes pessoais apenas a partir dos quatro anos.
- Morfossintaxe elementar, frequentemente reduzida à estrutura canónica (S-V-O).
- Diminuto uso de relações espacio-temporais e qualificativos em enunciados de curta extensão.

4.2. Atraso de linguagem – Compreensão Verbal

- Boa adaptação a situações do quotidiano, que induz a um domínio normal da compreensão.
- Dificuldades na ordenação sequencial de acontecimentos e síntese de dados.
- Dificuldades na compreensão de frases na passiva e interrogativa negativa.
- Dificuldades no reconto de histórias (sobretudo na ausência de indicadores gráficos).
- Compreende ordens simples mas apresenta lacunas na compreensão de ordens complexas (duas ou mais ideias subjacentes).
- Dificuldades em processamento auditivo (Memória Auditiva e Memória Sequencial, etc.).
- Dificuldades na repetição de frases.

O processo de compreensão representa, em qualquer criança, uma antecipação frente ao de expressão. Nas crianças com atraso de linguagem ocorre um fenómeno similar: a compreensão é qualitativamente superior à expressão. Porém, a primeira (compreensão) pode revelar algumas lacunas, sobretudo em enunciados de maior complexidade (frases na passiva, presença de interrogativa – negativa, longos enunciados, várias ideias subjacentes num único enunciado, etc.).

Todo este vasto leque de possibilidades de ocorrência de erro fonético, fonológico ou fonético-fonológico, pode constituir-se como a expressão de um Atraso de Linguagem, isto é, um desfasamento cronológico ou atraso nos processos que consubstanciam a produção linguística infantil.

Em síntese, a organização dos fonemas em palavras com sentido é mediada pelos processos decorrentes no plano da *retro-alimentação*. A forma errada/desviante como a criança produz gera novas produções desviantes. Se a criança não obtém produções correctas de forma isolada (fonema em sílaba), menos o fará de forma integrada (fonemas na palavra). Na medida em que a criança oferece, a si mesma, modelos errados, fruto de uma incorrecta articulação, a representação fonológica dos mesmos, no contexto da palavra, resulta deficitária e, reproduz, por consequência, um *sistema fonológico insuficiente, inconsistente ou* deficitário em seu domínio.

Nesta perspectiva, a criança produzirá tanto pior, quanto pior se escute a si mesma, de forma repetida. Tal repetição inscreve, de forma progressiva, registos inapropriados – tão mais difíceis de ultrapassar quanto maior for a quantidade de repetições e consequente nível de representação ou de conhecimento (incorrecto).

Por consequência, quanto menor for o domínio do conhecimento fonológico, mais fácil será a substituição de um modelo incorrecto por um mais adequado, já que o primeiro ainda não se instalou de forma consistente, tornando-se, portanto, mais flexível à mudança. Nestas condições, será mais fácil uma re-aprendizagem.

A partir desta última leitura parece ficar, "cientificizado" o ditado popular que assegura que "é de pequenino que se torce o pepino". Esta visão, dominante quer no atendimento global de crianças que carecem de estimulação precoce, quer no desempenho linguístico das mesmas frente a um manifesto atraso de linguagem, baseia-se na afirmação relativa ao funcionamento cerebral: a maior especificidade, menor plasticidade; a menor especificidade, maior plasticidade.

Capítulo V
Avaliação da Linguagem e Fonologia

1. Avaliação da linguagem na clínica

A avaliação é um processo de recolha de dados dirigida à delimitação e caracterização de um quadro patológico reconfigurado nas especificidades do sujeito que o exibe. Enquanto acto concreto, a avaliação desenrola-se como tentativa de resposta a um conjunto básico de questões.

Em primeiro lugar, importa saber *qual a pertinência* do acto de avaliar. Numa visão lata, ele está incontornavelmente relacionado com a identificação de possíveis problemas. Assim, a avaliação da linguagem infantil realiza-se para averiguar que aspectos linguísticos estão alteradas, qual a natureza da diferença linguística, qual o nível de desenvolvimento e qual a conduta que necessita intervenção. Tudo isto se destina a estabelecer uma linha de base de funcionamento linguístico da criança, podendo considerar-se a demarcação de problemas específicos como o objectivo central do acto de recolha e análise de informação. Tendo em conta que a intervenção é um processo dinâmico, sujeito a permanentes reformulações, a informação recolhida tem ainda como objectivo servir para posterior planificação.

Os objectivos gerais de qualquer avaliação da linguagem podem, no nosso ponto de vista, resumir-se da seguinte forma:
A) Detectar sujeitos que necessitem de atenção específica no domínio da linguagem ou outro.
B) Diagnosticar os seus problemas.
C) Identificar as suas necessidades educativas.
D) Constatar a sua evolução como consequência da aplicação de programas específicos de intervenção.

Em relação íntima com a questão anterior, a pergunta relativa a *quando avaliar*, implica, igualmente, opções. A detecção de problemas pode realizar-se durante os primeiros meses ou anos de vida, antes do início da escolarização ou com esta já iniciada.

Durante os primeiros anos, a detecção pode realizar-se com recurso a registos de pessoas muito diferentes: pediatra, algum familiar, baixos resultados em provas de desenvolvimento, etc. No meio escolar, a sinalização de dificuldades pode realizar-se quer pelo psicólogo escolar, quer pelo professor/educador de infância. Neste último caso, o processo assenta, largamente, num conhecimento que o professor detém quanto à dinâmica interactiva da criança. Nesta dinâmica manifestam-se todos os domínios da língua, aspectos de carácter pragmático, bem assim como as competências escolares específicas.

Importa ainda saber *o que* avaliar. Este ponto diz respeito a todas as componentes do sistema linguístico, a saber:

A) Fonético-fonologia: capacidade de articulação e conhecimento do sistema fonológico.

B) Morfossintaxe: formação e construção gramatical, com presença/ausência de componentes linguísticos e respectiva ordem.

C) Semântica: uso ou adequação do significado em morfemas e enunciados, bem assim como o domínio lexical e conceptual.

D) Pragmático: adequação do conhecimento da língua a diferentes contextos comunicacionais.

Finalmente, é necessário tomar opções quanto à *forma como avaliar*. Os dados podem ser obtidos através de material estandardizado, não estandardizado, escalas de desenvolvimento, bem como da observação do comportamento. As referências são múltiplas e variam em função das circunstâncias. Na sua fase inicial, a avaliação compreende, porém, técnicas universais e incontornáveis, de que são exemplo:

• História de caso, do qual devem constar dados clínicos e sociofamiliares;
• Observação atenta durante a/as entrevistas;
• Entrevistas com familiares e educadores;
• Recolha de dados relativos ao contexto escolar;
• Provas ou actividades que, de forma directa ou indirecta, se orientam para a análise de padrões de realização linguística.

A jusante destes universais do processo avaliativo, situam-se as orientações específicas de cada agente. Longe de constituir um processo absolutamente uniformizado, a avaliação da linguagem pressupõe ideologias e escolhas. Este facto importa a questão dos modelos de avaliação, à qual nos referimos em seguida.

1.1. Modelos de avaliação

A avaliação implica sempre uma série de escolhas, podendo estas impor-se de forma mais ou menos explícita. As escolhas inerentes à consumação do processo avaliativo configuram um *modelo funcional de avaliação*. Tais modelos guiam os procedimentos de quem avalia, para posteriormente buscar formas de intervenção.

Se bem que um dado modelo funcional adoptado possa ser definido por exclusão (de outros modelos alternativos), ele deve incorporar sempre um esforço de multidimensionalidade, isto é, deve abarcar o máximo de dimensões nas quais se insere a praxis linguística. É neste sentido que Aram, Ekelman e Nation (1984) sugerem alguns critérios para a análise crítica de qualquer modelo de referência para a avaliação. Vejamo-los, então:

1. O modelo deve permitir não só a descrição dos padrões de fala (realização física-neurológica e psicológica individual), mas também do conjunto de aptidões que traduzem o verdadeiro domínio da linguagem, isto é, capacidades de competência linguística, cognitiva e interaccional ou comunicativa.
2. As modalidades auditivo-orais devem ser prioritariamente avaliadas, pois é através delas que, numa atitude de automatismo, a criança projecta o que e como sabe falar.
3. Deve ser, em primeiro lugar, posta a hipótese de causalidade remetente para aspectos anatómicos e fisiológicos inerentes à actividade verbal, porquanto, em alguns casos, se trata apenas de questões meramente fisiológicas, às quais deverá ser dada primazia no atendimento que se pretende para a correcção da linguagem.
4. Devem ser estabelecidas relações entre o comportamento linguístico observável e o funcionamento interno ou dados de carácter cognitivo do sujeito, bem assim como possíveis factores determinantes – alguns de ordem neurológica e de difícil registo através de meios encefalográficos.

Um modelo que contemple todos estes aspectos deve ser considerado ideal, pois não só contribui para a compreensão das causas da patologia, como também perspectiva formas multifacetadas de atendimento e respectiva superação.

Na essência, estes princípios contemplam a necessidade de conceber as problemáticas da linguagem no contexto geral do indivíduo. Partimos do *indivíduo enquanto totalidade* para chegar, numa primeira instância, ao *indivíduo dotado de linguagem*.

Uma questão adicional – e que nos preocupa, aqui em particular – diz respeito à especificidade da esfera fonético-fonológica. O problema é, aí, o de determinar a maior ou menor necessidade de contextualização desta dimensão linguística na totalidade do sistema. Um princípio dominante a este respeito é o de partir da caracterização de um *quadro geral de domínio linguístico*, para chegar a uma *descrição local da esfera fonético-fonológica*. É de acordo com esta ideologia que devem ser definidas as etapas de um processo de avaliação.

Em suma, há que ter em conta que o desempenho linguístico tem em conta dois princípios básicos: por um lado (1), há um quadro global de competências que vão para além do domínio linguístico; por outro (2), é necessário enquadrar a dimensão fonético-fonológica na globalidade de dimensões produtivas (morfossintaxe, léxico e semântica, pragmática) que a ela se agregam, materializando os processos de compreensão e de expressão da linguagem.

Estes princípios devem tornar-se visíveis na estruturação do processo de avaliação em etapas.

1.2. Etapas na avaliação fonético-fonológica

Em relação aos procedimentos sequenciais a ter em conta no processo de avaliação, importa reunir os diversos dados a partir de uma diversidade de fontes. Aqui, como já referimos, assume importância o contributo dos pais e da escola, que deverão ser aglutinados aos do próprio técnico.

Três momentos básicos devem estar presentes no processo:
1. A entrevista inicial, centrada nos factos relevantes para a compreensão do problema e associada à *anamnese*.
2. A recolha de amostras de linguagem espontânea.
3. A aplicação de instrumentos formais de avaliação,
    3.1. dirigidos a âmbitos translinguísticos e linguísticos, contendo todas as esferas da linguagem;
    3.2. dirigidos à esfera fonético-fonológica em particular.

O pressuposto de que a actividade linguística é indissociável do quadro geral de desenvolvimento da criança implica, como já frisámos, a delimitação prévia do quadro de competência cognitiva, motora e sócio--afectiva da criança. O traçado preliminar, através da (1) entrevista, do percurso temporal biopsicossocial que antecede a configuração desenvolvimental da criança (*anamnese*) no momento da consulta constitui a primeira fonte de informação, passível de dirigir ulteriores explorações. Para além da *história familiar da criança*, importa considerar os *eventos pré, peri e pós-natais* inerentes ao nascimento, fazendo suceder-lhes um traçado sucinto das vicissitudes inerentes ao *processo global de desenvolvimento*. Através do informador presente, é obtido um relato indirecto cujos componentes podem, em seguida, ser revistos por observação directa.

Em obediência a um princípio de despistagem preliminar de factores anatomo-fisiológicos incidentes na competência para a fala, a observação directa deve incidir prioritariamente na análise da integridade estrutural e funcional da *motricidade fonoarticulatória* com seus órgãos fixos e móveis, bem assim como sobre hábitos de alimentação e outros (por exemplo, o uso frequente e prolongado de chupeta, dedo, etc.) que indirectamente podem interferir no acto de produção verbal oral.

Considera-se o segundo momento – (2) avaliação da linguagem espontânea – como um componente crucial e indispensável no processo, já que é aí que dispomos de uma primeira evidência relativa à linguagem da criança *em contexto*.

A diferenciação entre técnicas de recolha e tratamento de linguagem espontânea (2) e aquilo que aqui designamos como aplicação de instrumentos formais (3) está ligada à forma como se obtém uma amostra de comportamento linguístico. No primeiro caso – linguagem espontânea – não é solicitado um comportamento específico à criança; no segundo caso, alternativo a este, existe um conjunto de itens verbais pré-definidos cuja produção ou compreensão se quer avaliar.

A referência que aqui fazemos a "instrumentos formais" remete, na realidade, para um conceito de *estandardização* ao nível da recolha. Existe estandardização quando um determinado instrumento de avaliação é usado, de forma constante e padronizada, por diferentes técnicos. Isto pressupõe, naturalmente, que exista uma explicitação quanto aos procedimentos de recolha e, naturalmente, também de análise. Quando se considera a linguagem espontânea, os procedimentos de recolha não estão pré-definidos: importa, simplesmente, obter linguagem – tão próxima quanto possível da realidade do comportamento quotidiano da criança. No entanto, a análise que tem que ser feita a uma amostra de linguagem espontânea pode obedecer a uma estandardização. Um exemplo claro de estandardização na análise é a medida da Extensão Média do Enunciado (EME ou MLU, em Inglês) – um procedimento pré-definido usado para analisar o desenvolvimento morfossintáctico da criança. A palavra *teste* corresponde, num sentido restrito, a um instrumento estandardizado de recolha e análise de amostras de linguagem e, portanto, ao que entendemos aqui como instrumentos formais.

Quando entramos no domínio dos instrumentos formais – ou testes – há a considerar uma outra diferenciação fundamental. Existem testes (a) *referenciados à norma* e testes (b) *referenciados ao conteúdo* (também chamados testes referenciados a um critério). Para que um teste tenha alguma validade, existe uma condição fundamental que é a existência de uma referência. Afirmar que uma criança "produz 5 em 8 itens avaliados" não tem, em si, um significado autónomo, a menos que se disponha de um quadro de referência para comparação.

Quando o quadro de referência é um conjunto de resultados empíricos referentes ao comportamento de uma amostra de crianças face ao teste, o teste diz-se (a) referenciado à norma. O racional subjacente a estes instrumentos remete para a ideia de um comportamento real de um conjunto de pessoas – geralmente divididas por faixa etária – comportamento este que é assumido como a representação do que é normal – em cada uma das faixas etárias consideradas. Quando falamos de avaliação da linguagem, um dos problemas na disponibilização de normas passa pelo facto de as normas obtidas com uma língua específica não poderem ser, de forma pacífica, aplicadas a uma outra língua – dada a diversidade de factores estruturais que acompanham a diversidade dos códigos. Quando são analisadas as normas obtidas numa nova língua, por comparação com as normas que acompanharam a formulação inicial do teste na língua do seu autor, diz-se que foi feita uma *aferição*.

Se não existe uma referência empírica para análise dos resultados de um teste, mas são, antes, avaliados conteúdos cujo domínio ou ausência de domínio é apurado – e.g., "a criança produz pronomes pessoais? A criança produz todas as fricativas?", então falamos de (b) testes referenciados a conteúdos. Distingue-se, dentro deste tipo de testes, as funções de (b1) determinação daquilo que o indivíduo consegue fazer e de (b2) determinação de mestria/domínio vs. não domínio de um dado conteúdo. Neste último caso (b2), é necessário determinar um critério que dicotomize os resultados a obter em situações de sim (domina) ou não (não domina).

Voltando a considerar a divisão que fizemos atrás, quanto ao âmbito de avaliação dos testes, há a ter em conta que a aplicação de instrumentos formais (3.1.) dirigidos a âmbitos específicos – mais latos que a linguagem (inteligência, motricidade, etc.) ou internos à linguagem (semântica, sintaxe, etc.) – responde às necessidades de isolar dados comportamentais e de sistematizá-los em função de questões pré-elaboradas (qual o QI da criança? Qual o seu conhecimento do mundo? etc.). É também a necessidade de aceder a dados mais específicos no âmbito fonético-fonológico (3.2.) que determina o recurso a instrumentos formais.

No ponto 3 do capítulo VII, (Aplicações), o leitor poderá encontrar um exemplo de abordagem global e integradora ao processo de avaliação da linguagem, num quadro concreto de problemáticas fonético-fonológicas.

1.2.1. *A entrevista inicial*

Os primeiros momentos da avaliação devem apoiar-se particularmente nos dados colhidos, junto dos acompanhantes da criança e através da anamnese, da qual constarão alguns aspectos que poderão lançar pistas para uma etiologia latente. Entre eles poderemos incluir:
- História actual;
- Antecedentes familiares e ambientais, compreendendo a questão dos aspectos familiares vinculados a problemas de linguagem;
- Dados relativos a anteriores contextos de gravidez e parto;
- Conhecimento do contexto de vida da criança no período neonatal e primeiro ano de vida;
- Percurso desenvolvimental subsequente (desenvolvimento psicomotor, início da marcha, fala, controle esfincteriano, etc.)
- Memória(s) clínica(s) da criança (antecedentes de gestação, parto e pós-parto; doenças em geral, doenças do foro da otorrinolaringologia, etc.);
- Audição (presença ou ausência de défice sensorial);
- Aspectos orgânicos (estruturas periféricas/centrais);

- Aspectos funcionais (motricidade orofacial, respiração, ressonância, alimentação, produção vocal);
- Independência (vestir/ despir, higiene pessoal);
- Contexto sócio-familiar (profissão e idade dos pais; dinâmica familiar; colaboração, atitude perante a educação cívica e escolar);
- Contexto escolar da criança;
- Comportamento (inibido, alegre, dificuldades de interacção, sociabilidade em geral, etc.);
- Cognição (processos básicos de atenção, memória e compreensão de enunciados);

Para uma visão exemplificativa, incluímos, em anexo, uma grelha para a condução da anamnese (ANEXO 2).

Perante os dados obtidos na anamnese, cabe ao técnico, então, formular as primeiras hipóteses diagnósticas. Estas hipóteses permitem, num segundo momento, um planeamento mais preciso do recurso a fazer dos instrumentos de avaliação (testes de linguagem). É nesse segundo momento que poderá, se pertinente, tomar lugar um pedido de avaliação externa e especializada da capacidade auditiva (diagnóstico audiológico) e do estado dos órgãos fonoarticulatórios, de forma a poder ser cabalmente averiguada a possibilidade de afectação orgânica.

O estudo propriamente linguístico deve desenvolver-se no quadro de uma avaliação que contemple dados neurológicos, cognitivos e comportamentais – fazendo aqui sentido a aplicação de instrumentos dirigidos a âmbitos para além da linguagem. Esta preocupação deve-se ao facto de muitos síndromes, apresentando-se muito similares do ponto de vista linguístico, serem, no entanto, totalmente diversos quanto a possíveis etiologias. Esta multiplicidade de dimensões deve ser considerada, pois, não só as expectativas, como os próprios resultados da reeducação dependem da solidez do diagnóstico traçado.

Em suma, na avaliação da linguagem estão em jogo não apenas os *produtos* da actividade linguística mas também os seus *processos*. Na medida em que a avaliação está ao serviço do sujeito e o seu propósito é nortear a intervenção, respondendo ao seu pedido de ajuda, a avaliação deve ser também, acima de tudo, uma homenagem à globalidade biopsicofisiológica e, em não menor escala, à natureza dos seus contextos comunicacionais.

Para que exista uma continuidade entre as etapas de diagnóstico e de intervenção, é necessário que o intercâmbio de informação inerente aos resultados da avaliação – e estabelecido entre o técnico e pais, professores, ou mesmo a própria criança – se associe no estabelecimento de objectivos. Esse intercâmbio deve partir, da parte do técnico, da elaboração de um perfil neuropsicológico e psicolinguístico que permita o avanço de algumas recomendações aos sujeitos envolvidos no círculo comunicacional da criança.

1.2.2. A amostra de linguagem espontânea

Ainda a propósito do "Como deve ser feita a avaliação da linguagem?", referimos uma metodologia muito utilizada, quer pela riqueza de informação passível de ser obtida, quer pelo reduzido número de recursos envolvidos.

A recolha de uma amostra de linguagem espontânea baseia-se na construção de actividades que podem consistir na descrição de figuras, narração de contos ou diálogos orientados. É importante, nestas situações, ganhar a confiança e espontaneidade da criança, respeitando os seus silêncios e utilizando um nível de expressão adequado. É também relevante a eleição do tema, que deve ser adequado à idade e nível sociocultural da criança. A condução do diálogo planeado deve ser feita de forma flexível.

A avaliação pode começar aqui, logo a partir do momento inicial da recolha do material linguístico espontâneo. Nesta abordagem, deve privilegiar-se a dimensão naturalística e lúdica que lhe pode estar inerente. A chave para a eficácia deste procedimento deverá residir na variedade de contextos de observação, bem como na relevância informativa dos materiais postos ao dispor para a sua consumação.

Neste processo, o papel do examinador deve ser, essencialmente, o de um animador, facilitando a expressão da criança – tão natural e espontânea quanto possível. A estimulação da expressão tem na boa manipulação das perguntas um dos pilares fundamentais da eficácia da observação. Assim, há que ter em conta alguns aspectos que, na avaliação da linguagem infantil, podem reduzir o caudal verbal. A redução corre o risco de acontecer quando o interlocutor utiliza, de forma abundante, perguntas que remetem para uma resposta do tipo sim/não, ou ainda perguntas tão directas que requerem apenas resposta através de uma única palavra. Assim é o caso das interrogativas "onde?", "quem?" ou "quando?". Para cumprir os objectivos que se pretende atingir através de uma amostra de linguagem espontânea, será mais adequado incitar a produção a partir de perguntas do tipo: "Conta-me", "Diz-me"...

O observador deve ser ainda um ouvinte interessado, recorrendo à mímica e expressão facial como aspectos complementares à verbalidade, de forma a enriquecer e estimular a comunicação.

Assim, a título de sugestão, algumas estratégias facilitadoras da comunicação na recolha de linguagem espontânea podem ser apontadas:

1 – Uma preocupação com a comodidade da criança, podendo ela ser situada numa almofada no chão (quando muito pequena) ou numa cadeira em frente a uma mesa baixa.

2 – O estabelecimento da motivação inicial a partir do material de jogo: deve haver, aqui, uma preocupação pelo recurso a situações de jogo familiares à criança, quer o sejam pelo conteúdo quer pelos procedimentos.

3 – Uso controlado das perguntas: por vezes as perguntas bloqueiam a expressão, já que favorecem as respostas curtas. O ideal na situação de observação é incitar de forma indirecta à expressão, propósito para o qual abordagens como "Parece-me..." ou "não me lembro..." podem constituir um bom incitador. Deve favorecer-se a espontaneidade e fluência da criança, tentando evitar a antecipação de emissões que por ela estão a ser feitas. No caso de dificuldades acentuadas de comunicação, o recurso ao "motherese" (ritmo pausado, expressividade, alta intensidade, mímica) pode ser um bom auxiliar.

4 – Quando a compreensão pelo adulto é dificultada pelos défices expressivos da criança, sabemos que a melhor estratégia para estes casos é repetir o que a criança disse com algumas modificações (petição de aclaração). O objectivo nestes momentos deverá ser sempre o de minimizar as interrupções na expressão da criança.

5 – A interrupção da sessão deve ser feita perante sinais de hiperactividade ou cansaço, evitando-se um final forçado, acompanhado da deterioração do vínculo estabelecido.

Se a sessão de recolha for devidamente rentabilizada pelo técnico, poderemos fazer análise de diferentes amostras ou registos de linguagem espontânea. As amostras são passíveis de nos dar conta das dimensões fonético-fonológica e semântica, bem assim como da morfossintaxe, esta através da *Longitude/Extensão Média do Enunciado (LME ou EME)*. A LME designa a pontuação que é obtida quando se divide o número de morfemas produzido por uma criança pelo total de enunciados em que esses morfemas foram observados. A medida permite o posicionamento da criança num dado estádio de desenvolvimento morfossintáctico.

Para a rentabilização da sessão, é ainda importante ter em conta o contexto em que a amostra é recolhida. Para compreender como este factor pode ser fundamental, basta atendermos ao facto de que muitos sintomas podem, por exemplo, ser erroneamente dados como presentes, quando, na verdade, é o contexto que não convida à sua manifestação. Um exemplo disto é a Longitude Média dos Enunciados, que se torna mais curta no diálogo, podendo não remeter, neste caso, para uma imaturidade linguística da criança.

Em relação às *técnicas de registo* utilizáveis, estas podem incluir as notas (tiradas à mão), a gravação áudio ou a gravação vídeo.

A *análise dos resultados* deve visar, também, aspectos não linguísticos, como o nível de pensamento lógico da criança, o seu grau de maturação perceptivo-motora na representação corporal, espacial e temporal, ou o conhecimento que tem de si próprio e do mundo envolvente. Importa ainda desvelar alguns traços da dinâmica familiar, da sua vida afectiva e emocional, ou o seu grau de autoconfiança.

No âmbito especificamente linguístico, há a considerar o tipo de erros gramaticais que a criança comete – tais como o uso de preposições, conjunções, advérbios, flexões verbais e pronomes, adequação em género e número –, o grau de fluidez da sua expressão oral e as características da sua articulação. O envolvimento emocional com que fala pode também ser um aspecto relevante.

No que diz respeito aos métodos de análise dos dados, estes remetem, em primeiro lugar, para o quadro conceptual do observador. As dimensões específicas de análise e as respectivas categorias dependem, na verdade, de grelhas pré-impostas que reflectem uma atenção particular, variável conforme o tipo de quadros estudados e o próprio passado profissional do técnico. Contudo, qualquer que seja a profundidade deste referencial de partida, as análises devem incluir sempre um nível formal (fonológico, morfológico, sintáctico) e um nível semântico, de apelo à relação com as entidades objectais de referência. De importância capital é ainda a consideração de um nível de análise orientado para a interacção comunicativa.

Seja qual for o tipo de análise realizada, é imprescindível que exista um conhecimento dos marcos do desenvolvimento linguístico normal, conhecimento que deve, naturalmente, ser referido às especificidades fono e morfológicas de cada língua.

Para uma ilustração do processo de recolha de uma amostra de linguagem espontânea, acompanhada de um nível de análise fonético--fonológico, o leitor poderá consultar o ponto 1 do capítulo VII (Aplicações).

1.2.3. Instrumentos formais de avaliação

Na sequência dos recursos informais atrás descritos – e numa óptica de estreitamento progressivo das hipóteses diagnósticas – o recurso a instrumentos formais – escalas e testes de desenvolvimento e linguagem – pode tomar lugar. Esta forma de avaliação tem a vantagem de contemplar um fim determinado planeado antecipadamente, sendo, assim, mais dirigida. Tem, contudo, a desvantagem de tirar espontaneidade às respostas da criança.

A avaliação dos dois processos inerentes ao uso da linguagem – compreensão e expressão – beneficia da aplicação simultânea de estratégias múltiplas, passíveis de cobrir níveis e manifestações diversas. No caso da compreensão, é importante apreciar os comportamentos da criança em contextos de diferente exigência cognitiva, correlativos de diferentes níveis de processamento semântico. Existe, a este nível, uma diversidade de instrumentos vocacionados para a avaliação de esferas desenvolvimentais e dimensões linguísticas específicas, mas perante todos eles devemos ter a noção dos limites que apresentam. Os limites que, em particular, os testes e escalas de linguagem apresentam radicam nos seguintes factos:
- Existem dificuldades inerentes à quantificação de condutas linguísticas;
- Qualquer tipo de teste ou procedimento específico reflecte diferentes teorias sobre modelos de comportamento e desenvolvimento linguístico;
- Os modelos implicados, normalmente, desconhecem contextos de desenvolvimento, natureza do comportamento e desenvolvimento linguístico deficitário;
- Os dados que permitem obter quanto ao desenvolvimento são incompletos e fragmentados;

- A avaliação não tem, por vezes, valor pragmático em muitos contextos clínicos, pois requer muito tempo e não consegue informação relevante com vista a uma programação;
- A metodologia é sempre incompleta e não extensiva a todo o tipo de crianças.

Sugerimos aqui (1.2.3.1) alguns instrumentos, esboçados pela autora, referenciados a conteúdos e passíveis de extracção de dados pertinentes para um perfil perilinguístico e linguístico – incidente sobre *o que a criança consegue produzir*.

1.2.3.1. Instrumentos referenciados a conteúdos

A caracterização das competências cognitivas globais, perilinguísticas e linguísticas, produtivas e expressivas da criança é um objectivo ambicioso. As sugestões aqui apresentadas constituem apenas uma solução para uma primeira abordagem, passível de dar uma visão abrangente, ainda que superficial, do universo de competências da criança.

Os níveis de avaliação são aqui referenciados por letras (A, B, etc.). Os estímulos e procedimentos a aplicar encontram-se expostos no ANEXO 2.

A – *Memória Sequencial Auditiva*
A retenção auditiva de material oral é indissociável da compreensão linguística, seja este linguístico ou não. Apresentamos, para tal, uma técnica de avaliação incidente na retenção de listas de números, palavras, pseudopalavras e sílabas, registando-se assim o nível de sucesso obtido numa tarefa de repetição oral.

As diferenças na retenção de palavras e pseudopalavras são particularmente relevantes para a determinação do peso de materiais com significado (palavras) na competência mnésica.

A importância deste tipo de registos vincula-se à capacidade da criança para reter e organizar sequências de sons, de acordo com o modelo que a própria língua lhe oferece.

Vários são os trabalhos que relacionam as dificuldades de aprendizagem linguística com os défices na retenção e organização dos elementos sonoros da língua. A constatação da tardia aquisição de palavras tri e polissilábicas, de baixa frequência de uso, em crianças com diagnóstico de atraso de linguagem, é deste facto um dado facilmente comprovado.

B – *Percepção e Discriminação Auditiva*

Várias poderão ser as actividades levadas a cabo neste apartado, cumprindo o objectivo de comprovar a precisão discriminativa que a criança apresenta relativamente aos sons em geral e aos sons da fala em particular.

As lacunas aqui verificadas reflectem as dificuldades latentes para a análise da linguagem falada.

Desta forma, sugerimos que a repetição de estruturas rítmicas a partir de um modelo produzido pelo adulto, bem assim como a discriminação fonética de pares de fonemas consonânticos, vogais e pares mínimos de palavras, constituam um momento particularmente relevante neste primeiro bloco, dirigido ao domínio peri-linguístico.

C – *Compreensão linguística e competência semântica*

Na dimensão da compreensão, a actividade linguística é indissociável da competência semântica da criança. A competência semântica deve ser entendida como a possibilidade de referir o real através da linguagem, apelando ao processamento da informação sobre o mundo num conjunto de representações mentais associadas a significantes verbais. Neste sentido, os instrumentos e técnicas dirigidos à determinação de um nível de compreensão linguística apelam a factores de desenvolvimento cognitivo associados a múltiplos níveis de processamento. Nesta análise propomos as seguintes abordagens:

C1 – *Avaliação da compreensão de enunciados sob forma de ordens dadas à criança:*

O examinador dirige um pedido/ordem à criança (exemplo: "dá-me o lápis"), solicitando uma ou mais acções. A complexidade do pedido, correlativa do número de ideias subjacentes, é manipulada tendo em conta dimensões como o envolvimento de relações espaciais entre dois objectos ("Agarra o lápis dentro do estojo"), de orações subordinadas ("Dá-me o lápis quando eu contar até três"), de orações coordenadas ("Dá-me o lápis e senta-te") ou de sistemas de categorização segundo duas dimensões ("Dá-me o lápis vermelho e grande").

A criança é posicionada num nível determinado, em função do ponto de ocorrência de insucesso ao longo deste processo de complexificação. Deve salientar-se que esta técnica apela à manifestação da compreensão linguística de uma forma especialmente pura, uma vez que a resposta da criança é dada apenas sob forma de acção, sem qualquer necessidade de expressão verbal.

C2 – Compreensão Linguística: Avaliação da aquisição de Índices Básicos de Compreensão (IBC) com suporte em gravuras ou perguntas directas

Para análise deste item devem ser dadas respostas a um conjunto de questões envolvendo os elementos gramaticais "Onde? De onde? Quem? De quem? Com quem? A quem? Para quê? Para onde? Quantos? Qual / quais? Porquê? Quando?". Poderá ser apresentada uma gravura à criança, contendo várias acções simultâneas.

Inicia-se o processo com uma exploração sumária do conteúdo da gravura, feita pelo próprio examinador. No caso de existirem dúvidas quanto à competência de reconhecimento dos objectos/elementos presentes, o examinador deverá solicitar à criança uma nomeação preliminar ("O que é...?). Segue-se a aplicação de questões segundo as questões adstritas a cada um dos IBC. Salienta-se que o nível da compreensão linguística está associado à questão do examinador, já que a compreensão dos conteúdos da gravura assenta no reconhecimento visual dos elementos gráficos.

Ao contrário da técnica anteriormente referida (compreensão de ordens e resposta sob forma de acção), aqui a criança deve exprimir-se verbalmente para manifestar o seu nível de compreensão. O comportamento da criança é alvo de avaliação em termos de IBC adquiridos. Cada indicador pode ser classificado como não adquirido, adquirido ou emergente. Quando esta última classificação é atribuída, isto significa que o comportamento linguístico perante a gravura falha mas, questionada num outro contexto – sobre um aspecto da sua vida quotidiana – a partir do mesmo IBC, a criança obtém sucesso.

C3 – Avaliação da compreensão de conceitos espácio-temporais a partir de gravuras ou objectos em distintos espaços ou posições

Para a avaliação deste apartado pode ser oferecida uma gravura que representa um conjunto de objectos de elevado grau de familiaridade e colocados sob um determinado móvel. Esta sugestão advém da nossa prática com a gravura designada "a secretária", a qual faz parte de um conjunto de materiais de avaliação da compreensão linguística.

Para conseguir o objectivo proposto, é dirigido à criança um conjunto de questões fechadas ("O lápis está em cima ou em baixo da secretária?"), apelando à escolha de uma entre duas opções de resposta dadas (cima/baixo, no exemplo dado). As opções de resposta cobrem o seguinte espectro de oposições: Atrás / à frente; Cheio / vazio; Dentro / fora; Em cima / em baixo; Alto / baixo; Aberto / fechado; Longe / perto; Grosso / fino; Curto / comprido; Grande / pequeno.

C4 – Avaliação da Compreensão: categorização

Uma sugestão para avaliação deste item poderá ser a de utilizar qualquer gravura ou fotografia que contenha objectos ou elementos classificáveis como animais, frutas, meios de transporte e móveis. São dirigidos pedidos à criança ("Quero que me mostres as frutas") e questões ("Quantos animais há?"), e a resposta obtida é lida como indicador da competência de categorização, solicitada pela expressão linguística do examinador.

C5 – Avaliação da Compreensão de Ordens Simples, complexas de selecção e execução

Este tipo de tarefas envolve actividades de memória e pode multiplicar o poder do pensamento em extensão e rapidez. Um clássico exemplo deste tipo de actividades pode ser aquele que ordena à criança: "dá-me o lápis que está por baixo da mesa" ou ainda: "mostra-me a gravura que tem duas portas e quatro janelas pintadas de amarelo".

C6 – Compreensão de situações

A linguagem detém um papel de grande relevo em relação a outros elementos semióticos (imagens, etc.) construídos pelo indivíduo na medida das suas necessidades. Uma vez que a linguagem está elaborada socialmente e contém um conjunto de instrumentos cognitivos (relações, classificações, etc.) ao serviço do pensamento, entendemos que uma actividade cognitiva desta natureza pode oferecer excelentes indicadores da "ideia" que a criança detém acerca das relações entre os dados do seu quotidiano existencial, reflectindo-se na forma de usar a sua linguagem produtiva. Exemplos deste tipo de actividades podem constituir-se como perguntas do tipo: "que farias se te queimasses ou se alguém te empurrasse na rua?".

C7 – *Reconto de pequeno texto e extracção de inferências*
A estratégia de reconto utiliza grande parte de todos os itens atrás assinalados: memória sequencial, indicadores básicos de compreensão, categorização. Para além destes dados, revela ainda a capacidade de manifestar a coesão, organização e sequenciação de acontecimentos, através de um conjunto de enunciados que materializam um pensamento dedutivo.

D – *Vertente da expressão*
No âmbito da expressão, a necessidade primeira é a de considerar as dimensões da linguagem – léxico, morfossintaxe e fonético-fonologia. Algumas das técnicas aplicadas à compreensão são aqui reutilizáveis, sendo, no entanto, necessário, obter amostras expressamente para este fim. Ao servirem a avaliação do processo expressivo, as interacções verbais informais que decorrem do contacto não controlado examinador--examinando, servem ainda para a avaliação da pragmática.

D1 – *Expressão e Léxico*
A avaliação do léxico expressivo suporta-se na análise de todas as emissões verbais da criança. Os instrumentos atrás apresentados – tarefas de categorização e verbalização perante as gravuras contendo acções e relações espácio-temporais – são passíveis de eliciar expressão verbal e, em consequência, de permitir a inspecção do acesso produtivo da criança a palavras de diferentes classes (nomes, verbos, adjectivos). Também as interacções informais com a criança podem oferecer dados sobre este nível de domínio linguístico. Finalmente, a tarefa de nomeação de imagens pode ainda constituir uma fonte para esta tipo de caracterização – podendo contabilizar-se a medida em que a criança precisa de imitar a produção adulta do modelo fonológico para nomear a imagem.

D2 – *Expressão e Morfossintaxe*
Ainda que qualquer situação de expressão verbal serve a avaliação do léxico, apenas um discurso fluente – conversacional – pode elucidar sobre o domínio morfossintáctico. O domínio morfossintáctico apela, simultaneamente, à *morfologia (variabilidade na forma das palavras em contexto de frase) e à sintaxe* (conjunto de padrões e estruturas hierárquicas conducentes à emissão de frases).

Um instrumento privilegiado para a avaliação destas dimensões é o discurso fluente obtido durante a conversação acerca de uma gravura representativa de diversas acções simultâneas. A análise das interacções informais é, também, aqui relevante.

As preocupações de análise devem centrar-se nos registos ou categorias gramaticais: adequado uso de pronomes, advérbios, flexão verbal e nominal, conjunções, preposições.

D3 – Expressão: Fonético-fonologia

Contrariamente à morfossintaxe, a dimensão fonético-fonológica beneficia da solicitação de um conjunto específico de estímulos, conjunto que possa compreender uma variedade de dimensões que respeitam a singularidade do sistema da língua em causa. O recurso a um teste articulatório permite atingir este objectivo.

Propomos aqui uma prova de avaliação fonológica constituída por 62 imagens pré-seleccionadas que a criança é convidada a nomear enquanto palavras isoladas. No conjunto dos estímulos linguísticos implicados são contempladas várias situações respeitantes à longitude da palavra (número de sílabas), ao acento de palavra, composição fonémica e composição em termos de formatos silábicos (CV, CCV, CVC, etc.). A solicitação destes níveis de diversidade linguística permite aceder ao espectro de padrões sonoros que a criança consegue articular (fonética) no contexto da palavra de uma língua concreta (fonologia).

No ponto 2 do cap. VII (Aplicações), o leitor pode encontrar um exemplo de aplicação de uma prova de nomeação, a partir da qual se extrai um perfil fonético-fonológico e um conjunto preciso de sugestões de intervenção baseadas no perfil em causa.

D4 – Expressão e Pragmática

A existência de tipologias de avaliação do uso da linguagem em contexto comunicacional (pragmática) não obvia a que seja feita uma avaliação geral deste nível de competências com base apenas nas interacções desenvolvidas durante a sessão de avaliação. Importa aqui considerar a adequação das intenções comunicativas ao contexto, bem como a forma como essas intenções são veiculadas do ponto de vista linguístico. O respeito pelos turnos de conversação, a manipulação dos temas de conversação com coerência discursiva, a adequação ao interlocutor e ao contexto e o uso correcto de convenções sociolinguísticas são itens a ter em conta em qualquer tipo de observação linguística.

1.2.3.2. Instrumentos referenciados a normas

Numa tentativa de seleccionar aqueles que nos oferecem maior possibilidade de acesso a esferas relevantes de conhecimento, enumeramos alguns instrumentos disponíveis, começando pela referência a instrumentos de avaliação do desenvolvimento e seguindo para os que se destinam à avaliação específica da linguagem. Nestes últimos, reconhecemos também as grandes limitações que os acompanham, dada a multidimensionalidade da actividade linguística que, desde o início, temos vindo a vincar. Terminamos com uma referência ao universo ainda incipiente dos instrumentos de avaliação da fonologia.

INSTRUMENTOS DE AVALIAÇÃO DO DESENVOLVIMENTO

Os instrumentos de avaliação global do desenvolvimento permitem uma visão multidimensional da criança, interessando-nos sobretudo os domínios cognitivos. Nos casos de problemáticas de linguagem, eles permitem a avaliação das problemáticas de reconhecimento semântico.

Cada instrumento cobre um espectro de níveis de avaliação distinto, assim como um conjunto de faixas etárias específicas. Entre os vários instrumentos disponíveis, merecem destaque:
- A WISC e a WPPSI, versões para crianças (6-17 anos, e 0-6 anos, respectivamente) da escala Wechsler (Wechsler, 1989);
- A escala Griffiths de desenvolvimento mental, para crianças dos 0 aos 8 anos;
- A escala Reynell, para crianças dos 12 meses aos 7 anos;
- A escala de desenvolvimento comportamental de Gesell e Amatruda, para crianças dos 3 aos 6 anos.
- As escalas Bayley de desenvolvimento infantil, para crianças até aos 3 anos de idade.

Note-se que apenas a WISC e a WPPSI estão acompanhadas de normas obtidas com crianças portuguesas.

INSTRUMENTOS DE AVALIAÇÃO DA LINGUAGEM

Não cabendo a esta obra a uma exposição exaustiva das esferas e princípios de avaliação subjacentes à diversidade de instrumentos disponíveis no âmbito da linguagem, a seguir se apresentam alguns instrumentos traduzidos e adaptados por autores portugueses, porém não validados.
- Dirigida às faixas etárias mais precoces (0 a 3 anos), a R.E.E.L (Receptive Expressive Evaluation Language) cobre linguagem expressiva e receptiva nos primeiros anos de vida;
- Os clássicos ITPA – Illinois Test of Psicolinguistics Aptitudes (2,6-10 anos) que mede competências nas áreas de compreensão auditiva e visual; memória sequencial visuo-motora e auditiva; associação auditiva e associação visual; expressão verbal; expressão motora; integração visual e integração auditiva;
- Peabody Picture Vocabulary Test (3-18 anos), relacionado com vocabulário compreensivo;
- A Bateria de Linguagem Objectiva e Criterial (BLOC) assenta em normas para a população espanhola dos 4 aos 6 anos e mede morfologia, sintaxe, semântica e pragmática;
- Dirigidas às mesmas faixas etárias, dos quatro a seis anos de idade, a PLON (Prova de Linguagem Oral de Navarra, 1989) está orientada para a avaliação da Forma (fonologia, morfologia e sintaxe), Conteúdo (léxico compreensivo e expressivo, identificação de cores, relações espaciais, opostos, necessidades básicas de conhecimento social) e Uso (expressão espontânea através de gravuras e manipulação).
- Teste de Conceitos básicos de Boehm, vinculado, tal como o nome indica, ao conhecimento de conceitos básicos.

Entre os instrumentos criados para a população portuguesa, destacam-se:
- O TICL (Teste de Identificação de Competências Linguísticas), visando a avaliação de conhecimento lexical, morfossintáctico, memória auditiva e reflexão sobre a língua;
- A bateria ALO (Avaliação da Linguagem Oral), dirigida à avaliação de definição Verbal, compreensão de estruturas complexas, completamento de frases, reflexão morfossintáctica, segmentação e reconstrução segmental.

- A bateria PALPA-P – Provas de Avaliação da Linguagem e da Afasia em Português, contém 60 provas diferentes que avaliam quatro áreas da linguagem (processamento fonológico, leitura e escrita. semântica de palavras e imagens e compreensão de frases).
- TALC – Teste de Avaliação da Linguagem na Criança, para idades situadas entre os 30 meses e os seis anos de idade. As suas componentes são a Compreensão e a Expressão, nas áreas: Semântica (vocabulário, relações semânticas e frases absurdas), Morfossintaxe (frases complexas e constituintes morfossintácticos) e Pragmática (funções comunicativas).
- GOL-E – Grelha de avaliação de estruturas morfossintácticas, de semântica e fonologia.

Todo este material – que converge, ora para dados de carácter compreensivo, ora expressivo, ora para ambos, – cumpre um papel fundamental, sobretudo pela sistematização manifesta em relação à avaliação da compreensão.

No entanto, qualquer um destes modelos apresentados nos parece insuficiente para uma completa avaliação da linguagem expressiva – quer pelos seus níveis de estratificação, quer pela extensão dos mesmos.

INSTRUMENTOS DE AVALIAÇÃO DA FONOLOGIA

O recurso a um instrumento formal, do tipo teste articulatório, permite o acesso à natureza dos valores fonéticos manipulados pela criança, bem como à sua organização à luz de um sistema fonológico próprio. Este tipo de avaliação da linguagem dá conta, não apenas dos aspectos implicados na realização física dos sons da fala, mas também do próprio funcionamento da língua, ao nível da produção da palavra isolada.

Os instrumentos de avaliação que contemplem a fonologia são, em Portugal, bastante reduzidos e ainda não validados para a população portuguesa, em geral. Podemos citar o Teste de Articulação Verbal, o atrás referido GOL-E, que inclui um apartado sobre Fonologia; podemos ainda citar uma Prova de Avaliação da Fonologia em Formatos Silábicos.

Este último instrumento foi baseado num trabalho de investigação da autora (Lima, 2003). Trata-se, pois, da avaliação da fonologia no Português Europeu, sob forma de uma prova de nomeação, apresentado numa obra recentemente publicada (Lima, 2008). Tal prova, em processo final de validação, posiciona a avaliação da fonologia à luz dos distintos alvos fonológicos (tipo de fonema, sílaba na qual se insere, posição da sílaba na palavra, extensão silábica). Os resultados obtidos permitirão inferir da realização fonética e fonológica do P.E., à luz da determinação dos constituintes silábicos e outros aspectos suprassegmentais sobre e produção do segmento, sílaba, palavra.

Articular os fonemas de uma língua não significa falar bem. Nesse sentido, as provas de avaliação *som-a-som* não podem deixar de se manifestar insuficientes no panorama científico actual e, nesse sentido, os contributos desta prova podem surgir como alternativa válida.

É importante considerar que, como qualquer instrumento, a PAFFS se referencia a um posicionamento, num determinado marco teórico – fonologia não linear. Este modelo importa várias dimensões de discussão, a ele anteriores. A leitura de tais aderências interpretativas configura os designados sistemas de avaliação. Pela importância de que estas questões se recobrem no presente volume, fazemos deles uma revisão.

2. Sistemas de avaliação da fonologia

2.1. *A Avaliação fonológica no quadro da investigação sobre o desenvolvimento da linguagem*

Os primeiros compromissos estabelecidos pelos clínicos com a avaliação da fonologia infantil remontam a um período que, na História da investigação sobre o desenvolvimento fonológico (e da própria linguagem em geral), recebe designações distintas, conforme os autores. Denominado como período dos "estudos com grandes amostras" (Ingram, 1992), dos "estudos transversais" (Menn e Stoel-Gammon, 1995) ou enfoque das "sequências ordenadas de aquisição de sons considerados isoladamente" (Bosch, 1984), este momento é retratado na literatura como primeiro grande esforço de abordagem científica, no âmbito do estudo da linguagem da criança. A sua emergência é situada no início da década de trinta, tendo sucedido à era dos "estudos de diário", até então fonte única para o crescente interesse que se criava na comunidade científica em torno do desenvolvimento linguístico.

A par das preocupações com a sistematicidade na recolha de dados e da ênfase na medida (indissociável dos avanços na estatística que então se registavam), o traço dominante desta orientação dizia respeito a uma atitude descritiva, essencialmente virada para a obtenção de normas de produção linguística nas crianças. Este tipo de resultados era, então, perseguido através de uma metodologia transversal que se suportava no grande número de sujeitos incluídos em cada faixa etária pré-definida. No âmbito da intervenção na patologia da linguagem infantil, o peso deste momento foi decisivo para a consolidação, na década de cinquenta, de uma perspectiva que Lund e Duchan (1993) designam de "normativa", perspectiva esta que, então, desafiava a abordagem médico-etiológica à qual o autor se refere, enquanto visão "patológica" da avaliação e intervenção.

Três grandes áreas do desenvolvimento da linguagem constituíram objecto central na investigação deste período: o crescimento vocabular, a longitude das frases e a correcção da articulação (Ingram, 1992). Incluíram-se, nesta última, trabalhos como os de Templin (1957) que ainda hoje constituem referência para a avaliação fonético-fonológica feita por muitos clínicos. Partilhando os objectivos de muitos dos investigadores desta época, Templin propôs-se estabelecer normas etárias de aquisição dos vários fonemas da língua Inglesa, recorrendo, para tal, a uma amostra de 480 crianças, organizadas de acordo com as suas idades.

Muitas e fortes transformações sucederiam a esta atitude metodológica. Ingram (1992), por exemplo, considera sucessor desta era de investigação o período de abordagem longitudinal (a partir de finais da década de sessenta).

Lamprecht (1993) assinala como vantagem inerente aos estudos longitudinais a possibilidade de *"...mostrar com clareza as variações de comportamento e as possíveis regressões na aquisição da Fonologia"* (p. 100). Defende, por oposição, que *"Pesquisas transversais não conseguem evidenciar o facto de que o desenvolvimento fonológico muitas vezes não é perfeitamente linear"* (idem).

No âmbito específico do desenvolvimento fonético-fonológico, a grande ruptura registar-se-ia, contudo, a um outro nível. Concretamente, surgiria uma teia de relações interdisciplinares em torno da fonologia infantil, teia na qual a linguística assumiu um papel capital.

Foi no final da década de 60 que a consideração do desenvolvimento fonológico à luz de uma perspectiva linguística começou a tomar curso.

As preocupações ultrapassaram, então, o enfoque descritivo do período anterior e as análises fonológicas vieram servir a procura de uma compreensibilidade dos padrões observados, de acordo com grelhas linguísticas de análise. Ao lado de uma postura metodológica de cariz naturalista – com recurso a pequenos grupos e a uma recolha de dados semi-estruturada – cresceu, mais recentemente, uma prática experimental de investigação que veio suplementar a metodologia naturalista, permitindo o controle de variáveis específicas (Menn e Stoel-Gammon, 1995).

As repercussões desta transformação no plano da avaliação clínica sentiram-se, de forma particularmente vincada, ao nível da análise e interpretação das amostras colhidas. Toda a revolução teórico-conceptual trazida pelo enfoque linguístico concentrou-se, num primeiro momento, na formação de duas abordagens do desvio e da reeducação fonético-fonológica. Surgiu, assim, por um lado, uma leitura baseada na noção de traços distintivos, que se fez acompanhar, com poucos anos de intervalo, pelo enfoque dos processos fonológicos. No final da década de 80, uma mutação paradigmática ainda interna à linguística viria, num segundo momento, demonstrar a saliência deste domínio no âmbito da investigação e praxis clínica da fonologia infantil desviante. Referimo-nos ao grande corpo teórico da fonologia não linear que, a partir da tradição generativa clássica de Chomsky e Halle (1968), se ramificaria numa série de formalizações e conceptualizações que, de forma cada vez mais proeminente, afectam a avaliação do desenvolvimento fonético-fonológico.

Revemos, em seguida, e de forma mais detalhada, os traços de cada um dos sistemas de avaliação associados às configurações disciplinares atrás descritas, pondo-os em confronto sumário com a concepção de intervenção com eles articulada. Em relação ao período de descrição normativa inicialmente referido, consideraremos o momento que alguns autores designam de "avaliação tradicional" (Yavas, 1988), ou "Avaliação fonema-a-fonema" (Bernhardt e Stoel-Gammon, 1994). Seguir-se-á uma alusão aos sistemas baseados nos traços distintivos e nos processos fonológicos. Terminamos este capítulo com algumas referências ao impacto da fonologia não linear.

2.2. *Desvios fonéticos e desvios fonológicos*

A ruptura operada pela linguística, e incidente na avaliação clínica da fonologia, tocou sobretudo a distinção entre desvios fonéticos e deficiências fonológicas. São, de facto, diversos os autores que enfatizam a especificidade de um nível de organização linguística por unidades contrastivas (nível fonológico), por oposição a um nível de realização articulatória (fonético) (Bosch, 1984; Yavas, Hernandorena e Lamprecht, 1991; Hernandorena, 1993; Lamprecht, 1993). Abordagens concorrentes (Culbertson e Tanner, 2001) aludem a uma dicotomia próxima, confrontando a designada "abordagem tradicional" com a "fonológica". A abordagem fonológica marcar-se-ia pela ênfase em regras linguísticas governantes da formação de sílabas e serviria melhor a intervenção em crianças com défices acentuados. A abordagem tradicional é indicada para as crianças cuja fala difere da fala-padrão apenas em alguns fonemas, ou para as que necessitam apenas estimulação orosensoriomotora.

A tomada em conta da distinção entre desvio/intervenção fonética vs. fonológica vem permitir a delimitação de um grupo de crianças designáveis como "portadoras de um desvio linguístico do tipo fonológico" (Lamprecht e Hernandorena, 1988, p. 59), caracterizando-se estas por uma inadequação no seu sistema fonológico sem que, contudo, se possa afirmar que sejam incapazes de utilizar os sons de forma sistemática. Tal como afirma Ingram (1976), as fonologias destas crianças constituem um sistema, ainda que este tenha características diferentes de um sistema fonológico considerado como normal.

Acosta (2000) refere, a este propósito, a consciencialização da comunidade científica para o designado fenómeno "puzzle" (décadas de 1980-90). Este fenómeno caracteriza as situações em que há "...produção correcta de um som em determinados contextos nos quais este não deve aparecer e, ao contrário, a produção incorrecta quando se requer em contextos obrigatórios." (p. 98). Encontrar-se-iam aqui os problemas fonológicos, conceito baseado na ideia de incorrecta estruturação do sistema de contrastes de uma língua e em oposição face aos (motoricamente motivados) problemas fonéticos. Aludindo à discussão terminológica daí decorrente, o autor defende o uso da designação"dificuldade fonológica" para caracterizar a nova constelação emergente.

Em suma, a procura de uma sistematicidade linguística no desvio foi uma conquista das teorias fonológicas. Nesse sentido, o percurso histórico formado pelos grandes sistemas de avaliação fonético-fonológica reflecte a preocupação crescente com esta concepção dual do desvio. Actualmente, a avaliação é, na verdade, cada vez mais sensível à definição de padrões desviantes estritamente vinculados a aspectos linguísticos (desvios fonológicos) sem que haja com isto uma necessidade simultânea de especificação da causa desse desvio. A este propósito, Sanclemente (1995) sublinha a tendência histórica – no âmbito da avaliação da linguagem – para o deslocamento desde a obtenção "...de uma medida ou uma classificação patológica", no sentido dos modelos "...actuais, nos quais o objectivo é proporcionar ao clínico toda uma série de métodos, técnicas e instrumentos que lhe permitam caracterizar essa linguagem, determinar se existem necessidades educativas específicas e proporcionar o máximo de orientações possíveis para a intervenção educativa" (p. 76). Correlativamente, o diagnóstico de desvios fonéticos é cada vez mais claro, associando-se – este sim – à procura de uma causa identificável tanto a nível orgânico como psicomotor.

O sistema de avaliação som a som parece desvalorizar a ideia de sistema fonológico, colocando num segundo plano a função contrastiva entre os distintos segmentos sonoros. Esta concepção integrou a designação de "dislalia" na terminologia clínica. A dislaia é um termo tão amplo, que no Grego significava disfunção ou dificuldade para falar. É o momento em que esta se desdobra em classificações de acordo com o fonema afectado. É assim que encontramos os rotacismos (dificuldades para pronunciar o /r/), deltacismos (dificuldades para o /d/), lambdacismos (dificuldades para o /l/), etc. Vejamos, pois, quais as características fundamentais deste primeiro momento.

2.2.1. Avaliação tradicional

As primeiras avaliações da Fonologia assumiram por objectivo a identificação das não correspondências entre o som da criança e o som alvo, tendo sido feitas de acordo com listas de erro nas quais se incluíam substituições, omissões, distorções e adições (Bernhardt e Stoel-Gammon, 1994; Yavas, 1988). Lund e Duchan (1993) designam esta abordagem de "testagem articulatória" (*articulatory testing*), uma vez que ela assentava no recurso a testes articulatórios que, na sua forma típica, levavam a criança, no âmbito de uma tarefa de nomeação de gravuras, a dizer um som no princípio, meio e fim da palavra.

O processo assentava num pressuposto de independência dos fonemas entre si, encontrando-se ausente qualquer tentativa de agrupamento em padrões gerais. Existiriam, assim, para cada classe de erro (omissão, substituição, adição ou distorção), tantas subclasses quantos os fonemas presentes na língua em causa.

Na medida em que o conceito subjacente se socorria dos traços metodológicos então característicos da investigação (a abordagem transversal de grandes amostras), a intervenção era planeada de acordo com dados normativos relativos à idade de aquisição de cada fonema. Resultava daqui a determinação da gravidade do desvio segundo uma lógica quantitativa exclusivamente assente no número de erros registados (Yavas, 1988).

Uma série de objecções veio rodear esta abordagem centrada no fonema. Referindo-se à globalidade das práticas associadas ao conceito de teste articulatório, Lund e Duchan (1993) destacam alguns dos défices que se tornaram mais salientes na clínica: (1) as más articulações na fala corrente não são reveladas no teste (já que ele é, tipicamente, de nomeação); (2) a descrição de uma produção enquanto distorção não capta o facto de ela constituir uma forma específica de substituição, segundo a qual uma variante alofónica padrão toma o lugar de uma não-padrão; (3) tende a lidar com transcrições largas, e não assume erros intra-fonema; (4) em virtude da visão dos fonemas enquanto unidades independentes, não se salientam padrões de consistência em erros de substituição; (5) existem problemas de correspondência (especialmente nos casos em que o número de segmentos na palavra da criança é inferior aos do alvo) quando se tenta discriminar entre sons omitidos, substituídos ou distorcidos; (6) as crianças "inconsistentes" não se revelam numa só amostra, ocultando a variabilidade das suas produções para o mesmo fonema-alvo.

Subsequente a este momento e associado à conceptualização diferencial de desvios fonéticos e fonológicos, a influência da linguística (2.2.2) surge para formar o designado "enfoque fonológico" (Acosta, 2000). Segundo o autor, distinguem-se, no interior do enfoque fonológico, as orientações dos traços distintivos e a dos processos fonológicos.

2.2.2. A influência da linguística

A influência da linguística desencadeou, como já vimos, uma nova perspectiva sobre as produções da criança. Relativamente ao modelo desenvolvimental subjacente, o aspecto fundamental desta viragem residiu na noção de produção sistemática e governada por regras, por oposição a uma concepção de desvio som a som que, de algum modo, se descomprometia em relação à um modelo produtivo capaz de descrever a especificidade da fonologia infantil. Yavas (1988) ilustra esta questão, afirmando que *"Uma omissão não implica necessariamente que o fonema esteja totalmente ausente do sistema da criança"* (pp. 3-4), sendo antes fundamental atender a toda a diversidade de dependências contextuais inerentes à sua produção no âmbito da palavra.

A concepção em causa veio também mostrar-se conflituante com a própria compreensão da noção de fonema. Com efeito, a valorização do fonema enquanto unidade independente deixava, por um lado, aberta a inferência de um conceito de fala enquanto série de movimentos articulatórios isolados, facto por si incompatível com o (já remoto) reconhecimento do fonema enquanto entidade relacional, *"unidade mínima capaz de provocar diferenças de significado"* (Trask, 1996, p. 264). Se, por um lado, a noção de independência entre os fonemas era criticável, juntava-se a esta propriedade uma outra cujo questionamento seria integrado na crítica ao sistema de avaliação som a som. A ideia da *indivisibilidade* do fonema viria a constituir o grande motor conceptual para a construção de um novo sistema de análise e interpretação de dados de avaliação. A promoção desta viragem partiria da teoria dos traços distintivos.

A abordagem segundo traços distintivos

Na sua forma tradicional (e tal como foi apresentado nos princípios do Alfabético Fonético universal (1888), o conceito de "traço" associou-se às categorias de ponto, modo e sonoridade. No âmbito da fonologia clínica foram, contudo, os trabalhos de Jakobson et al. (1952) e Chomsky e Halle (1968) os que forneceram os mais significativos contributos para o abandono da concepção de fonema enquanto unidade indivisível. Em contraponto, este veio a ser considerado um agregado de traços distintivos de natureza subsegmental, i.e., inferior ao fonema (Bernhardt e Stoel-Gammon, 1994). Embora de equiparável importância, a introdução de ambos os sistemas de traços na investigação e na clínica redundou na adopção definitiva do segundo, uma vez que a natureza articulatória dos seus traços respondia – por oposição ao carácter acústico dos traços de Jakobson – de forma evidentemente mais directa às exigências da intervenção (Yavas, 1985). De acordo com o modelo de traços de Chomsky e Halle, os traços (variáveis articulatórias controladas independentemente) têm uma função fonética e uma função fonológica. Obedecendo à primeira, eles são escalas que se associam aos aspectos controláveis de modo independente em relação ao acto da fala, variando segundo uma diversidade de valores não relacionados com a criação de contrastes (por exemplo, o traço [sonoro] é uma escala que admite muitos valores entre os extremos). Fonologicamente, eles definem relações de contrastes contidas no sistema fonológico, função à luz da qual eles têm valor binário.

No quadro teórico do desenvolvimento fonológico, o pressuposto introduzido pelos traços distintivos foi o de que a aquisição de fonemas se faz em função da aquisição de contrastes entre traços distintivos, admitindo-se que estes últimos seriam pré-requisitos uns dos outros.

A noção de desvio estruturar-se-ia, por consequência, na pressuposição de um *"problema no emprego do traço distintivo"* (Singh, 1976, in Lamprecht e Hernandorena, 1988, p. 68), sendo este apreciável a partir do confronto entre a pronúncia desviada e a pronúncia alvo realizada por um falante normal. Neste contexto dir-se-á que o traço distintivo *"constitui unidade linguística pertinente para servir de base à descrição e análise que deverá determinar diagnósticos e linhas terapêuticas, pois retrata o sistema com desvios, com as suas regularidades e o seu funcionamento: o traço distintivo serve de base a uma análise fonológica que reflecte a organização das unidades de som com referência á sua função essencial – transmitir mensagens da língua, viabilizando a sua adequação comunicativa"* (ibidem, p. 69).

Um trabalho recente nesta área sugere que a base do desvio corresponderá a um problema de emprego no traço distintivo. Numa investigação conduzida junto de crianças falantes do português Brasileiro, Hernandorena (1993) levanta a hipótese de que o desvio fonológico implica um problema na *co-ocorrência de traços distintivos*. Sob este prisma, poder-se-á, segundo a autora, considerar que a criança pode ser capaz de empregar com total adequação um traço para estabelecer o contraste entre fonemas e não empregá-lo para contrastar outro par. No mesmo domínio, os resultados obtidos por Cheung (2001) para o Cantonês procuram a definição de hierarquias de dificuldade na aquisição de contrastes. Gierut, Zimmerman e Neumman (1994) analisam as distinções de traços em inventários fonémicos de crianças com atrasos.

A revisão da natureza do desvio, tal como é proposta por Hernandorena (1993), poderia, à partida, parecer ameaçar uma das mais sublinhadas vantagens da perspectiva dos traços distintivos na fonologia clínica – a sua capacidade de fomentar a generalização. Com efeito, a adopção do traço distintivo enquanto objecto central da intervenção, começou por se sustentar na expectativa de que estes *"favorecessem a generalização* (uma vez adquirido o traço, os fonemas que o contivessem seriam correctamente produzidos)" (Bernhardt e Stoel-Gammon, 1994, p. 124). Contudo, para Hernandorena e Lamprecht (1988), a citada hipótese da co-ocorrência de traços em nada vem lesar esta vantagem, já que *"a generalização pode ocorrer em conjuntos semelhantes de traços"* (p. 76). Outra das vantagens desta abordagem residiria na facilitação da identificação de padrões de erros com base no conceito de "classe natural"[1] (Lamprecht e Hernandorena, 1988; Yavas, 1985). Salienta-se ainda a capacidade que os traços distintivos possuem de fornecer informação – tanto referente ao nível fonológico como fonético, *"devido a esses dois níveis integrarem os próprios traços"* (Lamprecht e Hernandorena, 1988, p. 75). Em suma, o estatuto dos traços distintivos no plano da descrição da fonologia desviante tornar-se-ia tanto mais eminente quanto este explica a mudança fonológica, já que *"se uma criança realiza certas substituições, é porque está a considerar uma classe de sons e lhe atribui um tratamento determinado com base nos traços que compõem os segmentos."* (Hernandorena, 1993, p. 8)

No que diz respeito aos problemas inerentes a esta perspectiva, Lund e Duchan (1993) apontam o facto de ela (1) não permitir a detecção de erros intra-fonema; (2) não tratar distorções; (3) não resolver problemas de correspondência som erro-som alvo e (4) não revelar consistências não relacionadas com os traços.

No período de crescimento desta abordagem tornou-se assinalável, por outro lado, a crescente proliferação de sistemas de traços distintivos, a qual acabou por tornar difusos os esforços de estandardização das técnicas de análise propostas. No plano da implementação das avaliações, criticou-se também o facto de não ser feito recurso de recolhas de linguagem espontânea (Bernhardt e Stoel-Gammon, 1994), tendo ainda sido integradas no âmbito das críticas metodológicas aspectos como a escassez de abordagens comparativas e a falta de comprovação da generalização dos traços distintivos na fala espontânea dos pacientes (Lamprecht e Hernandorena, 1988). Ao mesmo tempo, a tendência, por parte deste tipo de análise, para a centração nas substituições opunha-se ao facto de ser *"cada vez mais notada, na altura, a necessidade de ir para além do*

---

[1] Uma classe natural define-se pelo facto de o número de traços distintivos capaz de caracterizá-la ser menor que o número de traços necessários para a identificação de qualquer dos segmentos que o integram. O agrupamento dos sons em classes naturais seria, assim, uma das funções principais do traço distintivo (Hernandorena, 1993).

segmento e de analisar erros de estrutura silábica e de assimilação" (Bernhardt e Stoel-Gammon, 1994, p. 124). Respostas a este e aos demais apelos viriam a ser dadas pela abordagem segundo processos fonológicos.

Análise de processos fonológicos: do modelo à técnica

Esta visão teve origem na obra de Stampe (1969) e recebeu uma reformulação basilar com os trabalhos de Ingram (1976, 1979). Foram, contudo, numerosos os investigadores da fonologia infantil que participaram neste desenvolvimento, podendo salientar-se Weiner (1979), Schriberg e Kwiatowski (1980), e Hodson (1980).

Um dos pontos de partida desta abordagem situou-se, tal como a perspectiva dos traços distintivos, na procura de uma sistematicidade inerente às produções fonológicas da criança. Esta organização interna tornar-se-ia visível, segundo os seus defensores, no confronto entre o sistema fonológico da criança e o do adulto, constituindo os processos fonológicos o vínculo responsável pela sucessiva reelaboração deste agregado de regras próprias (processos fonológicos), cujo funcionamento seria indissociável da particular apropriação que a criança faz da língua-alvo.

Enquanto que a formulação de Stampe se fez a um nível altamente abstracto e se iniciou com os universais fonológicos de todas as línguas do mundo, Ingram (1976) usou esta ideia de processo fonológico de uma forma mais descritiva, tendo por objectivo a caracterização dos padrões de erro na aquisição fonológica (Lund e Duchan, 1993).

A par da evidente valorização da natureza sistemática dos padrões das crianças, o aspecto central da avaliação na óptica dos processos fonológicos residia num enfoque de aquisição enquanto supressão de processos. Recobertos de uma realidade psicológica (Yavas, 1985), os processos fonológicos permitem, segundo esta grelha, uma resposta à questão da normalidade desenvolvimental dos padrões da criança.

Assim – e na medida em que eram passíveis de serem integrados numa cronologia – estes processos sinalizariam o desvio na medida da sua perseverança. Ainda que admitida a variabilidade, o facto de a criança exibir, nas suas produções, um processo característico de um momento desenvolvimental precoce poderá constituir um critério fundamental para o diagnóstico. A ele acrescer-se-ia o da presença de processos idiossincráticos ou incomuns, sendo ainda merecedor de atenção, o eventual desencontro/desarmonia cronológica de processos (coexistência de processos caracteristicamente precoces, com processos posteriores) (Yavas, 1985; Grunwell, 1992). Sobre esta base, os alvos da intervenção passariam pela redução dos processos perseverantes ou idiossincráticos. Carballo, Marrero e Mendonza (2000) reforçam este contributo clínico-diagnóstico da análise de processos de simplificação, assinalando a necessidade de detectar processos perseverantes (atraso) e processos infrequentes (alterações fonológicas). Sublinham, no entanto, a variabilidade que pode ocorrer não só inter-individualmente, mas também em virtude de características dialectais da língua. Para distinguir a natureza deste último grupo de processos (de fonte dialectal) assinalam que estes *"...não podem considerar-se simplificações do modelo adulto porque também aparecem neste."* (p. 89). Acrescentam que *"De um ponto de vista linguístico, [os processos] são o resultado da tensão de tendências contrapostas no interior do sistema, evidências da vitalidade de uma língua, que evolui como um organismo vivo."* (idem).

Vemos, assim, como a tendência no interior deste paradigma se deslocou de um intuito de conceptualização/modelação do desenvolvimento, para ir no sentido de uma abordagem descritiva, instrumental relativamente à avaliação. Uma vez definido este novo território, um dos problemas emergentes diz respeito às categorias de processos a considerar no momento da avaliação. Dada a pertinência desta questão para a presente investigação, revemos em seguida algumas propostas.

Lamprecht e Hernandorena (1988) apontam como vantagens inerentes à perspectiva da análise de processos (a) a obtenção de uma descrição dos padrões de fala da criança que põe em relevo a sua simplicidade em relação à do adulto; (b) a facilidade de comparação entre os processos da fonologia com desvios e os processos (desenvolvimentais) da fonologia considerada como normal; (c) a possibilidade de apreciação do peso das omissões no quadro das alterações presentes no sistema da criança, e (d) a possibilidade de classificação do sistema da criança em estádios de desenvolvimento e graus de severidade do desvio, conforme o tipo de processos preponderantes.

Embora colida com a *"dificuldade de ser estabelecida uma hierarquia de pesos relativos dos processos"* (ibidem, p. 65), este critério de severidade torna-se viável a partir da sua associação à ininteligibilidade das produções. Poder-se-á, assim, segundo as autoras, afirmar que a presença de processos paradigmáticos (de substituição) constitui uma circunstância menos danosa à inteligibilidade das produções que uma combinação de processos paradigmáticos e sintagmáticos (de harmonia e estrutura silábica).

Tal como na abordagem anterior (de traços distintivos), um dos problemas que se manteve irresolvido foi o da multiplicação das listas de processos envolvidos na avaliação (Grunwell, 1992). Por outro lado, o facto de haver aqui uma orientação essencialmente negativa (no sentido em que se valorizavam padrões de erro), tornava necessária uma série de recolhas suplementares, nomeadamente as relativas a inventários fonémicos, fonéticos e de sílaba (Bernhardt e Stoel-Gammon, 1994).

Tendo em conta o facto de, no caso da fonologia com desvios, esta se constituir à luz de uma descrição indirecta (um padrão adulto comparado com o de uma criança normal, por sua vez comparado ao de uma criança com desvios), Grunwell (1981, 1982, 1985, cf. Lamprecht e Hernandorena, 1988) sublinha esta necessidade de análise do sistema *"em relação à sua própria estrutura interna"* (p. 65). Para tal, propôs a utilidade de completar a análise por processos com uma análise de traços contrastivos. Também Weiner (1979) sugere esta articulação, incluindo, nos próprios programas de intervenção, exercícios incidentes sobre contrastes de traços.

Quanto às tentativas de explicação das produções desviadas, são de assinalar os problemas de concorrência entre processos na explicação de um mesmo produto, bem como a dificuldade de reconstrução ordenada da diversidade dos processos eventualmente implícitos na produção da criança (Yavas, 1988).

Num plano menos vinculado a exigências de ordem prática, o pressuposto da existência de uma "progressão negativa" – a ideia de que a criança tem que eliminar processos para se desenvolver – parecia, finalmente, reiterar a (já rebatida) tese da Gramática Generativa. Segundo esta tese, a criança seria obrigada a *"ter regras próprias para apagar os marcadores adultos e depois desapagá-los"* (Bernhardt e Stoel Gammon, 1994, p. 225).

A contestação deste conceito de "progressão negativa" tornar-se-ia num dos muitos pilares de uma das viragens mais recentes na aplicação do corpo da teoria fonológica ao desenvolvimento linguístico. Ainda em plena expansão, este denominável "quarto momento" na história dos sistemas de avaliação fonológica conta, hoje, com uma diversidade de contributos teórico-práticos de difícil síntese: falamos da fonologia não linear. Tendo em consideração este facto, limitamo-nos, no ponto seguinte, à apresentação sumária de alguns dos postulados fundamentais do grande edifício não linear passando, em seguida, à especificação do papel da sílaba na aquisição fonológica.

2.2.3. Fonologia não linear: hierarquia e marcação

O termo fonologia não linear tem vindo a ser empregue para recobrir várias teorias fonológicas como a "autossegmental", "métrica", "lexical" ou "prosódica". Salvaguardadas as suas fronteiras, todas estas teorias partilham uma origem histórica e um núcleo de pressupostos. A origem histórica diz respeito ao modelo clássico da fonologia generativa de Chomsky e Halle (1968). Relativamente aos aspectos comuns, Bernhardt e Stoel-Gammon (1994) referem a sua preocupação com as *"relações hierárquicas entre unidades fonológicas"* (palavras, sílabas, segmentos e traços) (p.223).

Do ponto de vista da inspiração teórica, é uma tendência universalista que guia as aplicações das teorias em causa ao desenvolvimento. Neste contexto, a noção de marcação emerge como conceito recuperado da fonologia generativa. Dado o carácter basilar destes dois conceitos para a conceptualização do desenvolvimento e da avaliação fonológica, abordamo-los em seguida.

Hierarquia: o desenvolvimento de fiadas

Ao contrário do que acontece nas concepções lineares, em muitos destes modelos a representação fonológica consiste em diversos "fiadas" (tiers) (sequências lineares de elementos lineares e paralelos com diversas ligações entre eles), pelo que tem vindo a ser sugerida a designação de modelos "multilineares" (Trask, 1996). Os níveis de representação hierarquicamente organizados, considerados na generalidade dos modelos não lineares, compreendem as fiadas do pé (conjunto de sílabas forte//fraca), do ataque-rima (constituintes da sílaba), esqueletal (fiada CV, mediadora entre a fiada ataque-rima e segmental) e fiada do segmento.

Uma das consequências fundamentais da consideração destes diversos níveis de representação foi o enfoque no desenvolvimento prosódico nas crianças, tendo este vindo a ser abordado à luz de uma grelha de organização hierárquica de níveis de representação, grelha na qual toma um lugar claro a relação entre aspectos segmentais e suprassegmentais (Stoel-Gammon, 1992).

Bernhardt e Stoel-Gammon (1994) sistematizam os problemas decorrentes desta noção de "desenvolvimento de fiadas", salientando que (1) o processo desenvolvimental ocorre aos vários níveis de representação; (2) ao nível da sílaba, o formato não marcado (CV) prevalece até que outros formatos estabilizem; (3) os aspectos dominantes do sistema podem ter precedência desenvolvimental, entre e dentro de níveis.

Este último pressuposto conduz a que a realização segmental dependa de estruturas de palavra e sílaba, bem como de constrangimentos de ordem dentro da palavra ou sílaba. Deparamo-nos, assim, com um novo programa de investigação e de intervenção/avaliação, o qual apela, em termos globais, à redefinição de unidades de análise, possibilitando quer (a) o conhecimento da realidade desenvolvimental no âmbito de uma fiada quer (b) o estabelecimento de relações implicacionais/ de dependência entre fiadas.

As repercussões deste programa na investigação mais recente são notórias, confirmando a previsão de Lamprecht (1993). Então a autora referia que *"...a maioria das pesquisas sobre o desenvolvimento fonológico (...) fundamenta-se na Fonologia Natural"* (p.99). Analisando catorze "importantes publicações" feitas no período de 1983 a 1993, conclui remeterem nove para o racional teórico de Stampe, dois para a perspectiva dos traços distintivos, dois para a fonologia generativa e um para a fonologia auto-segmental. A autora assinala, relativamente ao último modelo, a previsão de que *"...este virá a crescer muito em importância na próxima década."*.

Marcação

Outra das noções fundamentais incorporadas pela fonologia linear foi a de marcação, que se desenvolveu em estreita relação com os conceitos da gramática universal. Neste território (não-linear) de recuperação do termo (já presente no Círculo de Praga e no Generativismo), haverá uma opção marcada e outra não marcada para cada um dos aspectos gramaticais (traços distintivos inclusive). A opção não marcada faz parte da gramática universal e, por tal, não tem de ser "aprendida" (são exemplos o formato CV para a sílaba, ou as coronais para as consoantes).

A opção marcada é a mais invulgar e requer "evidência positiva" (demonstração de existência) do input exterior (Bernhardt e Stoel-Gammon, 1994).

As autoras descrevem o vínculo da noção de marcação à fonologia não linear, referindo que "...*na perspectiva universalista, a implicação das teorias não lineares é a de que a criança chega à tarefa de aprendizagem da linguagem munida de uma grelha representacional e de princípios de associação de fiadas*" (p. 131). A exposição ao input determinará, primeiro, a confirmação da universalidade das representações, seguida da aprendizagem dos aspectos não marcados da linguagem. A este nível, postula-se que a criança detém um "filtro passivo" que recusa a informação divergente das representações iniciais (universais/não marcadas). Para que a aprendizagem ocorra, exige-se então a maturação do sistema produtivo e perceptivo, bem como a contínua exposição ao filtro.

Em termos muito genéricos, a visão em causa remete para a necessidade de um tempo próprio e de uma estimulação permanente, de modo a que o sistema da criança vá incluindo de forma progressiva o que de específico existe numa língua.

A investigação de Freitas

Uma síntese dos dois vectores referidos (a relação hierárquica entre unidades suprasegmentais e segmentais e o conceito de marcação) é encontrada nos trabalhos que põem em relevo o papel da sílaba na aquisição da fonologia.

Concretizando uma ruptura relativamente às linhas de investigação que fundamentaram os grandes sistemas atrás descritos (fonema a fonema, traços distintivos, processos fonológicos), investigações como as de Freitas (1997) lançam alicerces para a integração dos dados recentes da fonologia teórica (não linear) no estudo do desenvolvimento fonológico. Tendo em conta os contributos desta linha de trabalho para a presente investigação, fazemos dela, em seguida, um breve resumo preliminar.

A presença do vector não linear (a objectivação de uma unidade não segmental) concretizou-se, na investigação em questão, no recurso à teoria da sílaba ataque-rima, segundo a qual a sílaba é uma unidade prosódica hierarquicamente organizada em constituintes internos maximamente binários – ataque, rima e núcleo, todos eles sujeitos aos valores paramétricos de oposição ramificado/não ramificado (Selkirk, 1984).

Relativamente ao quadro integrativo da noção de marcação, o programa de investigação seguido pela autora fez apelo à reformulação do paradigma da gramática generativa de Chomsky e Halle (1968), pressupondo-se, primeiro, a existência de uma gramática com princípios comuns a todas as línguas, e, segundo, a existência de parâmetros cujos valores são actualizados para cada língua em particular (Chomsky, 1981).

A aquisição é, portanto, vista como processo de estabelecimento do valor de um parâmetro adequado á língua em questão, processo este hierarquicamente organizado no tempo. No caso concreto da aquisição da estrutura silábica, a oportunidade de uma análise do percurso de estabelecimento do valor de parâmetros relativos à sílaba decorre, segundo Freitas (1997) do facto de esta (1) ser a primeira unidade disponível para avaliar a produção; (2) demonstrar os primeiros procedimentos linguísticos da criança; (3) definir uma base de aquisição linguística e não etária; (4) estruturar o conhecimento linguístico.

Estreitamente associada a este quadro, surge a valorização da noção de "evidência positiva", definindo-se, com ela, alguma oposição à "progressão negativa" implicada num quadro como o dos processos fonológicos. Entende-se, nesta perspectiva, que o conhecimento da fonologia de uma língua se estrutura com base em provas de existência (e não com base na constatação da ausência de uma determinada estrutura, o que constituiria um exemplo de evidência negativa). Deste modo, dir-se-á que é pelo confronto com o input linguístico de um determinado sistema que a criança estabelecerá o valor para cada um dos parâmetros relativos à unidade em causa, partindo sempre de um formato não marcado consonante com as formas de armazenamento na gramática universal.

A validação junto de crianças portuguesas de uma sequência de estadios de desenvolvimento silábico, partindo-se de dados para uma população holandesa (Fikkert, 1994) permitiu, ao mesmo tempo, que a autora reforçasse alguns aspectos relativos à natureza da aquisição que promovem de forma sólida a reformulação dos sistemas de avaliação disponíveis. Em fórmula de síntese, esses aspectos referem-se às seguintes conclusões: (1) na fixação dos valores dos parâmetros relativos à sílaba, os constituintes não ramificados precedem os ramificados (2) a emergência dos sons (conteúdos segmentais) depende da disponibilização dos conteúdos silábicos.

2.3. *A PAFFS como leitura não-linear da fonologia do PE*

A última viragem descrita, no âmbito dos sistemas de avaliação – propulsionada pelos dados da fonologia não linear – é, como vimos, tendente para um alargamento vertical dos objectos a recolher e a considerar. Ultrapassando os limites do fonema (avaliação tradicional), os limites do traço distintivo (avaliação de traços distintivos), os limites de um conjunto pré-definido de processos fonológicos – parcialmente centrados no fonema, parcialmente na sílaba, parcialmente nas relações entre sílabas – o que a fonologia não linear vem propor é uma consideração explicita de que (a) há vários níveis a conhecer na fonologia e de que (b) na relação entre eles pode estar a chave explicativa para as grandes questões a conhecer. Surgem assim, como vimos, mais unidades que possibilitem quer o reconhecimento isolado de dimensões de representação acima do fonema (como o acento, a sílaba ou os constituintes silábicos), quer, sobretudo, relações entre níveis (nomeadamente entre o nível segmental e silábico).

De um ponto de vista prático, a PAFFS, vem introduzir a multiplicidade dos alvos fonológicos a avaliar – não apenas o fonema, mas também o formato silábico enquanto entidade abstracta. Ao nível da avaliação de processos de simplificação, a PAFFS propõe uma grelha de identificação de processos que considere a medida em que este está vinculado a um dado constituinte estrutural da sílaba. Não falamos assim de omissões de fonemas, mas de omissões de ataques simples, ramificações de ataque ou codas.

Para o conhecimento aprofundado desta proposta, o leitor deverá consultar a obra de Lima (2008).

Capítulo VI
Intervenção na Fonologia

1. A problemática

Iniciar este tema – reeducação – suscita a activação de um conglomerado de dados que remetem para as relações da reeducação da linguagem com um variado número de ciências. Áreas tão próximas como a neurologia, psicologia ou linguística são, de facto, fundamentais para a compreensão das problemáticas em causa, mas também é verdade que uma teoria da reeducação da linguagem não é redutível a elas. Por um lado, essas áreas conduzem-nos, frequentemente, para aspectos de carácter etiopatogénico, isto é, aspectos que pretendem explicar a causa, não se centrando nas possibilidades de ultrapassagem do problema. Ao mesmo tempo, alguns destes enfoques oferecem pautas ou valores normativos de desenvolvimento, que, sendo essenciais, falham por serem baseados em estudos que não reflectem as particularidades da língua portuguesa.

Tendo em conta estas necessidades, pretende-se, por um lado, que o presente trabalho aborde as problemáticas fonético-fonológicas infantis, desde uma perspectiva que privilegia os estudos empíricos sobre as mesmas, partindo de amostras de falantes do Português Europeu. Por outro lado é nosso objectivo apresentar, nesta obra, propostas ou estratégias fundadas num princípio que não apenas contemple a perspectiva teórica – da abordagem linguística, mas também e sobretudo, que dela faça estandarte para a colocar ao serviço da prática, objectivando, assim, o necessário incremento de competências fonológicas, em crianças falantes do Português Europeu.

A implementação de estratégias que reforcem a aprendizagem de todas as dimensões e processos linguísticos para o Português – possibilitando, por consequência, a interacção comunicativa – não se tem apresentado como matéria de grande difusão nas publicações nacionais. Ao contrário, são relativamente abundantes as publicações que afloram estas temáticas, no Português do Brasil. As realizações fonéticas de mais tardia aquisição são específicas de cada língua. É apenas no seio de cada comunidade de falantes que é possível detectar o nível das dificuldades latentes durante o percurso linguístico da criança que inicia a longa caminhada de *performar* conteúdos verbalizáveis.

No reportório de consoantes do português europeu, os fonemas /l/, /r/ e fricativas /z/ e /ʒ/ constituem os últimos patamares de acesso ao domínio da fonologia (Lima, 2008). Os frequentes processos de omissão de fonema ou de substituição por um outro que surge como produção mais facilitada, constituem a estratégia de simplificação mais utilizada.

Neste devir, gradual, de aproximação aos modelos da língua, devem ser considerados, para além da dificuldade inerente à produção dos fonemas, em si, outros entraves ao domínio fonológico. O elevado número de sílabas da palavra, a frequência de uso da mesma, o tipo de sílaba na qual qualquer fonema-problema está inserido, a posição da sílaba na palavra, entre outros, constituem obstáculos que lentificam a aprendizagem da fonologia na criança.

Deste modo, a elaboração de planos de trabalho que contemplem a aprendizagem da língua através da aproximação aos seus modelos padrão, deve contemplar não apenas o conhecimento ou realização dos produtos linguísticos desviados ou desvirtuados pela criança. Carece, também, de uma excelente praxis linguística por parte daquele que pretende *ensinar a falar.* Apenas desse modo tal agente reeducativo pode constituir-se como modelo a imitar, acrescido de suficiente conhecimento dos processos psicológicos, neurocognitivos e motores adstritos ao acto de fala.

Todos quantos se confrontam, num quotidiano, com situações de crianças com evidente alteração de linguagem, certamente confirmarão a ideia de que a adequação de métodos para a ultrapassagem do défice produtivo que estiver em causa, reside na combinatória de múltiplas estratégias. A valorização dos domínios conceptuais, a fundamentação da praxis reeducativa numa experiência largamente vivenciada e bem sucedida, acrescida de uma grande flexibilidade para seleccionar e adaptar recursos a dimensões linguísticas lacunares, devem constituir os princípios directores de qualquer intervenção em linguagem infantil, qualquer que seja a faixa etária da criança. A especificidade de cada caso traduz tanto as suas possibilidades como os seus limites, não só de carácter fisiológico, mas também sócio-afectivo e, sobretudo, interactivo.

O forte incremento, a partir dos anos sessenta, das teorias linguísticas inseridas na perspectiva da fonologia natural (Stampe, Ingram), permitiu uma nova visão sobre a aprendizagem fonológica. Reformulando velhos paradigmas de cariz mais universalista, contribuíram para um visão da reabilitação mais adstrita aos modelos linguísticos particulares, percepcionando as formas "simplificadas" da produção fonológica inicial como fórmulas mediante as quais a própria criança se confronta com as dificuldades. Estas formas de confronto – que, na versão de Ingram, compreendem uma dimensão de preferências individuais – tentam fazer frente a um sistema que, impondo à criança um conjunto de modelos, torna visíveis os constrangimentos inerentes ao seu devir neurobiológico e psicológico. As visões sobre reabilitação da linguagem infantil que partem de modelos ou fórmulas "universais" são usadas, de forma indiscriminada, em alguns contextos de reeducação da linguagem. Com pouca margem para a criatividade e para o fomento do estudo aprofundado – quer da expressão da alteração em si, quer dos critérios que subjazem a qualquer esboço de intervenção –, esta atitude deve ser repensada face a propostas individualizadas, porventura mais funcionais.

Os métodos ou abordagens reeducativas devem, a nosso ver, contemplar o conhecimento multidisciplinar ao qual se vincula a linguagem nos seus domínios compreensivo e expressivo. Neurologia, psicologia, sócio-linguística, pedagogia, entre outras, constituem as ciências que podem oferecer grandes contributos para a clarificação dos processos de sucesso/insucesso no domínio da linguagem.

A comunicação, na criança, nos seus subcontextos particulares é, pois, o resultado de toda esta dinâmica interfactorial. Conhecê-la, em cada situação particular que revela manifesto défice de linguagem, é uma imposição para qualquer profissional relacionado com a correcção da linguagem infantil.

1.1. *Objectivos, objectos e agentes da reeducação*

A reeducação da criança com desvios na linguagem oral visa, como meta última e primeira, uma maior aproximação aos modelos linguísticos instituídos. Entendemos aqui, neste espaço e em todos os que surja, nesta obra, a designação *desvio* como o quadro linguístico no qual as produções verbais orais se afastam do modelo formal, nas várias dimensões da língua: fonética, fonologia, morfologia e sintaxe. Por consequência, à luz deste conceito de desvio, podem-se enquadrar todas as possibilidades de ocorrência linguística que não se revelem acordes com o sistema linguístico da comunidade particular a que se refere a produção verbal, originando, por consequência, lacunas na intercomunicação.

Os designados atrasos de linguagem infantil, qualquer que seja a sua etiologia (lesão cerebral manifesta, disfunções em áreas instrumentais sem lesão cerebral evidenciada, défices cognitivos, défices de estimulação sócio-linguística, lacunas de carácter sócio-afectivo, ou outros), constituem a categoria que abrange a maior parte dos desvios à norma linguística. Em suma, entendemos, neste contexto, o *desvio*, como a ocorrência linguística de cariz fonológico que não corresponde ao "modelo" da sua língua particular, tornando difícil a perceptibilidade da fala, por parte de um vulgar ouvinte. Ao tratar-se de crianças, elas são referenciadas como "crianças que falam mal", que "articulam mal", que "tem problemas de linguagem", oferecendo dificuldades à compreensão dos seus enunciados, qualquer que seja a extensão dos mesmos.

Neste quadro, uma "criança que fala mal", enquanto criança portadora de atraso de linguagem, representa, em sentido amplo, uma criança que "aprendeu mal" a sua linguagem falada. Desta forma, a designação "reeducação" deverá ser aqui entendida, também, como uma acção *dirigida à educação de algo,* previamente *mal apreendido* ou *mal educado.* Esta "nova educação" parte sempre de um patamar pré-existente, naturalmente insuficiente ou desviado, qualitativa ou quantitativamente, e tem como referência a faixa etária do respectivo falante. Educar a *palavra* através da própria palavra, é o objectivo que deve presidir ao treino de competências fonético-fonológicas enquanto patamar básico da linguagem produtiva/expressiva. Este objectivo constitui o grande mote para este capítulo.

A preferência por esta designação – reeducação – grandemente usada em toda esta obra e particularmente neste capítulo, deve-se ao facto de remeter para uma abordagem que, apoiando-se na perspectiva da linguística clínica, pretende oferecer pautas sobre a presença/ausência dos padrões normativos da língua. A designação "terapia da fala" oferece-se como uma alternativa possível e com práticas de longa tradição, no campo da reeducação da linguagem.

A verdadeira função da habilitação linguística, entendida esta como o adestramento de competências que permitam a melhoria da actividade comunicativa, tornando-a mais facilitada e eficiente, é objectivo central de qualquer agente que se confronte com contextos particulares de problemáticas linguísticas. Se tivermos em conta que a intervenção replica o carácter progressivo e emergente do próprio processo de desenvolvimento, também neste âmbito, se pode agregar a psicologia da linguagem enquanto ciência que se dedica ao estudo e conhecimento de pautas comunicativas em geral e de pautas cognitivo-linguísticas em particular. Para além dos profissionais desta área, também todos os agentes educativos que contribuem para "enformar" os desempenhos linguísticos da criança, em seus momentos cruciais de desenvolvimento, tomam aqui lugar. Na verdade, todos estes agentes focalizam os seus pressupostos de intervenção sobre a "educação" da linguagem produtiva e dos pilares que a sustentam.

Em síntese, qualquer que seja a opção terminológica para referenciar um processo de aquisição linguística e o respectivo agente que a conduz, ela deve orientar-se pelo paradigma da funcionalidade, isto é, qualquer perspectiva pode ser válida sempre que a comunicação lacunar seja substituída por outra, mais eficaz na qualidade e quantidade dos sucessos obtidos, bem assim como no mais curto espaço de tempo dispendido para tal.

A acção dirigida para a educação, neste caso a educação para uma produção da linguagem modelar, normativa, coloca questões no âmbito da formulação de objectivos. Na tentativa de ir ao encontro dos mesmos, enumeramos algumas questões a eles vinculadas.

A – A questão do alvo: linguagem vs. indivíduo

Devemos actuar como e sobre o quê? É possível actuar sobre a linguagem? É útil e eficaz? Quando se ajuda a criança a falar qualitativa e quantitativamente melhor, ela sentir-se-á melhor consigo própria? Fazendo com que se sinta melhor consigo própria, estamos indirectamente a actuar sobre a linguagem?

A actuação deverá, a nosso ver, estar, primariamente, orientada por perspectivas teóricas que ofereçam um corpo explicativo para o défice em questão e não por atitudes meramente empíricas, ao acaso, que podem desorientar tanto o agente da intervenção como a própria criança.

Neste sentido, o objectivo sobre o qual se centrará a abordagem reeducativa jamais poderá ser parcelar, isto é, deve abranger todos os níveis da realização linguística, assim como ambos os processos que a validam: compreensão e expressão. Desta forma, sendo a linguagem uma forma de comportamento altamente socializante, quando a criança melhorar os seus saberes produtivo-comunicativos através de um uso linguístico passível de ser partilhado pelos seus congéneres, estaremos a ajudá-la a melhorar o seu bem-estar sócio-afectivo e, por inerência, toda a sua dinâmica interpessoal.

Exceptuando desvios graves na interacção comunicativa, a apetência para a expressão de conhecimentos e sentimentos estará na razão directa do impacto que as produções do falante despertam no ouvinte. Falar de uma forma não facilmente captável por interlocutores, sobretudo aqueles não familiarizados com "essa forma de falar", conduz, naturalmente, a inibições que em nada ajudam ao redimensionamento, quer produtivo em sentido estrito, quer comunicativo em sentido amplo.

É questão liberta de qualquer dúvida estarem a linguagem e o comportamento estreitamente unidos ao ajuste ou equilíbrio sócio-emocional e que este passa, necessariamente, por um bom domínio da linguagem, sobretudo da linguagem oral. Não é raro encontrarmos crianças que apresentam padrões de comportamento bem diferenciados, quando se compara um "antes" com um "durante" ou um "depois" de um nível de produção linguística adequado. Na verdade, constata-se, com alguma frequência, a associação de alterações de comportamento a problemas ou alterações de linguagem. À medida que a criança vai melhorando na sua produtividade oral, tornando-se o seu discurso gradualmente mais compreensível nos distintos contextos em que interage, o seu comportamento social melhora, substancialmente e em paralelo. Parece, pois, evidente, a interdependência entre problemas de linguagem/comunicação e problemas de comportamento ou interacção social.

Em suma, é possível melhorar a qualidade linguística quando esta se revela desviante; é útil e eficaz, porquanto intervir sobre esta, alterando padrões não normativos, contribui para o reforço da motivação social e melhora a qualidade de interacções. Paralelamente, o reforço de competências sociais intensifica o interesse quer pela explicitação de saberes, quer pela adequação formal dos elementos linguísticos utilizados.

B – A questão dos modelos

Se produzimos linguagem ou oferecemos modelos para que a criança o faça, de que linguagem se trata? Como o fazemos? A partir de que base? Qual a sua forma? Que critérios para a selecção de um programa de intervenção? Que garantia de êxito obtemos do mesmo?

Numa tentativa de responder à primeira e segunda questão – de que linguagem se trata e como o fazemos – remetemo-nos para os primórdios da aprendizagem de qualquer conteúdo. Qualquer aprendizagem requer, entre outros dados, motivação, atenção selectiva, registo da informação e adequado processamento, a fim de extrair os saberes que se relacionam com determinado conglomerado de conteúdos. É certo que, inicialmente, a criança imita, sobretudo, as formas da língua, associando-as a objectos particulares na tentativa de gradualmente integrar fonemas em sílabas, sílabas em palavras e estas em curtos enunciados. Partindo de uma atitude que privilegia a imitação e considera esta como o factor psicológico que exige atenção selectiva, discriminação, comparação, memória isto é, dados implícitos no processamento auditivo da informação verbal, consideramos que a imitação constitui um forte preditor para os desempenhos linguísticos iniciais da criança, particularmente no domínio da fonologia e da sintaxe. Será a partir de níveis básicos de estabilização de modelos produtivos, iniciados pela imitação, que a criança se adensa no gradual adestramento de produções que traduzem o seu particular sentir sobre as realidades que explicita.

A resposta à terceira, quarta e quinta pergunta – ensinamos a partir de que base, qual a sua forma e que critérios para a selecção de um programa de intervenção – estas passam pelo pressuposto de que a linguagem constitui o veículo de projecção de uma experiência vivida. Por consequência, podendo a linguagem ser manifesta através de símbolos orais, gestuais e mesmo escritos, a base a partir da qual se inicia a sua aprendizagem vs. re-aprendizagem, deverá contemplar, em primeiro lugar, o conhecimento aprofundado das possibilidades (orgânicas, conceptuais, interactivas, sócio--afectivas) e limites de tal falante.

O critério para a selecção do programa a levar a cabo deverá considerar, como condição primária, a melhoria tão imediata quão possível, da actividade interactiva da criança no seu contexto mais próximo. Os instrumentos de trabalho passíveis de concretizar o anterior pressuposto poderão ser diversificados, abarcando tanto o uso de um sistema alternativo de comunicação, língua gestual, como um sintetizador de voz enquanto tecnologia de apoio à comunicação. Neste conjunto de possibilidades podem-se incluir crianças com grandes défices na motricidade oral, crianças portadoras de surdez severa ou média, e ainda as clássicas dificuldades para o domínio da fonologia em crianças que revelam ligeiros atrasos de linguagem.

O "diálogo" corporal e verbal da criança com o meio envolvente, a partir do qual se constroem as percepções, base do pensamento e da acção, não deve ser menosprezado, pois dele emerge a competência e se fomenta a apetência comunicativa.

A testagem, avaliação ou configuração de um perfil linguístico deverá ser feita a partir de instrumentos de fácil manipulação por parte do utilizador e, simultaneamente, estimulantes para a própria criança. O objectivo é obter o maior número possível de dados verbais, tanto dirigidos como espontâneos e, em último caso, de carácter repetido.

Quando tal avaliação se centrar no domínio da fonologia, tema central desta obra, dela deverão constar todos os fonemas da língua e todas as possibilidades de ocorrência em diferentes tipos de sílabas. Para o português de Portugal, devem ser contempladas as sílabas do tipo CV (consoante-vogal), CCV (consoante-consoante-vogal), CVC (consoante-vogal-consoante), VC (vogal-consoante), CVG (consoante-vogal--glide ou semi-vogal), isto é, aquelas que são largamente usadas em contextos fonológicos que traduzem sentidos.

A produção e reconhecimento de palavras de alta e baixa frequência de uso num domínio vocabular podem representar bons indicadores, não apenas do domínio da fonologia, mas também da semântica. Nesta se reflecte a adequação entre a forma (fonologia) e o conteúdo que lhe corresponderá. A avaliação da fonologia deve ainda contemplar a análise de curtas e espontâneas produções, pois é através delas que a criança revela o verdadeiro confronto com o sistema de sons presentes no conjunto dos lexemas que constituem a frase/enunciado.

A extracção de um perfil produtivo (tal como se explicita no capítulo sobre avaliação) é o objectivo central da avaliação. A partir dela se desenhará o subsequente programa e o conjunto de estratégias ou a gradação de competências a incrementar, partindo sempre do pressuposto que a maior adaptabilidade reside *sempre* na passagem do *desvio* à normatividade.

O problema da escolha das metas a atingir na reeducação da linguagem infantil implica a definição de objectos ou alvos, isto é, quem é o possível candidato a um plano de intervenção.

Numa perspectiva tradicional, a criança é o único objecto da intervenção. Se, na verdade, o sistema da língua se encontra desviado, o que está em equação não é o mesmo enquanto entidade autónoma ao serviço de falantes. Ao contrário, tal situação representa a dificuldade de um particular sujeito para se apropriar de um sistema linguístico num determinado contexto (linguístico, interactivo, cognitivo, etc.). Por consequência, tratando-se de crianças, as metas linguísticas a conseguir poderão passar pela exploração de todos os processos intrínsecos e extrínsecos que, em tal criança, se possam constituir como detonadores do seu actual contexto produtivo.

O papel do meio e a interferência deste na expressão da criança é, contudo, de extrema importância, não devendo este ficar subalternizado na hora de conduzir um processo de reeducação da linguagem. Da assunção deste pressuposto, decorre uma terceira questão.

C – A questão do balanço entre criança e meio

Qual o objecto ou alvo *central* da intervenção – a criança ou o ambiente? Até que ponto se pode trabalhar com uma criança de forma independente do meio? Isto revela alguma eficácia?

Tal como atrás referenciado, qualquer que seja a área de intervenção, o entrosamento do reeducador nos contextos sócio-familiares e educacionais é determinante para a condução de todo este processo. Estes oferecem pautas de um quotidiano onde a teoria e a prática mais facilmente se poderão encontrar, resultando num "casamento" mais estável e duradouro. Esta bidireccionalidade (criança/meio/criança) é, na intervenção, de tal modo importante que, em algumas circunstâncias, agir em contextos ambientais pode encaminhar-se mesmo para uma terapia familiar, assegurando-se assim o pano de fundo no qual se consubstanciam as realizações ou produções linguísticas.

Desta forma, atendendo à particularidade de cada caso, a resposta a esta questão tanto pode ser dada tendo em conta a prioridade para a criança, como pode a prioridade ser dada às atitudes familiares na condução dos intercâmbios comunicativos, constituindo a base sobre a qual se fortifica, estimula e desenvolve todo o conjunto de saberes da criança.

C.1. O enfoque na criança

Grande parte do êxito na intervenção com crianças deve-se à qualidade de avaliação e diagnóstico realizada para cada contexto particular. Para além da avaliação aprofundada, extensa e abrangendo ambos processos linguísticos de compreensão e expressão, importa, como objectivo prioritário, estar suficientemente definido o "quê" e o "como" da intervenção a conduzir.

O "quê" será extraído das observações colhidas no processo de avaliação. Tratando-se de erros de cariz fonético-fonológico sem demarcados compromissos com o domínio cognitivo, este será extraído dos registos, quer de linguagem automática, espontânea, quer dirigida, sob forma de provas que induzem a produções que contemplam a fonética e a fonologia.

Ainda que os padrões de desvio linguístico sejam de difícil circunscrição, dada a particularidade de cada contexto, podemos, no entanto, considerar um guião geral, adaptável à maioria dos casos. Este, através da possível exclusão de patamares de dificuldade, nos conduz a um perfil onde as subtilezas do problema de linguagem poderão estar suficientemente bem identificadas.

Assim, quando em presença de uma criança que "fala mal", as questões que encaminham para a delimitação do problema deverão contemplar os seguintes passos, na tentativa de alcançar um rastilho útil para o início da intervenção em fonética e fonologia:

1 – A criança apresenta lacunas no processo de Compreensão / Expressão ou em ambos?

2 – A criança apresenta dificuldades, em qual da(s) dimensão/ões da linguagem (fonética, fonologia, morfologia, sintaxe, semântica, pragmática)?

3 – Qual destas dimensões se constitui como dificuldade dominante?

4 – Se a dimensão mais afectada é a Fonético-Fonológica, quais os fonemas em défice?

5 – Os erros manifestos – de carácter articulatório – são persistentes ou irregulares? A criança articula determinado fonema em alguns contextos

de palavra e noutros não? A substituição ou omissão de determinado fonema é constante?

6 – A criança apresenta boa mobilidade orofacial (língua, lábios, maxilares, coordenação neuromotora em geral)?

7 – Os fonemas em défice são adulterados por excesso de nasalidade?

8 – Em que tipo de sílabas tal(is) fonema (s), sofre(m) desvios (consoante-vogal; grupos consonantais; CVC-consoante-vogal-consoante) ou incorrecta articulação?

9 – A omissão de sílabas em palavras polissilábicas é uma constante?

10 – As palavras produzidas (a partir de três sílabas) apresentam-se indecifráveis para um vulgar ouvinte?

11 – A criança comete desvios frequentes, em palavras de duas sílabas?

12 – A criança produz todos os fonemas da língua, mas não respeita a organização dos elementos silábicos e/ou fonémicos no contexto da palavra?

13 – A criança dá erro em fonemas apenas quando a palavra que o contém se encontra inserida em contexto de frase?

14 – A criança reduz os seus enunciados a palavra-frase?

15 – Os seus enunciados são telegráficos e sem conectores gramaticais (artigos, preposições, advérbios, pronomes)?

Ainda que se considerem tais perguntas insuficientes para definir um perfil de cariz Fonético e/ou Fonológico, a partir destas cremos poder diferenciar um problema articulatório/fonético, de um problema fonológico. Mesmo sabendo que estas duas dimensões da linguagem não podem ser analisadas, num contínuo produtivo, de forma isolada, fazemo-lo, por mera questão didáctica, uma vez que os processos de intervenção são, também diferenciados, tratando-se de uma, outra, ou ambas as dimensões.

Na verdade, sempre que a criança revele dificuldades na articulação de fonema(s), de forma persistente, qualquer que seja a posição do mesmo na palavra, a extensão da palavra ou a inclusão desta em frase, estaremos em presença de um *défice de cariz fonético*. Se, por outro lado, as produções da criança e respectivos fonemas se revelam inconsistentes na sua forma de uso (ora produz correcta ora incorrectamente) substituindo, omitindo, deixando-se contagiar por sonoridades próximas, distorcendo, etc., estaremos, dessa forma, em presença de *um erro de tipo fonológico*.

Perceber alguns condicionalismos afins à produção da criança constitui, também, mester de quantos se vinculam à reeducação. A exploração destes aspectos, aqui minimamente ventilada, encontra-se explorada no capítulo sobre Avaliação.

Qualquer que seja o pano de fundo que subjaz a uma dificuldade fonética, fonológica ou fonético-fonológica, teremos sempre que tornar a criança consciente do erro cometido enquanto afastamento do modelo padrão, sendo por ela mesma identificado como tal. Sem tal base de auto--consciência em relação a um protótipo de produção, a criança reforçará o erro, dada a impossibilidade de reconhecimento do desvio que continuamente actualiza, praticando ou produzindo modelos linguísticos afastados daqueles que a língua lhe impõe.

Tal tipo de tarefas não pertence apenas ao reeducador, mas a todos aqueles que se encontram da criança mais próximos. Por consequência, cabe, também, ao contexto famíliar, escolar e social a responsabilidade de apresentar modelos linguísticos correctos e de não recriminar as incompetências da criança quando ela não consegue levar a cabo uma produção-modelo. É igualmente importante não alimentar infantilismos de linguagem, lentificar e segmentar a produção, fomentar a comunicação, bem como muitas outras atitudes que reforcem sucesso.

Em suma, o objecto da intervenção em crianças com défices fonéticos, fonológicos ou fonético-fonológicos deve ser diferenciado a partir de uma análise exaustiva dos processos de simplificação fonológica utilizados.

C.2. O enfoque no meio

Nos parágrafos anteriores foram abordadas algumas fórmulas basilares que contemplam, prioritariamente, a reeducação da criança como objecto da intervenção.

Contudo, qualquer que seja o contexto e quaisquer que sejam as directrizes reeducativas levadas a cabo com a criança, estas devem ser continuadas, estendendo-se aos familiares mais próximos, assim como a todos os agentes intervenientes no processo educativo. Será, nestes casos, uma intervenção sistémica, a qual, a nosso ver, possibilitará a melhor e mais veloz forma de aproximar a criança das produções de falantes que não revelam qualquer adulteração do código verbal.

Como se devem, pois, comportar os pais para que a aprendizagem da linguagem, em sentido lato, se instaure e se desenvolva a partir dos modelos que a própria família lhe oferece?

Várias são as questões a ter em conta no momento de tornar os familiares mais sensíveis para a importância dos seus contributos no que diz respeito ao desenvolvimento linguístico. Em primeiro lugar, devem ser banidas todas as fórmulas linguísticas correspondentes a períodos de desenvolvimento anteriores àquele em que a criança se encontra, alimentando, dessa forma, um "infantilismo" produtivo pouco aconselhável. A designação de objectos através da produção de sílabas do tipo CVCV (ex. – bebé, mamã, titi, pipi, xixa, etc.) reflecte a tentativa de imitação da fala adulta, por parte da criança, a partir dos dez meses de idade. Estes modelos não devem ser reproduzidos em faixas etárias que fazem apelo a outro tipo de formas comunicativo-linguísticas, as quais correspondem a mais elaboradas formas de conceptualização e subsequente nomeação. Os múltiplos contextos de interacção exigem uma produção tão aproximada quanto possível dos restantes elementos do grupo. Por consequência, alimentar um tipo de linguagem correspondente a fases de desenvolvimento muito mais recuadas do que aquela em que a criança se encontra, pode retardar o uso de novos vocábulos e estimular o uso persistente de processos de simplificação fonológica.

A orientação primeira acerca de como se devem comportar os pais perante as dificuldades manifestas dos seus filhos passa, indubitavelmente, por conseguir um ambiente familiar o mais estimulante possível. Desta forma, enunciam-se alguns princípios que para ele poderão contribuir:

1 – O ambiente sonoro no qual se processa a comunicação deve apresentar níveis de ruído tão baixos quanto possível, de forma a não debilitar a percepção da mensagem oral. Por conseguinte, devem ser banidos os altos volumes da televisão, rádio, o uso do grito por quaisquer familiares, etc.

2 – O uso de novos vocábulos deve ser apresentado de forma gradual e integrado em pequenos e compreensíveis enunciados. O domínio do significado requer não só percepção da palavra em si enquanto agregado sonoro, mas também a presença física e/ou mental do objecto a que se refere. Até aos 4-5 anos, a criança não se interroga acerca do significado das palavras que não conhece, não atendendo às relações interconceptuais presentes no diálogo.

3 – Deve ser evitada uma comunicação baseada em ordens, pois as respostas, nestes casos, são gramaticalmente pobres e reduzem a interacção e a criatividade linguística. É sempre desejável o diálogo, sendo este, porém, sempre mediado pelo afecto e sensatez do adulto.

4 – Deve ser tida em conta a oferta de palavras (modelos) correctamente articuladas. Perante um erro da criança, os pais devem confrontar a criança com a "realização correcta", pronunciando-a modelar e lentamente, sem qualquer recriminação, esperando que ela se adestre, gradualmente, na sua adequada produção.

5 – Sempre que a palavra seja mais extensa em número de sílabas ou desconhecida do léxico da criança, ela deve ser segmentada, isto é, deve ser dividida em grupos de sílabas para melhor ser percepcionada. Um exemplo concreto pode ser a palavra "borboleta" ou mesmo a palavra "flor". Uma forma aceitável será dizer à criança, de forma segmentada, "borbo-leta", reduzindo, aparentemente, o número de sílabas e aumentando a perceptibilidade da palavra. A repetição da palavra, sob forma de segmentação sílaba a sílaba utilizada, por vezes, como tentativa de ajudar a superar a dificuldade manifesta, constitui um recurso pouco útil na hora da reconstrução do vocábulo de maior extensão, quanto ao número de sílabas. A reconstrução das sílabas em agregados sonoros significativos, de grande extensão, representa uma dificuldade acrescida ao domínio da fonologia, sempre que o tempo dispensado para a retenção de tal quantidade de elementos silábicos extravase as possibilidades da sua Memória a Curto Prazo. Quanto maior o número de sílabas e respectiva carga de memória necessária à evocação, quer das sílabas em si, quer da organização sequencial das mesmas no contínuo da palavra, maior será a dificuldade para reconstruir a palavra, no seu todo.

6 – A leitura de textos ou o conto de histórias que fomentem o imaginário infantil constitui um outro interessante processo de adestrar a criança, quer para o domínio vocabular, quer para a maior aproximação aos modelos social e linguisticamente aceites.

Em suma, os pais devem estimular, orientar, e acalentar situações de interacção comunicativa que favoreçam os processos tanto de expressão como de compreensão linguística da criança. Devem também dar continuidade efectiva às propostas de colaboração dos técnicos que se comprometem com o sucesso linguístico dos seus filhos.

D – A questão dos agentes

A quem cabe a função de intervir do ponto de vista da linguagem? Tal como foi anteriormente referido, a resposta a esta questão não é linear porquanto se dividem, por vezes, as propostas que alimentam diferentes pontos de vista. Numa tentativa de conciliação de posições, partimos da atribuição de tais funções a um vasto leque de profissionais.

Por um lado, consideramos o grupo daqueles que intervêm de forma *não especializada* (pais, professores, educadores). Por outro lado, num segundo grupo, incluímos *os especialistas*, detentores de um saber particular e aprofundado nas temáticas que envolvam todos os processos da linguagem. Este universo de saberes abrange os domínios tanto da compreensão como da expressão, quer em contextos de desenvolvimento quer naquelas que resultam de perturbação ou desvio da linguagem, quando já está adquirida.

Quanto aos primeiros agentes – grupo dos *não especialistas* – são os pais os primeiros e fundamentais agentes da educação da linguagem na criança. A eles cabe oferecer os primeiros modelos produtivos que a criança imita, instigados pela relação de afecto e interacção, base de tais produtos linguísticos. Participantes activos, os pais reforçam os progressos dos filhos e colaboram na transferência positiva das aprendizagens. A atitude de escuta e a tentativa de reprodução ou imitação dos padrões verbais relativos aos primeiros vocábulos que referenciam realidades muito próximas e de grande carga afectiva por parte da criança, constitui o melhor preditor de um desenvolvimento linguístico optimizado. A posição da família é, neste tipo de aprendizagens, de um enorme relevo, pois alimentará a apetência comunicativa da criança e fomentará o desenvolvimento expressivo significativo da mesma, quer pelo "acalento emocional" que proporcionam, quer como continuadores do processo de reabilitação, dando continuidade às estratégias que o especialista venha a propor. Por outro lado, serão os pais os primeiros a observar e atender a possíveis desvios no processo de aquisição, buscando, atempadamente, as soluções possíveis para as insuficiências manifestas.

Ao colectivo de profissionais relacionados com a educação (educadores, professores, psicólogos) cabe, igualmente, as funções de estimular e potenciar situações de intercomunicação, de desenvolver conteúdos nos quais assenta a linguagem falada, assim como reforçar a aprendizagem.

Para tal deverão oferecer, de forma persistente, modelos de produção correctos e conduzindo actividades que potenciem tanto a percepção como a motricidade da fala, tanto a compreensão quanto a expressão.

O educador de infância constitui o privilegiado mediador entre a família e o terapeuta ou especialista em reabilitação da linguagem pois contacta, de muito perto e durante longos períodos de tempo, com a criança, a qual atravessa, durante os mesmos, as fases de desenvolvimento linguístico mais relevantes. A continuidade do uso das estratégias oferecidas pelo agente ligado à reabilitação da criança, levada a cabo pelo educador, em espaço onde a interacção é maximamente potenciada, constituem preciosos contributos para o fomento do conhecimento e uso dos padrões de produção linguística infantil, pois se oferecerem múltiplas oportunidades de exploração da linguagem. Funções linguísticas como referir, recusar, expressar satisfação, desculpar-se, propor uma actividade, despedir-se etc., correspondentes a diferentes categorias gerais de interacção verbal, podem ser incluídas em programas para trabalhar a linguagem oral na sala de aula enquanto domínio pragmático. Contextos de interacção didáctica não sistemática tais como conversações, descrições, discussões, bem como os diferentes níveis de comunicação possíveis na sala de aula (individual, de pequeno ou grande grupo) devem constituir preocupação de educadores que preparam tanto para a linguagem oral como para a linguagem escrita. O treino de competências metalinguísticas (reflexão da linguagem através da própria linguagem) nos primeiros anos de escolaridade constitui, também, uma importantíssima ferramenta para o início da linguagem escrita e deve constituir objecto de exploração e conhecimento, sobretudo nos últimos anos da presença da criança no jardim-de-infância. Em suma, o educador representa um agente ao serviço da reeducação da linguagem, de importante relevo. A dinâmica interactiva que promoverá a possibilidade de reforço de integração e generalização de padrões fonológicos, em contexto de produção espontânea, constitui o seu grande contributo. O uso de variadas e focalizadas estratégias para o conseguir, constitui uma inegável mais valia para os desempenhos linguísticos da criança que apresenta dificuldades.

Existe um colectivo de crianças, inseridas no primeiro ciclo do ensino básico que, não estando assinaladas como portadoras de dificuldades de linguagem, apresentam, no entanto, imprecisões articulatórias e perceptivo-linguísticas que escapam, por vezes, a ouvintes em geral e a professores, em particular.

Quando tal tipo de crianças inicia a actividade da escrita espontânea, todas estas imprecisões produtivas se revelam de forma contundente. Frequentes são alguns tipos de erros tais como: omissão de sílabas na palavra, sobretudo quando esta é de grande extensão ou de baixa frequência de uso; a omissão de fonemas, tal como o /r/ em grupos consonânticos; a presença de metátese dentro ou fora da sílaba (mudança de lugar de um fonema quer na própria quer em contígua sílaba, tal como em *corcodilo*); a substituição de consoantes fricativas (f, v, s, z, x, j) entre si; a semivocalização de consoantes como o /l/ (o fonema passará a /i/ ou /u/); a substituição da vogal /o/ pela vogal /u/ e do /e/ pelo /i/. Todo estes tipo de processos que ocorrem na escrita constituem o reflexo da representação acústico-verbal que a criança detém sobre a sua linguagem falada, a qual, como constatado, está plena de imprecisões ou simples aproximações.

Na linguagem escrita figura a lei do tudo ou nada e jamais um "quase" é admissível. A palavra *moneca* (boneca), não poderá ser aceite na linguagem escrita, ainda que a diferença sonora se dilua na linguagem oral. Por consequência, trabalhar tais domínios da linguagem escrita passa por estimular a linguagem oral em todas as suas subtilezas produtivas. Alguns contextos escolares actuais, expostos a forte nível de ruído, potenciam tais comportamentos verbais, permitindo, dessa forma, produções verbais de uma "mais ou menos" precisão na palavra, e que se traduz em múltiplos exemplos de desvio quer na oralidade (por vezes de difícil detecção dada a velocidade de fala e a supremacia do sentido sobre a da clareza produtiva) quer na escrita, esta enquanto claro reflexo da primeira.

Por quanto foi abordado se infere o enorme contributo que profissionais não especializados em linguagem infantil, nomeadamente educadores e professores, podem oferecer à aprendizagem de competências linguísticas na criança.

Sintetizando, a colaboração de todos os agentes da educação, sempre que possível com suporte no saber de especialistas em áreas vinculadas à reeducação da linguagem infantil, é necessária e útil para toda a população escolar que apresenta lacunas de maior a menor gravidade na sua produção verbal. Estimular e partilhar saberes deverá representar mais do que um imperativo da política educativa. Tais atributos ajudarão a configurar o perfil do profissional que aceita a construção de um saber que se instaura a partir da permanente reflexão.

Quanto ao grupo dos designados *especialistas* em reeducação da linguagem, tal categoria abarca, como atrás defendido, profissionais que deverão dominar saberes aprofundados em distintas áreas interferentes na realização linguística. Assim, qualquer profissional que esteja em posse de dados aprofundados e bem consolidados sobre Linguística, Psicologia, Neurobiologia, Fisiologia humana, conhecimento da base que sustenta o conjunto de estratégias de modelagem linguística, pode constituir-se como um elemento passível de ser integrado no grupo dos designados especialistas. A facilidade de interacção, a relação interpessoal e a facilidade no uso de recursos para a optimização da função comunicativa, constituem atributos que, acrescidos aos anteriores, resultam na combinatória ideal para a configuração do melhor perfil de um agente especializado.

Todo o profissional vinculado à reeducação/intervenção de linguagem é, por outro lado, um profissional que congrega, em "seu fazer", as expectativas de toda uma família frente às possibilidades de fala do seu filho/a. Por consequência, a atitude sistemática de equacionar, reajustar ou substituir práticas, bem como outras atitudes orientadas para a evolução da criança, podem revelar sensatez e manifesto profissionalismo.

O quadro gerado pela interacção entre o contorcionismo a que certos profissionais se submetem para atingir alguns objectivos propostos para cada caso com evidente alteração de linguagem, associado à imanente dificuldade em consegui-lo, não deve constituir motivo para o desinvestimento, ansiedade, frustração ou mesmo a angústia que é possível que deles se venha a apoderar. Um trabalho pessoal, de auto-análise permanente, relativo ao uso de estratégias e à natureza da relação interpessoal com o sujeito da intervenção, poderá, aqui, representar um papel crucial.

O reconhecimento de alguns limites, quer no que diz respeito ao próprio paciente, tanto em seus dados intrínsecos (orgânicos, neurológicos, emocionais, etc.), como extrínsecos (família, meio, escola, etc.), quer ainda naquilo que se refere ao próprio agente reabilitador/reeducativo (insuficiente domínio conceptual, de estratégias interventivas ou ambos aspectos, excesso/diminuição de auto-estima, problemas emocionais ou outros) representa, também, um processo fundamental. Este processo de reconhecimento de limites beneficia quer a auto-construção do profissional ligado à reeducação da linguagem quer, por via indirecta, todos quantos carecem da intervenção deste técnico.

O universo de alterações da linguagem na criança é vasto e inclui diferentes tipos de adulterações na produção verbal, seja da vertente compreensiva seja da expressiva. Os desvios na produção fonológica estão presentes em grande e variado leque de casos, os quais se situam, grosso modo, entre o atraso (qualquer que seja a etiologia) e a perturbação específica de linguagem, ambas categorias vinculadas ao desenvolvimento da linguagem infantil. Nenhum destes grupos (especializados/não especializados) deve ser excluído do conhecimento clínico que subjaz a cada caso particular. Entendendo, porém, que apesar de caber ao especialista o desenho de estratégias que se orientem para uma reeducação focalizada e eficiente, o não especialista deverá, simultaneamente, partilhar e dar continuidade às mesmas, nos contextos escolares, espaços privilegiados para a continuidade do processo de reeducação da linguagem.

Os atributos que, de forma sucinta, se descrevem dão-nos a dimensão da formação pluridimensional que um profissional, *especialista* desta área, deve apresentar. Por consequência, o aprofundamento de saberes constituir-se-á como uma constante, tanto do ponto de vista científico como do ponto de vista da dinâmica entre todos os intervenientes no processo de aprendizagem em geral e da aprendizagem da linguagem em particular.

1.2. *Quando intervir*

Tal como qualquer outra forma de aprendizagem, a intervenção na aprendizagem dos padrões-alvo da língua deve iniciar-se o mais precocemente possível.

Esta perspectiva baseia-se em princípios neuropsicológicos, como os da idade crítica e da plasticidade cerebral e também em princípios de interacção social, como a prevenção da consequência da alteração sobre os mecanismos que regem a comunicação e – em última análise – sobre o desenvolvimento da criança.

Em que momento intervir, sobre que bases, em que idade, em que tipo de alterações? Parece genericamente aceite a ideia de que intervir demasiado cedo ou demasiado tarde pode ser inapropriado, assim como a ideia de que intervir sobre um problema transitório pode criar um problema onde ele não existe. Mas o que representa "demasiado cedo" ou "demasiado tarde"?

A resposta a esta questão não é "demasiado" fácil, uma vez que a variabilidade do desenvolvimento linguístico depende de factores tanto internos como externos à própria criança, resultando, por vezes, difícil diferenciar qual deles representa a causa ou o efeito.

Para além deste aspecto, ajuizar sobre a oportunidade de intervenção cabe ainda a um colectivo de pessoas (técnicos ou não) que nem sempre estarão de acordo em relação a esta questão. Parece-nos, contudo, oportuno deixar aqui uma "chispazinha" de alerta para situações que configuram quadros de interacção ou de realização linguística ou pré-linguística, considerados atípicos para o seu nível etário.

Nas alterações mais graves (por exemplo, a perturbação específica do desenvolvimento da linguagem ou défice de linguagem por atraso cognitivo acentuado), a detecção pode ser bastante precoce. As alterações da articulação, de carácter não orgânico, acontecem, normalmente, num período considerado como crítico para a aquisição da fonologia.

Em algumas crianças, as dificuldades nesta dimensão podem acontecer e persistir desde muito cedo sem serem identificadas e, como tal, não receberem qualquer tipo de atendimento. Este facto prende-se com a diversidade na aplicação de normas que estratificam faixas etárias de desenvolvimento fonético-fonológico. As consequências desta situação podem interferir no plano da aquisição da leitura e escrita, competências que exigem um domínio consistente da fonologia.

A prevenção atempada destas dificuldades é inequacionável. A criança deverá ser alvo de atenção e correcção antes e durante o período inicial de escolaridade. Atender à singularidade de cada caso, segundo a qual as diferenças individuais revelam distintos estilos de produção, poderá ser um motivo válido para o incremento de programas individuais de ensino em geral e do ensino da linguagem falada, em especial. Alterações leves de cariz articulatório e/ou perceptivo/ discriminativo, léxico restrito, estruturação de frases simplificadas, dificuldades de compreensão, desníveis no uso da linguagem em detrimento de determinadas funções (por exemplo, incapacidade de narrar) e um subconjunto de alterações designáveis como "pobreza expressiva", constituem o grosso da coluna das problemáticas de linguagem infantil. Estes casos, tão frequentemente descurados nas escolas pela falta de atendimento específico, alimentam a coluna das crianças com insucesso na aprendizagem da escrita.

Em síntese, reforçar a necessidade da precocidade da intervenção em linguagem ou qualquer outra área é um imperativo que convém reter.

A resposta à pergunta acerca de quando deve ser levada a cabo a intervenção, poderá, em suma, ser obtida sempre e quando se tenha em conta a génese do problema, o momento da ocorrência na escala etária, a avaliação pluricontextual e a presença de um diagnóstico final preciso, aliás, bastante difícil de levar a cabo, com exaustão, nestas áreas vinculadas ao conhecimento linguístico.

O saber imanente do dito popular que refere, alheio a qualquer contexto, que "quanto mais cedo melhor...", reveste-se aqui de um valor inequacionável.

Dada a plasticidade cerebral presente nos primeiros anos de vida da criança, a evidência de sucesso aos níveis do treino precoce de competências residuais, do efeito positivo da abordagem multidimensional no processo de aprendizagem e da "modelação" das competências formais da linguagem falada a partir do momento em que a criança se afasta do nível médio de produção linguística dos seus congéneres, constitui, em síntese, a resposta para a pergunta: quando é necessário intervir?

2. Abordagens e Perspectivas na Reeducação da Linguagem

No domínio da intervenção especializada na patologia da linguagem, existem distintos conjuntos de pressupostos, inerentes à existência de diferentes enfoques reeducativos. A prática reeducativa pode ser muito diferente segundo a concepção que se tenha de alteração da linguagem e da sua etiologia, segundo a formação pessoal do técnico e de acordo com as regras de aquisição da linguagem em que tal perspectiva se fundamenta.

Com base nestes princípios pode ser eleita qualquer uma das seguintes orientações:

1. *Metodologia de Orientação Sintomática e de Cariz Formal*: Consiste numa perspectiva reeducativa muito estruturada, onde se avança do simples para o complexo, dando uma especial ênfase aos aspectos periféricos da fala e considerando a actividade perceptiva e motora como formas básicas de intervenção, centrando assim toda a actividade na correcção de erros articulatórios. Esta metodologia dá corpo a uma perspectiva formal, na qual todas as actividades são dirigidas ao controlo da forma linguística, fazendo-se uso de materiais e estratégias específicas. Constituindo-se como uma aprendizagem sistematizada e de cariz

predominantemente dirigido, inicia-se com o domínio da fala e termina com o desenvolvimento da linguagem, materializada esta na performance da linguagem espontânea.

2. *Metodologia de Orientação Psicoterapêutica*: Uma dimensão psicoterapêutica parte do princípio que a alteração da linguagem não é mais que um sintoma de mal-estar familiar ou pessoal. Em consequência, criar condições favoráveis à elaboração da linguagem, condicionando a família e demais contextos imediatos para a emergência de comportamentos linguísticos na criança, constitui a base deste tipo de orientação reeducativa. Privilegiando-se o papel da criança, do que faz, do que sabe, do que é, assim se elaborarão planos ou programas de intervenção conduzidos em parceria com a família. Esta representará forte sustentáculo para o incremento de condutas que estimulem a produção verbal e condicionem a possibilidade de uma reabilitação da linguagem. A grande maioria dos seguidores deste modelo começa por trabalhar em primeiro lugar com a mãe, a qual assume a função de primeira agente reeducativa da linguagem do seu filho.

3. *Critérios de reeducação "Natural"*: Uma orientação "natural" parte do princípio de que a linguagem se adquire espontaneamente e sem necessidade de exercícios ou actividades concretas. Será apenas suficiente pôr a criança em condições favoráveis, próximas, quanto possível, de um quotidiano linguístico. Nesta perspectiva se sugerem actividades de jogo simbólico, jogos verbais interactivos, livros de imagens e outros. O não directivismo, o não cultivo de rotinas verbais e o reforço da interacção, constituem algumas das actividades que sustentam este princípio de aprendizagem linguística.

4. *Metodologia baseada em pressupostos globais de desenvolvimento*: Esta atitude reeducativa percepciona o desenvolvimento da linguagem como processo que se desenvolve num período temporal e que é paralelo ao desenvolvimento de outros tipos de aptidões. Competências variadas, em sintonia, configuram ou desenham formas individuais de conhecimento ou percepção da realidade e são, por sua vez, traduzidas na forma como a criança fala.

Nesta linha metodológica, a intervenção linguística centrar-se-á não apenas em domínios de produção mas também de compreensão. Nesta perspectiva, a linguagem é entendida como o veículo de transmissão

de saberes que abrangem as esferas cognitiva, neuromotora e sócio-
-emocional. Baseada em princípios funcionais, dinâmicos e interactivos, esta metodologia torna a família e a escola também partícipes e co-responsáveis da estimulação linguística e circum-linguística.

5. *Metodologias Mistas*: Esta posição – partindo, basicamente, da concepção neuropsicológica e linguística que está subjacente à realização verbal – utiliza técnicas mistas que vão da concepção mais clássica à contemporânea perspectiva pluri-dimensional, da actividade linguística. Este tipo de posicionamento frente à reeducação da linguagem permite englobar uma enorme variedade de atitudes. Pode conceder prioridade ao ajuste comportamental da criança (psicoemocional, sócio-educativo), a partir do qual – de forma mais dirigida ou mais natural, mais dinâmica ou mais formal – se adquirem conhecimentos linguísticos tanto de carácter formal como conceptual. Pode, ainda, combinar posições intermédias, nas quais se envolve a família e a escola em programas de estimulação reforçada e sistematizada. Partilhar o directivismo linguístico oferecido à criança em contexto particular de reabilitação a todos os agentes educativos, generalizando, assim, padrões de produção linguísticos a fim de serem aplicados à multiplicidade de oportunidades comunicativas, é também uma perspectiva enquadrável nesta linha de atendimento reeducativo.

2.1. *A dicotomia formal-funcional*

Uma grelha alternativa de leitura – mas simultaneamente simples e útil – para o posicionamento das abordagens interventivas na linguagem, passa pela consideração dos pólos *formal* e *funcional*. Os pólos *formal* e *funcional* assinalam diferentes estratégias pedagógicas que põem, prioritariamente, em jogo, o papel da criança.

O enfoque *funcional* centraliza o papel na criança, uma vez que não há pré-definição de conteúdos linguísticos a trabalhar. É criada uma situação interactiva, potencialmente promotora de funções comunicacionais. Visa-se a aproximação a um ideal de validade ecológica, o qual passa pela criação de contextos reais de comunicação. Existe uma centralização no meio familiar e escolar, solicitando-se uma estimulação "natural" advinda do meio.

Ao contrário, o enfoque *formal* implica que o educador defina, de antemão, modelos e conteúdos linguísticos a adquirir. Estes modelos e conteúdos permitem a aproximação a alvos de linguagem, constituindo um eixo director que pode, de algum modo, limitar a multiplicidade possível de produções linguísticas da criança. Objectivos, materiais e sequência de apresentação dos mesmos, constituir-se-ão como alvo de uma selecção prévia por parte do educador.

De um ponto de vista concreto, podemos imaginar uma mesma situação, abordada segundo ambos os enfoques: quando o educador mostra uma imagem à criança e pergunta "o que é?", os objectivos podem ser distintos. Numa perspectiva formal, pretende-se que a criança emita correctamente o padrão fonológico correspondente ao referente em causa (supondo, uma tartaruga). Numa perspectiva funcional, pretende-se criar uma situação de diálogo (comunicacional) cujos resultados são emergentes, no plano dos conteúdos, mas que valem pela construção interactiva que permitem. Uma abordagem formal persistiria na tarefa até a criança emitir correctamente o padrão "tartaruga". Uma abordagem funcional aceitaria qualquer resposta obtida e explorá-la-ia no sentido de promover a continuidade da produção verbal, de acordo com funções comunicativas (gestão de turnos, emissão de distintos actos da fala, etc.).

Como é credível, nenhum destes enfoques é habitualmente implementado no seu estado "puro". Por um lado, a abordagem funcional não subsiste sem um mínimo de implicação de um trabalho na forma – existe, sempre que um adulto estrutura a interacção, selecção de materiais e de modelos linguísticos tidos como válidos. Por outro lado, a abordagem formal encaminha-se, naturalmente, para o funcional. Aqui, no entanto, em vez de surgir como objectivo imediato, a meta funcional está normalmente contemplada enquanto estádio final do percurso reeducativo. Ela surge no momento em que – feitas aquisições básicas ao nível do código linguístico – se promove a linguagem espontânea.

Acreditamos existirem claras vantagens na assunção explícita de um enfoque misto. Este deve contemplar a dinâmica interactiva, natural, espontânea, implícita na comunicação, em sentido lato. Porém, as dimensões e processos "estritamente" linguísticos que permitem, quão possível, revelar as formas de conhecimento sobre as realidades mediatas e imediatas, não devem ser ignoradas.

Partilhar a forma de ser, estar e saber é, em síntese, a base a partir da qual se move o universo dos falantes. Dominar as fórmulas linguísticas, mediadoras entre o pensamento e a acção constitui o primeiro "cartão de acesso" a um determinado contexto sócio-cultural. Não usufruir desta possibilidade pode conduzir a conflitos individuais ou outros, facto pelo qual se apela a uma reaproximação, o mais atempada possível. Quaisquer que sejam as limitações de carácter comunicativo presentes, quer em crianças, quer em adultos e qualquer que seja a orientação a seguir (formal, funcional ou ambas), ela deve constituir-se como o fio condutor que pretende a maior aproximação possível aos modelos ou estrutura da língua de que faz parte um particular sujeito falante.

3. Reeducação da dimensão fonético-fonológica: modelo formal misto

Ao propor um modelo, consideramos, em primeiro lugar, um conjunto de princípios directores (3.1). De acordo com a natureza desses princípios, expomos o modelo segundo uma lógica de blocos – dimensões sobre as quais é feita a intervenção (3.2). Em cada um desses blocos, especificamos as fases e actividades constantes do mesmo.

3.1. *Princípios directores*

Qualquer posicionamento frente a uma questão sobre a qual passaremos a agir, implica, natural e primariamente, a forma de a percepcionar no seu todo para, a seguir, se debruçar sobre os factores que determinam a sua reorganização, re-estruturação ou reequilíbrio. Tais factores ou princípios conduzem o processo, ao mesmo tempo que se constituem como o garante de um possível sucesso.

Também aqui se pretendem oferecer algumas pautas que, partindo da percepção ou conceptualização sobre o objecto da intervenção (neste caso a linguagem produtiva), possam justificar e guiar as opções mais locais que vão sendo tomadas. Apresentamos, de forma segmentada, as preocupações que julgamos deverem reger um processo de superação de dificuldades fonético-fonológicas, sob formas de princípios:

1. Princípio de articulação formal-contextual: partindo de uma perspectiva que consagra a necessidade de contemplar as estruturas básicas da língua (formal), reconhece-se a simultânea exigência de conciliar este tipo de aprendizagens (especificamente linguística) com o domínio do contexto. Este último é entendido como dimensão onde coabitam a semântica (significados, objectos reais aos quais as estruturas linguísticas se referem) e a pragmática (situações reais de comunicação).

2. Princípio de progressão motricidade global —> específica: partimos de um trabalho ao nível da motricidade global dos órgãos fono--articulatórios, para chegar a um trabalho de motricidade dirigida à produção de fonemas concretos.

Assim, a título de exemplo, o treino para a realização do fonema /s/ deve ser iniciado através de actividades globais que propiciem o sopro, uma vez que tal fonema se constitui como uma consoante sujeita à obstaculização da saída de ar por entre os dentes incisivos devido à acção da ponta da língua, apoiada nos alvéolos inferiores. Seguir-se-ão movimentos igualmente globais de abertura/encerramento da cavidade oral, progressivamente implementados com limites graduais na mobilidade lingual (ponta da língua imobilizada e apoiada contra os alvéolos inferiores). Como última actividade práxica para este fonema é fomentado o sopro, porém agora condicionado à posição da língua apoiada nos alvéolos inferiores. Do ponto de vista produtivo, este gesto é já traduzido no fonema /s/. Quando a ele sucede a abertura oral, permite-se, então, a articulação da sílaba /sa/.

3. Princípio de progressão motricidade —> representação: o processo de representação mental está estritamente relacionado com o conhecimento linguístico já estabilizado, organizado de acordo com o modelo da língua. A estabilização e organização do conhecimento linguístico permitem a manipulação dos elementos constituintes da língua. Dizemos que a representação do lexema "árvore" estabilizou quando, uma vez interrogada a criança sobre a designação "ábere", esta a contesta, oferecendo-nos o modelo correcto (árvore), em substituição daquele que lhe foi oferecido como distractor (ábere). A progressão na consecução da realização motora do(s) acto(s) de fala visa, como etapa final, o conhecimento estável dos modelos-padrão da língua e, por consequência, a estabilização dos processos internos de representação.

A representação mental dos elementos linguísticos agrega, no que diz respeito aos elementos fonético-fonológicos, tanto os dados relativos ao conhecimento do movimento físico necessário para produzir os fonemas (fonética), como a diferenciação e organização dos elementos em agregados sonoros (fonologia). Tais agregados, dotados, agora, de sentido, extravasam o domínio da fonologia, situando-se na dimensão da semântica. Para a explicitação desta ideia sobre os vários níveis de representação, tomemos a palavra "pato". Mediante acesso ao conhecimento ou representação do movimento implícito na realização dos seus elementos fonéticos (representação do movimento), sou levada a reconhecer que, para o /p/ se cerram os lábios, enquanto que, para o /t/ é a língua que entra em acção, apoiando-se o seu ápice sobre os incisivos superiores. Pelo acesso à representação fonológica enquanto organização e diferenciação dos elementos intra-lexicais, é-nos permitido diferenciar a sílaba /pa/ da sílaba /to/, permitindo-se também reconhecer as posições que cada uma delas assume nesse contexto sonoro (/pa/ sílaba inicial e /to/ sílaba final). Finalmente, representar a palavra "pato" de um ponto de vista semântico implica que o padrão sonoro produzido e analisado entre em correspondência com a ideia/realidade à qual se pretende fazer referência (pato – animal doméstico com duas patas que sabe nadar, tem asas, etc.).

Na aprendizagem da fonologia infantil, frequentemente nos confrontamos com insuficiências nos dois primeiros tipos de representação – a representação do movimento e a representação fonológica. Por um lado, estão as crianças que não conseguem articular correctamente determinados fones (problema de representação do movimento). Por outro, aquelas que articulam os fones adequadamente de forma isolada, mas não o fazem, de forma integrada, em contextos lexicais (problema de representação do objecto fonológico). O exemplo a seguir ilustra esta última situação: a criança dirá "tabalo" (substituição do /k/ por /t/), em vez de "cavalo". Porém, dirá com correcção a palavra "cama" a qual contém a mesma sílaba /ka/ que errou no primeiro exemplo. Estas crianças revelam dificuldades para organizar a informação linguística partindo dos traços distintivos que identificam cada um dos fonemas. Trata-se, neste caso, de défices na representação fonológica.

4. Princípio de progressão léxico —> sintaxe: propõe-se que o acesso primário à representação e produção fonológica correcta se realize no âmbito da palavra, ocorrendo isto em contextos de nomeação. A passagem de tarefas de nomeação para tarefas de produção sintáctica (envolvendo frases) marca um passo significativo no percurso de domínio progressivo nas várias dimensões da linguagem.

5. *Princípio de progressão imitação —> autonomia*: a ideia de partir da imitação de um modelo presente (elemento linguístico disponível e/ou tornado consciente quanto à sua produção) para chegar a uma produção sem modelo presente ou consciente (produção autónoma, sem repetição e sem instrução prévia) deve ser lida segundo dois sentidos: o sentido da articulação de um dado fone (5.1) e o sentido da produção de palavras (5.2). Ao nível do fonema (5.1), pretende-se que um gesto inicialmente decomposto e ensaiado em diferentes momentos chegue a um estadio de emissão unitária e não acompanhada de hetero ou auto-regulação. Esta meta de emissão unitária e autónoma ocorrerá, por exemplo, quando a criança se mostrar capaz de articular o /s/ após ter ensaiado os gestos (língua imóvel atrás dos incisivos, sopro) que o sustentam, mas não carecendo, já, de instrução ou modelo relativo ao fone. Isto verifica-se quando o fone é emitido com sucesso no contexto de uma palavra. Ao nível da produção da palavra (5.2), a autonomia manifesta-se quando a criança deixa de estar limitada a repetir para ser capaz de evocar. Uma actividade significativa neste domínio é o encerramento proposicional (completar uma frase), exercício em que se propõe à criança uma actividade cognitiva implicando simultaneamente (a) uma adequação ao contexto sintáctico proposto e (b) uma evocação lexical (necessariamente autónoma, ainda que condicionada). Encontramo-nos, portanto, num estádio intermédio de utilização real e individual da língua.

6. *Princípio de progressão autonomia —> criatividade*: o conceito de criatividade linguística é aqui entendido a um nível no qual entram em jogo a sintaxe e a semântica num dado contexto, aproximando-se a acepção sintáctica do termo à ideia da generatividade chomskiana. Ser capaz de produzir enunciados formalmente correctos é, com efeito, o objectivo dominante deste passo e princípio de intervenção, mas a correcção formal deve também ser conjugada com a adequação semântica e pragmática. Pretende-se que a criança, enquanto falante competente, emita enunciados correctos e adequados às circunstâncias e estímulos que a rodeiam. Para tal, no percurso reeducativo de (re)apropriação do código linguístico, a criança é convidada a formular, ela própria, frases compatíveis com as estruturas do Português Europeu, mediante estimulação gráfica adequada. Sugere-se a emissão de frases em moldes passíveis de abarcar aspectos mais complexos como o uso de preposições.

7. *Princípio de progressão criatividade —> reflexão*: enquanto meta de qualquer apropriação sobre uma língua, o conhecimento consciente da mesma constitui, para a criança, a forma máxima de consolidação de um uso que pode e deve encontrar-se latente. Fazer emergir o conhecimento (ou desconhecimento) da língua, de forma consciente, constitui tarefa que ajuda a desenhar novos contornos no domínio quer da oralidade quer da escrita. O acto de tomar a língua como objecto de análise e de, consequentemente, a manipular (decompondo-a e recompondo-a) apela ao domínio da metafonologia. Nesta obra e sobre este tema, são abordadas estratégias que propomos, integradas no modelo em causa.

3.2. Blocos de intervenção

Numa visão esquemática, o modelo de intervenção (formal misto) que propomos para o treino das competências fonético-fonológicas assenta em três blocos fundamentais, correspondentes a diferentes dimensões da actividade humana. São eles:

A – Bloco motor;
B – Bloco perceptivo (relativo à cadeia de audição e compreensão de estímulos sonoros e linguísticos);
C – Bloco representacional (relativo à representação mental dos objectos linguísticos, tal como ela surge expressa nas produções da criança).

BLOCO MOTOR

O conjunto de níveis de trabalho integrados no bloco motor pressupõe uma actividade de controlo do movimento, controlo este que visa um alvo (e.g., o fonema /s/) que tem que ser apresentado e sensorialmente recebido pela criança. Neste sentido, a abordagem da articulação na reeducação linguística integra, para além de um componente motor, um forte substracto multi-sensorial. Experiências com crianças demonstram, por outro lado, que estas mostram uma preferência por estímulos nos quais a informação acústica e visual se encontra associada.

Este tipo de dados alerta quer para a necessidade de enfatizar a carga visual no modelo de produção oferecido à (e percepcionado pela) criança quer, como veremos, para a utilidade em disponibilizar-lhe o *feedback* das suas próprias produções. É a este respeito que a visualização, pela criança, dos seus actos articulatórios exerce um papel fundamental.

As opções reeducativas aqui assumidas passam, pois, quer pelos princípios atrás citados (progressão motricidade global —> específica; Progressão imitação —> autonomia (enquanto autonomia da mobilidade articulatória), quer por um conjunto de *fases* que, a nosso ver, permitem mais fácil acesso à produção. Assim, consideramos poder enquadrar a reeducação da motricidade articulatória em duas fases, qualquer que seja o elemento a considerar:

1 – Praxias perilinguísticas (actividades relacionadas com a motricidade dos órgãos periféricos da fala cujo treino favorece a articulação dos sons da língua)
2 – Praxias linguísticas (articulação de fonemas).

Esta segunda fase será subdividida em:
- *Imitação* do modelo oferecido (actividades de imitação-repetição);
- *Automatização* do modelo fonético em contextos fonológicos e semânticos; (actividades que potenciam a realização de cadeias sonoras com o(s) fonema(s) em causa e nomeação de realidades que contém o fonema em posição inicial).

Do perilinguístico ao linguístico

Qualquer tipo de movimento "novo" levado a cabo por uma criança pressupõe outros, afins ao mesmo, mas de menor complexidade de realização. Por consequência, uma motricidade não especificamente direccionada para a produção fonológica deve ser levada a cabo, constituindo-se como uma propedêutica motora (motricidade aproximada e inespecífica), capaz de activar as possibilidades dirigidas a um movimento articulatório específico.

A partir de actividades que possam propiciar ou conduzir a um desempenho motor, articulatório, poderão ser sugeridas emissões apenas indirectamente relacionadas com a produção dos fonemas em causa, uma vez que se trata de um só padrão, não organizado sequencialmente com nenhum outro. Tais produções não se integram, por um lado, em constrangimentos contextuais e apenas se prendem, por outro, com destrezas motoras grosseiras. Quando, porém, se trata de respeitar o ponto e modo de articulação, é necessário o trabalho sobre a proprioceptividade e mobilidade específica, recorrendo-se a estratégias de indução de sensações e movimentos específicos (cf. reeducação de fonemas – gestuário complementar), no âmbito da produção de um fonema em particular.

Não podemos, na prática linguística, isolar a fonética da fonologia, e esta da semântica. Os sons de uma dada língua, quer de forma isolada, quer contextualizada, apenas ganham relevo comunicativo se forem reconhecidos como comportando sentido e este terá que ser partilhável por, pelo menos, dois interlocutores. Contudo, em reabilitação da linguagem, por mera questão didáctica, poderá ser feito um recuo aos processos de realização da motricidade da fala, a fim de melhor "conduzir" a criança na apropriação do padrão motor ou movimento articulatório em défice.

Trata-se, pois, aqui, de trabalhar o domínio estritamente fonético da língua ou da realização física dos sons da mesma. Este permite levar a cabo a produção de sons da língua que, posteriormente, uma vez acordes com o modelo da mesma, se organizam em conglomerados sonoros (fonologia), traduzindo realidades sob forma de significados partilhados tanto pelo falante como pelo ouvinte (semântica).

Dentro desta perspectiva formal-mista enumeram-se algumas actividades de carácter periliguístico:

A) *Respiração e tónus (relaxamento)*

A1) Exercícios de respiração: Aprender a respirar correctamente é essencial para uma boa fonação. Esta designação refere-se à actividade mediante a qual as pregas vocais (cordas vocais) se aproximam e, mediante passagem do sopro ou corrente aérea infraglótica, a que estas oferecem resistência, iniciam o processo de vibração o qual se traduz em sonoridade laríngea, vulgarmente designada de voz.

Torna-se, pois, necessário, que perante um acto de fala qualquer sujeito esteja em posse de suficiente quantidade de ar para, assim, de forma confortável, o disponibilizar para a função atrás descrita: impulsionador da vibração das cordas vocais para que estas levem a cabo a actividade vocal.

Existem crianças que, algumas, devido a aspectos de personalidade, e, outras, com insuficiências na funcionalidade do seu tracto respiratório, revelam dificuldades no controle pneumofónico requerível para o acto de fala. No primeiro caso se podem incluir crianças com elevado índice de ansiedade, excessivo envolvimento emocional em actividades lúdicas (caso do futebol), etc. O esforço vocal a que este tipo de crianças é propensa reside, frequentemente, no ritmo de fala utilizado, pautado por excessiva velocidade, privilegiando a ideia sobre a capacidade respiratória. Estas crianças apenas iniciam novo ciclo respiratório quando termina a ideia que têm em mente, em detrimento do aumento, gradual, do esforço levado a cabo pelas cordas vocais a fim de ser materializada a fala. No segundo caso podemos incluir todas as doenças vinculadas quer à dinâmica pulmonar, quer aos espaços corporais através dos quais flui a corrente aérea (faringe, laringe, cavidades nasais e orais).

Emergentes de tais condutas vocais, de uso persistente, surgem as designadas disfonias infantis (alteração da função/produção vocal). Estas, na criança, apresentam uma etiologia onde predomina o abuso/mau uso vocal. Ambas podem fazer-se acompanhar de neoformações tais como nódulos ou pólipos, na estrutura vibrátil da laringe.

Ainda que este aspecto – respiração – não esteja directamente relacionado com a fonologia infantil, cremos oportuno apresentar algumas sugestões sobre o uso da mesma, as quais poderão melhorar a realização da linguagem falada, num quadro global da produção verbal.

As sugestões mais relevantes para estas actividades passam por atender aos seguintes aspectos:

– Tornar consciente de que existem três fases no ciclo respiratório: inspiração-pausa-expiração, regulando o ritmo respiratório.
– Aumentar a amplitude, a velocidade e o silêncio do tempo inspiratório, tanto quanto possível, nasal.
– Regular a expiração de forma a ser controlada conscientemente, o maior tempo possível.
– Conseguir uma respiração costo-diafragmática consciente e, ao mesmo tempo, automática.
– Evitar uma fala incessante a qual se traduz, por último, em esforço vocal, por ausência de ar suficiente para uma fala confortável.
– Reduzir, quanto possível, o estilo agressivo de interacção vocal pois também exige demasiado esforço laríngeo e consequente mau aproveitamento respiratório.

– Evitar uma fala em alta intensidade, ataques vocais bruscos, gritos repentinos, etc., pode, também, contribuir para que o sopro fónico possa ser utilizado de forma mais adequada, além de evitar esforço vocal desnecessário à actividade interactiva.

Este tipo de actividades/sugestões podem ser conduzidas pelo professor da turma a que o aluno(s) pertence(m). Contudo, alguns contextos pessoais mais renitentes carecem, indubitavelmente, do apoio de um terapeuta da fala a fim de instaurar comportamentos vocais de carácter estável e práticas respiratórias que os potenciem.

Consciencializar a produção da fala, depois de levadas a cabo actividades respiratórias que fomentam o aumento da quantidade de ar e a melhor gestão do mesmo, constitui uma tarefa que pode prevenir disfunções vocais, para além de tornar a produção da fala mais clara e perceptível. Aqui, devem ser considerados os seguintes factores:

- A posição da criança.
- A forma de respirar (de predomínio nasal, bucal, soprada).
- A duração de cada exercício: a inspiração deve durar de 6 a 8 segundos, devendo reter o ar por 2 a 3 segundos e a expiração dever durar de 6 a 10 segundos.
- A frequência das repetições: eleger-se-à, para cada sessão, 1 ou 2 exercícios de cada série, aumentando, progressivamente, a dificuldade. Cada exercício deve ser repetido de 3 a 6 vezes, conforma a dificuldade da criança. Propõem-se exercícios com material, nos quais podem ser incluídos:
- Exercícios de sopro com papéis;
- Exercícios com velas acendidas;
- Exercícios com palhas ou tubos;
- Exercícios com bolas leves de ping-pong;
- Exercícios de sopro para elevação de bola de ping-pong em plano inclinado;
- Outros.

A2) Exercícios de relaxamento: Actividades sob esta designação visam a descoberta do corpo e do seu funcionamento. Com frequência, algumas crianças não conseguem seguir as instruções do agente reabilitador ou até aceder à sua compreensão. Este facto pode traduzir comportamentos infantis marcadamente impulsivos, instáveis do ponto de vista psicomotor e com défice de atenção, em geral.

O trabalho de relaxamento muscular, sob forma lúdica, constitui, neste casos, um precioso auxiliar. Através da descarga de tensões que advém de um bom relaxamento muscular, a criança ficará mais disponível para a receptividade de conteúdos a incrementar.

A aprendizagem da fonologia constitui um momento relevante da aprendizagem da língua. Fomentar a disponibilização corporal, global e específica, para a recepção e processamento da informação verbal parece, por si só, motivo mais que suficiente para incluir este tipo de actividades de relaxamento neste sub-capítulo dedicado a aspectos perilinguísticos.

Dada a idade da criança, somos conscientes de que falar em relaxamento global é difícil e, nalguns casos raia mesmo o impossível. Iniciar-se com actividades que podem confundir-se com "ginástica", passando do global para o segmentar, pode constituir-se como uma estratégia altamente funcional.

A utilização dos princípios subjacentes aos métodos de Schultz, Jakobson, Dalcroze, partindo de uma linguagem adequada às possibilidades de compreensão da criança e envolvendo quer níveis de globalidade corporal, quer segmentar, pode constituir um interessante ponto de partida para o início de actividades de relaxamento corporal.

Para idades em que se pretende utilizar o relaxamento como potenciador de factores psicológicos interferentes na aprendizagem, mormente da fonologia, as nossas sugestões vão para uma curta selecção de "jogos de Relaxamento", através dos quais se pretende conduzir a criança, de forma simbólica, para um universo de experiências facilitadoras de um "desprendimento" de tensões musculares.

O urso dorminhoco

A criança "será" um urso que, deitado no chão, se espreguiça. Inicia movendo, lentamente, a "pata" direita, a esquerda, levantando ambas, para as deixar cair, relaxadas. Mexe uma mão, a outra, levanta os braços do chão, deixando-os cair. Lentamente se levanta até ficar em pé.

Amanhece em casa

Deitada no chão a criança respira fundo, por alguns segundos. Amanhece, ela ouve o despertador, espreguiça-se, levanta-se, lava-se, veste-se (actividades simuladas).

Baile das borboletas

Ao som da música, "as borboletas" bailam com suas asas, muito lentamente. A criança move os seus braços para a direita e para a esquerda, com suavidade e com as articulações (cotovelos e pulsos) relaxadas.

Lenta queda do edifício

Este jogo consiste em "soltar" sucessivamente todos os segmentos corporais, de forma gradual. A criança, com pés ligeiramente afastados, em estado de tensão vivenciada, começa a "desmoronar o edifício", iniciando pelo relaxamento de uma e outra mão, um braço, outro. Uma a uma, iniciando pela cara, a cabeça, o tronco, (flectir a cintura), as pernas e o corpo inteiro, todas as partes do "edifício" "caem" ao chão, ficando, por largos segundos, no maior relaxamento possível.

Jogo das estátuas

O objectivo deste jogo é associar materiais duros com tensão corporal e moles com flacidez muscular. Podem constituir algumas possíveis "estátuas": ferro-tecido; mármore-plasticina; pedra-algodão; bronze-barro.

O macaco cansado

A criança, em pé, com o corpo inclinado para a frente, deixa os braços soltos realizando movimentos de balanceio, para a direita e para a esquerda, até que o balanceio termine. Em posição deitada pode induzir-se a criança à tranquilidade, através de representações agradáveis, sensações de peso, etc. A título de exemplo se pode conduzir a criança, levando-a a imaginar-se um animal pesado, sentindo cada uma das partes do seu corpo como tal; sentir-se na praia depois de tomar um banho refrescante e prolongado; imaginar o alívio de uma bebida refrescante depois de uma enorme sensação de calor; estar na praia deitado sobre a areia e sentir a sua respiração; imaginar-se numa floresta onde não há qualquer ruído.

Todas as actividade atrás enumeradas se baseiam na dualidade activação-desactivação (descontracção) e através delas se pretende proporcionar a descontracção muscular que interfere com o equilíbrio emocional e melhora funções psicológicas intervenientes na aprendizagem em geral e no processamento auditivo em particular.

B) Exercícios bucofaciais

As actividades de motricidade orofacial representam um precioso contributo para a funcionalidade de toda a musculatura implicada no processo de articulação da linguagem falada.

O objectivo das actividades abaixo sugeridas centra-se no incremento de uma melhor agilidade motora e flexibilidade dos órgãos periféricos da fala, a fim de levar a cabo os distintos e complexos padrões motores que a fluência verbal requer.

Centrar-nos-emos em actividades de motricidade da língua (externos ou internos), de lábios e de mandíbula.

B1) Destreza lingual
- Técnicas de ginástica lingual passiva: massagem com vibradores.
- Técnicas de ginástica lingual activa: chupar; beber líquidos, etc. (em decúbito ventral, dorsal, outras posturas).
- Estalidos (trote de cavalo).
- Alternar língua fora e dentro da boca, com distintos ritmos (depressa e devagar).
- Elevação lingual: língua acima /abaixo, com a maior extensão possível.
- Mover língua para o lado direito/esquerdo da boca.
- Elevação/abaixamento com rotação da língua, tentando atingir toda a extensão do lábio superior/inferior.
- Contracção/distensão na tentativa de conseguir "língua larga/ /estreita".
- Ápice lingual (ponta da língua) em rotação para " limpar" dentes de cima/baixo.
- Ápice lingual em rotação para "limpar" dentes por fora/por dentro (cima e baixo).
- Rotação lingual tocando os dentes de cima por ambos os lados (fora e dentro).
- Rotação lingual para"limpar" dentes de cima, pela frente e por trás.

- Rotação lingual para "limpar" dentes de baixo, pela frente e trás.
- Tentativa de unir os bordos laterais da língua ("dobrar") para fazer um sulco.
- "Enrolar" a língua para trás, tentando tocar a úvula.
- Relaxamento lingual "língua larga", tocando, os seus bordes, os dentes molares.
- Língua em movimento circular direita/esquerda.

B2) Destreza labial
- Técnicas de ginástica labial passiva: aplicação de vibradores ou ventosas.
- Vibração.
- Técnicas de ginástica labial activa: contrair, distender, segurar, morder...
- Deslocação de lábios para a direita/esquerda mostrando os dentes.
- Protusão labial com forte extensão da linha média.
- Dentes inferiores trincam lábio superior e dentes superiores trincam lábio inferior.
- Protusão labial em direcções alternadas (esquerda/direita).
- União dos lábios/abertura dos lábios mostrando os dentes.
- Lábios unidos à direita/esquerda.
- Lábio superior sobre inferior/inferior sobre superior.
- Forte contracção da musculatura labial simulando beijo/sorriso.
- Outras.

B3) Destreza de vários órgãos em interacção
- Abertura e encerramento da boca.
- Encher bochechas (gordo)/absorver bochechas (magro).
- Encher bochechas e passar o ar de uma para a outra.
- Inchar a boca com a língua de cada um dos lados.
- Dentes de cima mordem lábio de baixo/dentes de baixo mordem lábio de cima.
- Mastigar com boca cerrada/aberta.
- Abrir a boca e bocejar com gestualidade excessiva.
- Succção, sopro, vocalização.
- Dorso lingual tocando o palato.
- Diante de um espelho iluminado visualizar o movimento do palato mole.

Terminadas as sugestões que veiculam actividades às funções perilinguísticas, passaremos agora a outro tipo de competências, igualmente relevantes, para a aprendizagem do código oral da língua, neste caso, do português europeu.

BLOCO PERCEPTIVO

A percepção refere-se, em sentido lato, ao modo como a informação é captada a partir do meio ambiente que rodeia um indivíduo. Por consequência, a percepção representa o conhecimento que cada sujeito detém sobre o seu meio envolvente.

A percepção baseia-se numa construção individual, sendo fortemente apoiada pelo processo de intercomunicação verbal que o sujeito mantém com o contexto no qual se encontra imerso.

A percepção humana representa um processo automático e inconsciente enquanto processo sensorial e interage com níveis de processamento vinculados a domínios cognitivos tais como a atenção e a memória.

Todo o fenómeno de percepção apresenta características individuais, subjectivas, e representa um processo interno de construção, frente a uma realidade vivenciada.

Captamos a realidade que nos rodeia através dos sentidos, estando em permanente recepção de sensações provenientes de múltiplos estímulos. Frente a estes estímulos, o ser humano não apresenta uma atitude passiva, pelo contrário, selecciona-os, discrimina-os e age sobre eles dando-lhes uma interpretação única.

Cada pessoa organiza os diferentes estímulos captados e integra-os num quadro coerente e significativo que constitui o seu próprio mundo ou conjunto de referências. Contudo, apesar da singularidade e subjectividade das percepções humanas, elas podem ser partilhadas com outros sujeitos, dada a particularidade de coincidirem em inúmeros planos.

Este facto, designado "realidade perceptiva consensual" pode ser verificado através de pressupostos tais como a validação consensual, a repetição, a percepção plurissensorial e ainda a comparação. É, pois, a partir de tais verificações e comparações que podemos adquirir "alguma" certeza daquilo que sabemos e pretendemos comunicar.

Porque diferentes pessoas, perante os mesmos objectivos, desenvolvem diferentes interpretações, a questão do conhecimento, em si, pode ser conduzida para uma leitura não unidireccional mas sim perspectivada em distintos quadrantes conceptuais, mormente numa perspectiva da filosofia do conhecimento.

Encontrar invariantes na forma (diferente) de cada pessoa captar a mesma realidade – seja esta de carácter visual, auditivo ou outros – está associado à existência da designada *percepção categorial,* mediante a qual é possível captar parte comum, no todo passível de constituir matéria de análise para a percepção humana.

Este facto justifica que sejamos capazes de reconhecer a quinta sinfonia de Beethoven seja esta produzida por instrumentos de percussão, sopro, cordas ou por todos eles em múltiplas combinatórias.

O sistema auditivo periférico não é suficiente para analisar sons complexos como aqueles que ocorrem na fala humana. Estes exigem uma capacidade analítica, a qual terá de ser reconhecida pelos processos centrais (conhecimentos e expectativas). As ondas sonoras que formam os estímulos complexos incluem muitas frequências que variam ou são moduladas no tempo.

É através do Processamento Auditivo (PA), que se buscam., entre outros, os padrões da fala humana baseados em propriedades como a similitude e a tendência a perceber uma figura face a um fundo menos proeminente.

É este complexo sistema que agrega os mecanismos e processos do sistema auditivo responsáveis pelos fenómenos comportamentais de localização e lateralização sonora; discriminação auditiva; reconhecimento de padrões auditivos; aspectos temporais da audição, incluindo resolução, mascaramento, integração e ordenação temporal; e desempenho auditivo na presença de sinais acústicos degradados ou competitivos (American Speech – Language-Hearing Association – ASHA, 1996).

Para Katz e Wilde (1989), o P.A representa a construção que cada sujeito leva a cabo acerca do sinal auditivo, a fim de tornar a informação funcional, útil. Referem, ainda, quão os distúrbios de aprendizagem em geral, os problemas de leitura e as dificuldades com fonemas, a compreensão leitora e os comprometimentos de ortografia e de habilidades com língua estrangeira, estão associados às dificuldades de processamento auditivo.

Para Keith (1988), as principais características das dificuldades de processamento auditivo são as alterações na atenção dirigida, fadiga em tarefas complexas ou prolongadas, distracção, sensibilidade exagerada frente a sons intensos, dificuldades em seguir ordens verbais, necessidade de repetição frequente de estímulos verbais, alterações mnésicas, lenta aprendizagem das relações grafo-fonémicas e ainda dificuldades em compreender metáforas, sentidos implícitos e linguagem figurada.

Chermak e Musiek (1992) reincidem na afirmação do compromisso entre o processamento auditivo e as dificuldades em tarefas de compreensão da fala na presença de ruído, na dificuldade de comunicação e no baixo desempenho académico. Dificuldade em identificar a ideia principal de um enunciado, baixa capacidade de interpretação de palavras, frases, anedotas, metáforas, trocadilhos e analogias de sentido ambíguo, alteração na emissão verbal e dificuldade de resgate verbal constituem, pois, dificuldades latentes em crianças com lacunas no processamento auditivo.

A causa de tais alterações pode ter as mais diversas proveniências. Entre elas se destacam as otites frequentes na primeira infância, as febres altas e contínuas, os distúrbios específicos no desenvolvimento da função auditiva, as disfunções subclínicas, ou mesmo pequenas lesões em alguma etapa das vias auditivas e ainda a privação sensorial auditiva durante a primeira infância (Alvarez, Caetano & Nastas, 1997).

Para dar início ao processamento auditivo entram em jogo, desde tenra idade, duas ordens de fenómenos: os públicos, observáveis e os privados, inferidos. Ora, para penetrar nos aspectos da percepção da fala a fim de levar a cabo um conjunto de aquisições que visam reeducar alguns parâmetros da mesma, deve ser considerado todo o conjunto de mecanismos sensoriais, cognitivos e linguísticos reunidos numa sucessão contínua e não fragmentada, isto é, um colectivo de processos que engloba não apenas processos ascendentes como também processos descendentes (Belinchón, Igoa & Rivière, 1994).

Neste capítulo, dedicado à reeducação da fonologia em crianças com lacunas nesta dimensão da linguagem, foi considerada, apenas por uma questão didáctica, a progressão motricidade – percepção. Na medida em que a percepção é mediadora da representação em geral e da representação das sonoridades da língua em particular, foi por nós considerado de grande relevo o treino de competências a ela adstrita. Na verdade, todo o processo de aquisição da linguagem falada, particularmente nos primórdios da aquisição da fonologia, se baseia na diferenciação de sons, na sequenciação e organização de cadeias sonoras que configuram significados. Quando a capacidade da criança para distinguir os conglomerados sonoros da língua se encontra afectada, a produção verbal ressente-se e a comunicação pode sofrer desvios. Um exemplo concreto pode ser aquele que emerge da confusão de um interlocutor pouco familiarizado com uma criança a qual lhe pede uma "vaca" quando, de facto, o que pretende é apenas uma "faca".

Alguns dos momentos que integram este processo reeducativo, com vista à melhoria das funções perceptivas de identificação, reconhecimento e memorização de padrões de fala em crianças que revelam processos isolados ou combinados de simplificação da fala adulta, podem encontrar-se nas categorias e respectivas actividades que a seguir se enumeram. Elas propõem, tal como referido, agilizar a criança para a melhoria das suas funções cognitivo-perceptivas vinculadas à realização da actividade verbal.

A – Discriminação auditiva global / discriminação auditiva linguística;
B – Memória sequencial auditiva (sons pertencentes e não pertencentes à fala);
C – Imitação/Repetição de modelos segmentados.

A – *Discriminação auditiva*

A produção fonológica constitui-se como o resultado da construção e utilização de um sistema de representação de códigos fonológicos e supõe a habilidade para discriminar, memorizar e articular fonemas (Ingram, 1979). Esta concepção da produção da fala baseia-se no modelo psicolinguístico defendido desde a teoria da Fonologia Natural (Bosch, 1984). Para produzir um padrão fonológico de forma correcta, o sujeito terá que representar a palavra em certos códigos num momento adequado e executar a resposta motora correspondente. Assim, a produção fonológica não só supõe articular fonemas, mas implica também discriminá-los e compreendê-los auditivamente.

Ainda que o tema do processamento auditivo tenha sido abordado em anteriores páginas deste capítulo, pensamos seja oportuno o seu retomar, pois todas as actividades a seguir propostas, que visam melhorar a percepção da fala, encontram a sua justificação no conhecimento que detemos sobre a forma como o sinal de fala se torna perceptível para um qualquer falante. Acrescenta-se ainda que, tal como constatado na literatura especializada, existem diferenças na utilização das terminologias percepção auditiva, processamento auditivo e percepção da fala. Deste modo, Lasky e Katz (1983) utilizam o termo processamento auditivo central com o mesmo significado de percepção auditiva e de fala. No entanto, Boothroyd (1986), Sloan (1991), Shochat (1996), concebem o processamento auditivo e a percepção da fala como estágios que ocorrem desde a entrada do estímulo acústico, no ouvido externo, até ao córtex auditivo. A percepção de fala corresponderá, de acordo com os mesmos, ao resultado do processamento auditivo central, não se constituindo como réplica directa do sinal acústico.

Constituindo o requisito fundamental para perceber o mundo, a percepção, numa perspectiva construtivista, envolve a intervenção de representações e memórias. Nesta linha, é o sistema sensorio-perceptivo que constrói um modelo do mundo através de transformações, acréscimos e distorções, chegando a desprezar informação, construindo representações que orientam o processamento. Tal acontece no processamento auditivo. Iniciado o registo a partir da recepção auditiva periférica, esta prolonga-se até ao cérebro, sendo aí reconhecida, aferida a partir da prévia quantidade e qualidade de dados (representações) existentes.

De facto, tal acontece em crianças que usaram, durante longos períodos de tempo, formas verbais incorrectas (Ex: "runião" em vez de reunião, "corcodilo" em vez de crocodilo, etc.). Elas continuarão a usá-las, de forma persistente, na linguagem oral e até escrita, apesar de inúmeras vezes lhes ter sido chamada a atenção para o incorrecto da produção.

No anterior exemplo damos conta da forma como a percepção se deixa influenciar pelos dados prévios (representação) sobre os quais opera o processamento. Schochat (1996), referindo-se a esta questão, afirma que todos os níveis e subníveis que conduzem da recepção à integração do sinal acústico verbal em complexos sistemas de significações são possíveis, dada a representação construída a partir do processamento do sinal pelas vias auditivas, existindo apenas uma réplica directa do sinal acústico. Neste princípio se baseia boa parte das sugestões para a reeducação da fonologia, bem assim como a necessidade de evitar a persistência do erro/desvio linguístico por longos períodos que ultrapassam a faixa etária que os admite.

Para Tallal (1994), ao processo de *construção* está vinculada (1) a identificação sonora, sendo seguida dos estádios de (2) ordenação temporal, (3) armazenamento do sinal auditivo e, finalmente, (4) modelo temporal.

A *identificação* consiste, genericamente, em considerar duas coisas, objectos ou sons, como idênticas. O processo de identificação de sons da fala inclui, em primeiro lugar, a selecção dos atributos acústicos inerentes ao material percebido, estabelecendo correspondência do input com os modelos anteriormente experimentados. A identificação constitui, pois, uma referência absoluta ao estímulo. Identificar um estímulo é atribuir--lhe um estatuto, independentemente de qualquer comparação que esse estímulo possa sofrer com qualquer outro.

Partindo da informação adquirida, poder-se-á emitir um juízo de igualdade vs. diferença, relativamente a outros estímulos .Nestes casos, fala-se de uma tarefa de *discriminação* ou diferenciação. Esta actividade, associada à percepção e produção de fala representa a capacidade para detectar diferenças entre os padrões de fala. Quando se oferecem as sílabas "pa" e "da" e se pede para ajuizar quanto à sua similitude/diferença, a tarefa realizada é uma tarefa de discriminação. Muito próximo a este conceito se encontra o de *reconhecimento*. Este relaciona-se com a capacidade de aceder a uma qualquer referência (visual, auditiva, etc.) previamente adquirida, na presença da mesma ou várias, com ela directa ou indirectamente relacionadas. Tomemos como exemplo o "reconhecimento" de uma amiga com quem não contacto desde longa data.

Desta forma se entra no segundo momento assinalado por Tallal e designado (2) de *Ordenação Temporal*. Este tipo de subdivisão prende--se com a organização que os elementos sonoros adquirem na cadeia de produções de fala. Na verdade, aceder ao sentido de uma palavra requer aceder à organização interna dos seus elementos intra e interssilábicos (dentro da própria sílaba e desta com as demais). A língua oferece um conjunto de regras que permitem ou não combinações linguísticas, de tipo silábico ou outras. Na língua portuguesa não é admissível, por exemplo, que uma palavra se inicie com o fonema /r/ ou que se possibilite o uso de uma sílaba do tipo "tsa". As sílabas ocupam espaços próprios, acordes com o modelo-alvo, materializando sentidos, acessíveis a um ou vários interlocutores. Assim, a palavra "máquina", "caderno" ou ainda "borboleta " não poderão ser verbalizadas como "mánica" "cardeno" ou "boleta", respectivamente. A eliminação da ordem na qual se sucedem os elementos sonoros no contexto da palavra ou da frase conduz a processos de simplificação muito frequentes em crianças que ultrapassaram níveis etários onde tal se justifica – até cerca dos 36 meses, dependendo da longitude da palavra/frase, a familiaridade da mesma, etc.

Crianças que persistem neste tipo de problemáticas são passíveis de integrarem o grupo daquelas que apresentam dificuldades de processamento auditivo, mormente em actividades de figura-fundo auditiva (ex: identificar sílaba, palavra/frase, em contexto de ruído), atenção selectiva e retenção do estímulo auditivo.

Os dados relacionados com a retenção auditiva fazem do terceiro momento do processo de construção com vista à percepção da fala e designado por Tallal de (3) *Armazenamento do Sinal Auditivo*. Esta designação faz apelo a funções psicológicas superiores que tornam possível tanto a comunicação em geral como o equilíbrio psicológico em particular.

Registar informação para posteriormente a "recuperar", tornando-a funcional para as necessidades de interacção, é algo inequacionável. Toda a vida se traduz por acúmulo de informação, e este pressuposto está vigente tanto na aprendizagem em geral como na aprendizagem da língua em particular. A Memória do material verbal e seus atributos acústicos é fundamental para o domínio da linguagem.

O momento assinalado como (4) *Modelo Temporal* refere-se a todos os aspectos da produção linguística que acontecem segundo uma ordem à qual corresponde um tempo físico e psicológico. O tempo físico corresponde à sucessão dos elementos linguísticos na cadeia falada e envolve toda a gramática (fonologia, morfologia, sintaxe). O tempo psicológico refere-se à interferência de contextos sócio-afectivos e psicolinguísticos.

A autora atrás citada (Tallal, 1994) admitiu a hipótese de que algumas crianças teriam dificuldades em discriminar sons da fala em virtude das suas dificuldades em discriminar entoações breves. De alguma forma, este aspecto está relacionado com uma perspectiva teórica (Waterson, 1971) que admite a importância dos aspectos suprassegmentais ou prosódicos na aprendizagem da fonologia. Parece claro, para alguns autores que uma das características de alteração no processamento auditivo reside na dificuldade para a identificação e discriminação de sons quando estes ocorrem em sucessão, tais como no contexto da fala, dentro de uma palavra ou frase. Estudos levados a cabo por um grupo de investigação do qual faz parte a autora atrás referida demonstraram a facilidade de crianças com afasias de desenvolvimento para identificar sinais quando isolados, mas não em sucessão. Este padrão de funcionamento corresponde ao que ocorre nos processos iniciais, normais, de fala, em que a criança não consegue organizar padrões de fala sequencialmente correctos, conseguindo, porém, a produção isolada de sílabas. Este tipo de dificuldades ilustra, também, as dificuldades fonológicas persistentes no percurso de aquisição da fonologia infantil.

Deste modo se infere que o problema de alguns quadros desviantes tal como ocorre nos desvios de cariz fonológico, não residirá no domínio da linguagem em si, mas no domínio do processamento auditivo.

Propomos, neste âmbito, actividades inseridas em vários níveis.

A1 – Actividades Globais de Discriminação/identificação Sonora
- identificação de sons fortes e sons fracos, isto é, sonoridades de maior e menor intensidade, partindo da apresentação de resultados da manipulação da intensidade de objectos como, por exemplo, um rádio.
- identificação da duração de um som corporal, isto é, qual o tempo que um som corporal (assobio, vocalização, canto, etc.) permanece activo no campo auditivo da criança. Pode corresponder a muito /pouco tempo associada a maior ou menor duração do assobio, vocalização, canto, palmas, etc.).
- identificação da duração (muito/pouco tempo de emissão) de instrumentos musicais (apito, flauta, etc.).
- representação de cada uma das anteriores actividades relativas à duração através de uma linha traçada num espaço (computador, papel, chão, quadro) que ajude a criança a associar o tempo gasto na produção sonora com o espaço gráfico que o mesmo ocupa.
- identificação de elementos temporais básicos, tais como: noção e diferenciação de velocidades (rodar uma bola lenta/rapidamente); mover um carrinho ou mota com distintos níveis de rapidez / velocidade (lento, rápido, muito rápido).
- identificação de sons do meio ambiente mais próximo (bater da porta, batimento em qualquer objecto de vidro, destapamento de um frasco, ruído do autoclismo, barulho da televisão, queda de uma tampa de panela ao chão, etc.).
- identificação de sons provenientes de distintos objectos familiares à criança (bater com um objecto de metal em garrafa, copo, chávena lápis, objecto em madeira, tacho, arrastar uma cadeira, rasgar papéis, papel que se enruga, fechar uma porta, deitar água para um vaso, bater duas moedas, tocar à campainha, bater com dois tampos de tacho, campainha do telefone, relógio despertador,

martelo pregando prego, buzina de automóvel, apito, etc.). Este tipo de actividades requer uma experiência prévia de visualização e escuta dos sons atrás referidos, bem como a consciência das inúmeras possibilidades de combinatória, com outros.
– identificação de sons corporais (tossir, bater palmas, assoar o nariz, bater com a mão na porta, bocejar, assobiar, vocalizar, estalidos com a língua, vibração da língua contra os alvéolos, etc.).
– identificação (com olhos vendados) de sons provenientes de distintos instrumentos musicais (pandeireta, xilofone, flauta, tambor, castanholas, piano, ferrinhos, brinquedo sonoro, etc.), depois de previamente escutado o som e instrumento produtor.
– identificação, em gravuras, de sons da natureza, escutados em gravação áudio.

A2 – Discriminação de sons da língua– sílabas
– Discriminação (igual-diferente) de sons da língua com pontos de articulação distanciados na cavidade oral (anterior/posterior) e pertencentes, quer à mesma, quer a distintas classes de modo (oclusivas, fricativas, líquida).
Exemplos:
    pa-ca (oclusivas, anterior-posterior)
    ba-ga (idem)
    ja-sa (fricativas; posterior-anterior)
    sa-ca (fricativa-oclusiva; posterior-anterior)
    lha-da (líquida-oclusiva; posterior-anterior)

– Discriminação (igual-diferente) de sílabas da mesma ou diferente categoria de modo, porém com distinto vozeamento (surda-sonora).
Exemplos:
    Ca-ga (oclusivas; surda-sonora)
    Sa-za (fricativas; surda-sonora)
    La-lha (líquidas; sonora-sonora)

– Discriminação (igual-diferente) de sílabas da mesma ou diferente categoria de modo, porém com ponto de articulação igual ou muito próximo.

Exemplos:
Ma-ba (oclusivas bilabiais)
Pa-ba (idem)
Ca-ga (oclusivas-posteriores)
Ta-da (oclusivas-interdentais)
Sa-za (fricativas-alveolares)
Xa-ja (fricativas-palatais)
La-ra (líquidas-alveolares)
Ra-ga (líquida e oclusiva-velares)

– Discriminação em palavras com pares mínimos; duas sílabas da mesma categoria de modo (oclusivas, fricativas, líquidas) apenas se diferenciando em ponto de articulação (bilabial, uvular, alveolar, etc.) ou vozeamento (surda-sonora).
Exemplo:
Casa-caça
Faca-vaca
Fila-vila
Capa-tapa
Bola-mola,
Etc.

Todas as actividades descritas potenciam a atenção auditiva e incrementam as capacidades de detecção da presença/ausência de um fonema. Com este primeiro nível, visa-se a aquisição progressiva, pela criança, da capacidade de identificação fonémica em contextos reais (de fala rápida), nos quais os fenómenos da coarticulação e ausência de invariância se possam manifestar.

Este objectivo será proposto à criança facilitando-lhe, contudo, a tarefa, pela restrição das operações a efectuar. Por outras palavras, tratar-se-á aqui de tornar temporariamente única a tarefa de detecção da informação fonética relevante no âmbito da variabilidade contextual, lidando, para isto, com um só fonema, sucessivamente inserido em diferentes contextos.

A discriminação fonémica constitui um aspecto que direcciona a percepção para um nível relacionado com a presença do fonema. Este – bem como todo o tipo de actividades orientadas para os aspectos da percepção auditiva em sentido amplo e da percepção auditiva da linguagem falada em sentido estrito – visam "conduzir" a criança para um melhor escutar, de tal forma que venha a conseguir melhor discriminar, para assim bem compreender e, logo, melhor FALAR.

Assim, sempre que uma criança apresente dificuldades fonológicas, todas as competências inter-sonoras, linguísticas e outras se devem constituir como objecto de atenção por parte do reeducador. Elas podem representar um possível detonador de dificuldades de natureza múltipla, incluindo não apenas dificuldades inerentes à percepção auditiva (do ouvido externo ao córtex auditivo), mas também dificuldades inerentes ao processamento da linguagem, tais como o défice de atenção selectiva, memória sequencial auditiva, dificuldades na diferenciação inter-sonora, no reconhecimento acústico-verbal, na identificação figura-fundo de cariz sonoro, etc.

Entre a discriminação e o acesso ao significado, existem, contudo, várias componentes funcionais. Entre elas, a função de retenção de informação constitui uma competência crucial. Sabemos que a capacidade de armazenamento – em particular de material verbal – pode estar presente em crianças com alterações de aprendizagem em geral, ou em casos mais concretos de alterações de linguagem. O mesmo não acontece com aquelas que revelam, apenas, dificuldades para a articulação de certos fonemas, sem qualquer compromisso com vectores-base do processamento verbal. Citemos, a título de exemplo, o défice articulatório por alteração orgânica dos órgãos que levam a cabo a motricidade da fala (disglossia). A criança não articula devido à alteração dos seus órgãos (periféricos ou centrais), os quais impossibilitam a realização de um ou vários elementos da fala e não porque apresentem dificuldades de identificação, reconhecimento ou memorização dos mesmos. Ao contrário, na criança com desvios de cariz fonológico, estes associam-se, com frequência, a alterações da memória sequencial e discriminação auditiva. Um trabalho ao nível da memória auditiva deve, pois, constituir objecto de intervenção, merecendo a atenção de todos quantos se dedicam ao mester de habilitar para os modelos normativos da produção da linguagem falada, sobretudo em crianças que manifestam predomínio de erros de cariz fonológico.

B – Memória sequencial auditiva

Cada sujeito particular necessita de registar sonoridades da língua, agrupando-as em conglomerados sequencialmente organizados que constituem unidades lexicais às quais se agrega um sentido ou significado. Para que tal aconteça, torna-se necessário, em primeiro lugar, compreender que dois sons são diferentes, mesmo antes de determinar a sua ordem de ocorrência. Para isso se faz uso do primeiro passo da cadeia atrás referido, a discriminação auditiva.

Existe uma organização interna e uma interdependência entre os elementos de qualquer estrutura, neste caso, daquela que emerge da sequência sonora que constitui determinada palavra ou frase. A sua inter-relação explicita e torna previsível o modo como os elementos se combinam entre si. Qualquer sequência sonora, linguística, musical ou outra, não pode ser considerada como mero agregado de elementos ou o somatório de cada uma das suas partes. O resultado final traduz a dinâmica das relações, entre si, existentes. O mesmo acontece com a linguagem produtiva: ouvimo-la como um todo, não como o conjunto das suas partes, porém, mesmo no seu Todo, reconhecemos a harmonia ou desarmonia da(s) combinatória(s). Este facto transmite-nos bem a imagem do que constitui a relação parte-todo, e qual o papel, diferenciado, de cada um dos armazenados ítems sonoros expressos no continuum da fala.

Para Crowder (1989) e Pereira (1997), o reduzido alcance da memória verbal ou auditiva constitui um dos aspectos interferentes no processamento auditivo, de grande predomínio em crianças com problemas na aprendizagem da língua.

Quando em presença de défices de memória a curto prazo, associados à aquisição da linguagem oral, é possível levantar algumas hipóteses frente à existência dos mesmos. Assim, uma criança pode não conseguir reter uma frase ou séries de palavras de forma correcta porque:
– não compreendeu as palavras;
– não está suficientemente familiarizada com a linguagem;
– não codifica a informação linguística de modo preciso ou eficiente.

Todos estes factores são importantes e podem estar interligados. O autor atrás referido revela alguns dados que mostram as limitações, no alcance da retenção auditiva, em crianças com alterações de linguagem. As dificuldades de memória sequencial auditiva para o material verbal constituem uma outra forma de revelar alterações no processamento auditivo e reflectem-se, não apenas na produção linguística, mas também sob forma de lacunas na análise metalinguística de enunciados ou palavras de grande extensão ou número de sílabas.

Entre os vários tipos e subtipos de alterações da linguagem infantil que apresentam lacunas de memória sequencial auditiva de fonemas/ /sílabas, encontramos um tipo particular de alteração – as perturbações específicas – as quais apresentam dificuldades na retenção e diferenciação das sonoridades da língua, lacunas evidentes na retenção de sinais auditivos não verbais, excluindo possível etiologia de tipo sensorial.

Crowder (1989) apresenta um modelo muito geral do processamento auditivo de curto prazo, testemunhando a evidência de uma "pré-categorização de armazenamento acústico". Refere-se a uma capacidade fixa – espacial ou numérica – bem assim como a uma capacidade temporal limitada. Isto significa a existência de limites nas unidades de informação que poderão ser armazenadas, assim como na extensão de tempo durante o qual poderão estar armazenadas. A informação deste sistema de armazenamento passará, pois, continuamente, aos mecanismos de percepção ou categorização, bem como a algum mecanismo de feedback sob o controle do ouvinte a fim de a escuta selectiva se tornar possível.

A imitação sequencial de sons da língua constitui, em termos produtivos, a tradução de uma competência perceptiva individual. O "peso" que uma palavra com mais de duas sílabas representa, para uma criança em idade precoce (entenda-se até aos 24 meses de idade) está bem patente quando damos conta da dificuldade para a mesma registar o número e a sequência das sílabas na palavra, ainda que essas palavras possam ser de grande familiaridade. Idêntico comportamento se revela em crianças com um domínio linguístico básico estabelecido (a partir dos cinco anos de idade) e que se confrontam, em seu processo, gradual de aprendizagem da língua, com novos e invulgares vocábulos de maior a menor extensão silábica, acrescidos de certo tipo de sílabas (CCV, CCVC), de mais tardio domínio ou estabilização.

Frente à ideia de que esta capacidade de armazenamento ou de memória do material verbal é limitada e está presente em crianças com alterações de linguagem, propomos um tipo de sugestões reeducativas ·iniciadas a partir de algumas tarefas já incluídas nas tarefas de discriminação, tal como acontece com a reconstrução de palavras a partir da oferta de sílabas que não respeitam a ordem que o modelo linguístico impõe. As tarefas aqui enunciadas incidirão, num primeiro momento, sobre a reprodução de estruturas rítmicas, seguida da imitação auditiva de material silábico do PE. Basear-se-ão na oferta de modelos acústicos (verbais e não verbais), perante os quais se pretende uma reprodução que deverá reflectir a ordem pela qual foi apresentada. Com esta posição ou encaminhamento reeducativo, baseada na sequenciação de material verbal, pretende-se instaurar o conhecimento e uso de padrões tanto perceptivos como motores, ambos adstritos ao acto de fala.

A imitação de conglomerados sonoros, de cariz linguístico, extravasará a sílaba para se adensar na memorização lexical, na evocação de campos semânticos, no encerramento de palavra (reconstrução), na evocação de curtos enunciados, bem assim como na identificação de marcadores de compreensão, em textos de curta extensão, lidos ou simplesmente escutados. Material extra-linguístico – tal como memória de número e de pseudopalavras – merecem, também, particular atenção neste bloco. Por último explicitaremos algumas estratégias de segmentação silábica, passíveis de facilitação do processo de aprendizagem fonológica.

Seguindo a ordem atrás referida, iniciaremos por actividades de carácter rítmico.

B1 – Actividades de Memorização Sequencial Rítmica
Um dos aspectos que intervém no processamento auditivo é aquele que está relacionado com a fluência de linguagem e traduz, para Tallal (1994) o designado *modelo temporal ou ritmo*. Este é determinado pelas sequências de segmentos acentuados e não acentuados. Estes modelos rítmicos podem facilitar a memória e compreensão, interferindo, por consequência, no reconhecimento da fala.

A este propósito é interessante assinalar a posição do pedagogo musical Carl Orff. Ele considerou a linguagem como elemento promotor do sentido rítmico e musical e, inversamente, o ritmo e a melodia constituir-se-iam como veículos para treinar e desenvolver funções, fundamentalmente, linguísticas.

Este tipo de propostas, ao pretenderem o fomento da atenção e memória auditivas, contribuem, simultaneamente, para perceber os ciclos que se sucedem no tempo e o fomento da expressão rítmica corporal. Enumeramos, a seguir, algumas tarefas associadas à memória sequencial auditiva, as quais constituem mais um instrumento para o acesso a padrões de cariz perceptivo-linguístico:

1 – Reprodução de estruturas rítmicas, devendo a criança reconstruir os batimentos e pausas escutadas, de maior a menor número de elementos e apresentando uma infinita variabilidade de combinatórias.

Exemplo:
- Batimentos fortes seguidos de batimentos fracos;
- Batimento com a mão direita, seguido de batimento com a mão esquerda (sobre qualquer superfície);
- Palmadas com ritmos/pausas diferenciadas;
- Modelos rítmicos diferenciados, a partir do uso de instrumentos musicais;
- Marcar o ritmo de determinado tipo de marcha humana;
- Marcar o ritmo de determinada canção (seguir proposta do reeducador);
- Batimento de palavras a partir de um enunciado escutado;
- Demarcação, com batimento, das sílabas tónicas presentes em enunciados propostos;
- Segmentação silábica de palavras com batimentos, estipulando, previamente, níveis de velocidade;
- Evocação de palavra com o número de sílabas correspondentes aos batimentos realizados (mono, di tri e polissílabos);
- Batimentos correspondentes ao número de sílabas da palavra em questão, reforçando, em intensidade, a sílaba mais acentuada (tónica);
- Repetição, alternada, de frases interrogativas e afirmativas;
- Evocar distintos nomes, em distintas categorias lexicais, ao som de determinada melodia;
- Recitação de pequenas estrofes, com diversos tipos de rima (cruzada, etc.);
- Codificação de distintas estruturas rítmicas através do uso de distintos instrumentos musicais /objectos. (– – -; — — —; – — -);

B2 – Imitação/Memorização Verbal de Material Silábico
O fenómeno da imitação, em sentido lato, está longe de constituir uma actividade mnésica despida de envolvimento cognitivo. Ele constitui-se como a exteriorização de um processamento central que envolve dados provenientes de distintas modalidades de armazenamento da informação, mediante a activação de distintas áreas cerebrais.

O uso da memória a curto prazo constitui o principal instrumento para a actividade de imitação imediata. A designação de *imitação* é aqui assumida como actividade cognitiva que faz apelo a competências discriminativas e de memorização de curta duração, tornando possível a evocação do material escutado, de três a cinco segundos após a recepção do mesmo.

O incremento da imitação de sequências silábicas pode ser usado como forma de apelo à retenção, preservação ou memorização dos traços ou características que definem cada um dos fonemas da língua, em múltiplos contextos sonoros.

Orientado para todo o tipo de fonemas e formatos silábicos, este tipo de tarefas faz apelo a destrezas neurológicas, de cariz motor (sequência de padrões de motricidade) e cognitivo (memorização e sequenciação de padrões perceptivo-verbais) presentes no acto de produção da fala.

O forte uso de onomatopeias ou combinatórias silábicas do tipo CV-CV; VG-VG (popó, bebé, mamá, pipi, au-au) durante o período pré--linguístico (até 12-18 meses) mostra bem o efeito da imitação sobre a "explosão" da nomeação que a partir daí se inicia e se fundamenta no alargamento das possibilidades de imitação – quer motoras quer perceptivas.

As actividades a seguir propostas direccionam-se para a instauração de padrões de imitação que traduzem possibilidades de realização fonológica, na sua díade essencial: motricidade/percepção. Iniciaremos com a distribuição silábica de dois elementos onde os critérios podem basear--se em:

- *oposição do ponto de articulação (*anterior – posterior; alveolar – velar*)*, exemplo 1, em cada uma das categorias de modo (consoantes oclusivas, fricativas, líquidas).
- *oposição/igualdade de vozeamento, dentro de cada categoria de modo (oclusivas, fricativas, líquidas)*; surdo-sonoro ou sonoro--sonoro), exemplo 2.
- *proximidade de ponto e diferenciação de vozeamento* (ex: fricativas anteriores – s, z – surda-sonora), exemplo 3.
- *conglomerados silábicos que acedem a significado*, exemplo 4.

Modo: consoantes oclusivas
(1) pa-ca; bu-ga; guê-ta; co-ta; tu-ca; ga-ma (combinação anterior-posterior);
(2) ba-pa; da-ca (combinatória sonora-surda);
(3) to-da; da-ma (proximidade de ponto e diferenciação de vozeamento);
(4) ga-to; go-ta; to-ga; ca-ma; go-ma; pou-co; pa-to; to-ma; da-ta; to-do; ne-ta; (acesso a significado);

Qualquer um dos exemplos anteriores poderá ser multisseriado tendo em conta a combinação de qualquer um dos fonemas posteriores (k, g) com um qualquer fonema anterior (p, b, t, d, m, n) ou ainda fonemas anteriores com distinto ponto de articulação (fonemas t, d, n, com fonemas p, b, m).

Modo: consoantes fricativas
(1) Sa-já; xa-za; va-xa; fa-já; xa-sa; fa-xa, etc. (combinação anterior– posterior e vice-versa);
(2) Za-sa; fe-ve, etc (combinação surda-sonora ou vice-versa);
(3) Sa-za; já-xa, etc (proximidade de ponto e diferenciação de vozeamento);
(4) vejo– chuva-chave– feixe, etc. (acesso a significado).

Modo: consoantes líquidas
(1) La-Ra; Ra-ra; Ro-lo–, etc. (combinatória anterior-posterior ou vice-versa).
(2) Todas as consoantes líquidas são sonoras.
(3) La-ra; ra-la (proximidade de ponto);
(4) Lau-ra– La-ra-Ro-lha– Ro-lo, etc. (acesso a significado).

Múltiplas *combinatórias inter-classe* (oclusivas com fricativas e/ou líquidas e vice-versa) podem ainda constituir-se como outros critérios para a imitação/memorização de sequências silábicas, com e sem acesso a significado.

B3 – Imitação /Memorização Sequencial de Material Lexical
– Imitação sequencial de números com dois, três, quatro e mais unidades (4-9; 7-14-9; 48-7-16; 7-24-8-3; 9-7-4-18-5, etc.).

– Imitação sequencial de números combinando unidades, dezenas e centenas (25-34; 17-24-105; 2-93-104; etc.)
– Imitação sequencial de palavras do mesmo campo semântico com gradual alargamento do número de elementos (dois, três, quatro, cinco). Ex: toalha – sabonete – champô – bidé (objectos adstritos à casa de banho).
– Imitação sequencial de dois, três e mais elementos relativos a distintas categorias lexicais: frutos, flores, animais, nomes de pessoas, etc.

A memória resultante do armazenamento da informação acústica de carácter verbal oral permite, a cada sujeito falante, a possibilidade de aceder a material vinculado à linguagem – sejam fonemas, sílabas, palavras e/ou organização das mesmas em estruturas sintácticas, semânticas e/ou pragmáticas, sejam modelos ou programas que permitam levar a cabo o acto de fala, com o máximo de destrezas neuromotoras.

As actividades atrás expostas – baseadas na memorização de sequências sonoras da língua e centradas em tarefas – pretendem potenciar a retenção e posterior evocação de sílabas e palavras que configuram a dimensão fonológica e léxico-semântica da linguagem produtiva. Com elas se pretendem exercitar actividades cerebrais que fomentem a instauração de linhas de conhecimento aprofundadas, bem demarcadas e adstritas ao conhecimento da(s) norma(s) da língua.

C – Repetição de Modelos (fonológicos) segmentados

Perante uma criança com fala ininteligível, o primeiro dos momentos de trabalho deverá consistir na delimitação das unidades linguísticas que, no seu discurso ou produção oral, se apresentam com limites difusos e/ou flutuantes. Esta necessidade de afirmar limites relaciona-se com o vínculo da própria palavra ao sentido que ela congrega.

Não se trata de uma afirmação pacífica, a ideia de que a primeira unidade linguística da criança seja a palavra. Teóricos como Jakobson, (1968) ou Smith (1973) sustentavam um argumento de continuidade relativamente ao desenvolvimento fonológico, isto é, ele far-se-ia, desde o início e sobre o fonema, enquanto unidade básica. Formulações mais recentes, nas quais se enquadram os cognitivistas e os chamados teóricos da "fonologia baseada na regra", admitem que a primeira grande unidade linguística seria a palavra. Com base nela, o sistema fonológico da criança desenvolver-se-ia a partir de uma fase inicial na qual a produção lexical se mostraria mais correcta do que na fase ulterior (o idioma progressivo, de que falam os cognitivistas), dada a activação de uma organização fonológica até aí inexistente. Também nas formulações baseadas em regras – nas quais se incluem os processos fonológicos, vigora a ideia que estes processos começam por ser aplicados à escala da palavra, adulterando a sua quase totalidade para, posteriormente, se reduzirem a parte dela, ou apenas a um fonema.

O isolamento da palavra na torrente confusa que a criança emite deve, assim, constituir objectivo prioritário. A etapa subsequente a esta será a apropriação, pela criança, da palavra como unidade correctamente produzida, passível de ser decomposta, silabicamente. Uma vez estabelecidas as fronteiras lexicais, as fronteiras silábicas podem ser percorridas enquanto meios de facilitação para o conhecimento fonológico. Ganham aqui, pois, sentido, todas as actividades que visem uma intervenção na qual se privilegie a redução da complexidade produtiva.

O que é, pois, a segmentação da palavra ou do enunciado?

No caso da palavra, consiste na "aparente" redução do número de sílabas da mesma, reforçando-se a produção através da ênfase acústica e gestualidade articulatória dada ao(s) elemento(s) silábico(s) passível(eis) de destaque. Isolar cada uma das sílabas de um dissílabo ou agrupar em conjuntos de dois um tri ou polissílabo equivale a segmentar uma palavra. Segmentar a frase corresponderá, na mesma linha, em isolar partes da mesma, preservando, quanto possível, os núcleos de sentido e os núcleos gramaticais, garantindo a possibilidade de a criança imitar/repetir com o máximo sucesso.

O exemplo para um e outro caso poderá ser o seguinte: A palavra "chapéu" é pronunciada pela criança como *papéu*. Uma vez que a criança já emitiu o /S/ noutros contextos silábicos, segmentar-se-á em dois grupos silábicos o referido nome (reforçando a articulação e a intensidade da primeira com vista a uma melhor detecção dos traços fonémicos). Se, no enunciado, "o gato comeu a sopa" – este, velozmente emitido – a criança em fase de grande inconsistência fonológica disser *o dato meu a popa*, poder-se-á subdividir esse enunciado nos seguintes núcleos semântico-gramaticais: (o gato) – (comeu) – (a sopa). Cada um destes será (de início) lentamente, imitado/ repetido pela criança, frente ao modelo do adulto, seguido de nova produção (do mesmo), agora apenas com outros reforços que não os da escuta verbal oral.

Realçamos a ideia de que qualquer produção (segmentada) corresponde a um esforço para o domínio da globalidade da palavra, não contemplando dificuldades relativas ao fonema.

Algumas sugestões, a seguir, permitem conceptualizar o tipo de procedimentos de segmentação e facilitação mais utilizados:

Segmentação de enunciados

Exemplo (1) de produção – enunciado pela criança:
Nina um come xopa (a menina não come sopa).
Exemplo de Segmentação pelo adulto (três momentos): a menina – não come – a sopa.

Exemplo (2) de produção – enunciado pela criança:
Ressolveu fená-la e ela comeu a maçã fenada (resolveu envenená-la e ela comeu a maçã envenenada).
Exemplo de Segmentação pelo adulto: Resolveu – envenená-la (enve-nená-la) – e ela comeu a maçã (e ela comeu a maçã) – envenenada (enve-nená-da).

Tal como referido, neste tipo de recursos de segmentação, associados à emissão de enunciados, deve estar, sempre, salvaguardada a manutenção de núcleos de sentido, preservando-se, deste modo, a visão/compreensão global, presente no enunciado da criança.

Segmentação de palavras

Exemplos:
(1) Palavras dissilábicas, de domínio não generalizado, porém, sem défice articulatório no fonema, em sílaba isolada: *bóua, éba, baco, pota, léte, pata*.
Exemplo de segmentação:
bo–la; er–va; bar-co; por-ta ; lei–te; pás–ta;

Para os nomes que contenham o /r/ em CVC inicial ou CCV (po<u>r</u>ta, p<u>r</u>ato), poder-se-á utilizar o recurso da epêntese de vogal, transformando, assim cada uma das referidas sílabas em duas, do tipo CV.CV.

(2) Palavras trissilábicas com predomínio de i) omissão de sílaba, ii) harmonia consonantal, iii) metátese ou iiii) omissão de fonema em sílaba:

i) Pato (sapato); neca (boneca); nina (menina); castanha (tanha), etc.

Exemplo de segmentação:
Sa-pato; bo-neca; me-nina; cas-tanha;

ii) Rarriga (barriga); rarrafa (garrafa); cirrarrro (cigarro); neneca (boneca).

Exemplo de segmentação:
Ba-rriga; ga-rrafa; ciga-rro; bo-neca;

iii) mánica (máqui-na); cardeno (caderno); apretar (apertar); persente (presente).

Exemplo de segmentação:
Má-quina; cader-no; aper-tar; pre-sente;

iv) recodar (recordar); esquerver (escrever); poblema (problema); tabalhar (trabalhar);

Exemplo de segmentação:
recor-dar; escre-ver; pro-blema; tra-balhar;

Todos os exemplos de segmentação apresentados se baseiam no pressuposto de que a produção ficará mais facilitada quando a percepção sobre a sílaba(s)-problema estiver realçada. Este facto justifica que nos exemplos iiii) a segmentação para a palavra "recordar"ou "escrever"se tenha feito no momento em que a sílaba–problema ocorre (recor-dar; escre-ver), o mesmo acontecendo para iii) na palavra "máqui-na".

(3) Palavras polissilábicas com frequente uso de processos de omissão de sílaba (i), ou de fonema em sílaba complexa, isto é, não classificada como CV (ii), ou ainda com presença de metátese (iii).

i) possora (professora); pertador (despertador); boleta (borboleta);

Exemplo de segmentação:
Pro-fessora ou profe-ssora; des-pertador; bor-boleta

ii) agadecer (agradecer); cocodilo (crocodilo); detegente (detergente); enfemeira (enfermeira).

Exemplo de segmentação:
Agra-decer; cro-codilo; deter-gente; Enfer-meira;
iii) gragalhada (gargalhada); percisado (precisado); compormeter (comprometer); atorpelar (atropelar);
Exemplificação de segmentação:
Gar-galhada; pre-cisado; compro-meter; atro-pelar;

(4) Segmentação com epêntese de vogal neutra
Este tipo de estratégia consiste em adicionar uma vogal neutra a uma sílaba constituída por CCV ou CVC.

Assim, quando às palavras: pato (prato); cata (carta); come (comer); pofessora (professora); for (flor); busa (blusa); feta (festa) ou bade (balde) – frequentemente pronunciadas por crianças sem qualquer problema, nas últimas fases do seu domínio fonológico ou crianças com desenvolvimentos linguísticos tardios – se acrescentar uma vogal, (ex: perato; cáreta) cada uma delas reduz o seu tipo de sílaba inicial (CCV/ /CVC) a duas de tipo CV.CV, formato silábico universal, de mais fácil realização neuromotora.

No seu processo evolutivo a criança passará a perder este tipo de "compensações" para dar lugar a uma articulação pautada por processos neuromotores e neurolinguísticos consentâneos com a norma praticada em seu contexto sociolinguístico. Várias perspectivas no âmbito da investigação têm, por outro lado, contribuído para a atribuição de um carácter evolutivo aos formatos silábicos, convergindo para a consideração do formato CV enquanto "momento-zero" da aquisição. Exemplo disto são os trabalhos de Moskowitz (1973), bem como as mais recentes perspectivas oriundas da Fonologia não linear (Freitas, 1997). Esta última autora chega mesmo a particularizar o processo de aquisição do trilo alveolar nas crianças falantes do Português Europeu, considerando que, neste contexto, a epêntese da vogal neutra em encontros consonânticos com /r/ (prato->pe.ra.to; crosta->que.ros.ta) constituiria um momento intermédio (um "jogo fonémico") de aquisição do fonema em causa. Pode, ainda, ocorrer que, na mesma palavra, ocorra mais que um processo de simplificação. Nesse contexto, a segmentação deverá ser pensada tendo em conta a extensão da palavra e o tipo de erros que ocorrem, tal como acontece na palavra *professora,* atrás focada.

Em todos os exemplos de segmentação apresentados, a ideia subjacente é a de que a sílaba-problema, que pode revelar-se como ausente (omissão), incompleta (por omissão de fonema) ou desvirtuada (por transferência ou migração de um fonema dentro ou fora da sílaba a que pertence – metátese), passe a ocupar o lugar de sílaba acentuada, permitindo que a proeminência da intensidade ou acento a torne mais relevante do ponto de vista acústico e, por consequência, passível de melhor discriminação perceptiva, logo, de acesso mais facilitado para uma produção modelar.

Em suma, a segmentação desenha-se como uma estratégia para auxiliar a criança a suplantar as suas dificuldades de expressão, manifestas quer no enunciado quer na própria palavra. Porque se trata, na realidade, de um efeito meramente psicológico (a redução de elementos), esta actividade deve ser acompanhada de um reforço quer da mímica da gestualidade articulatória, quer da intensidade e das curvas melódicas presentes na oferta dos modelos linguísticos segmentados.

Este tipo de actividades tende a suprir os défices de processamento da criança, oferecendo-lhe como tarefa preliminar, algo que, embora não correspondente à realidade linguística, lhe permita um poder manipulativo dentro dos seus limites. Tudo acontece, assim, como se o material linguístico que a criança tenha que submeter a tratamento não a obrigue a maior mobilização de recursos perceptivos e mnésicos que aquela que ela própria faz quando simplifica o discurso adulto.

BLOCO REPRESENTACIONAL

Neste bloco de intervenção estão especialmente implicados os princípios:
- Progressão motricidade-> representação;
- Progressão fonologia->léxico-> sintaxe;
- Progressão imitação-autonomia;
- Progressão autonomia-criatividade [ling. espontânea];
- Progressão criatividade-reflexão [metafonologia].

São fases constantes deste bloco:
A) Identificação de modelos incorrectos (Estabilização da representação da palavra);
B) Metafonologia;
C) Integração em contextos discursivos.

A – Identificação de modelos incorrectos

O apelo a este tipo de actividades, como forma de trabalhar aspectos perceptivos interferentes na aquisição da linguagem produtiva, baseia-se no facto de se constituir, como um excelente meio de "re-chamada" do conhecimento ou representação interna, das palavras e demais material linguístico.

A confirmação de qualquer saber (adequado ou não às normas do sistema) é tanto mais activada quanto maior a necessidade de contrapor dois modelos, um dos quais considerado correcto e outro incorrecto. A identificação do modelo ajustado às conveniências da língua requer a intervenção de processos cognitivo-linguísticos que assentam em patamares de saber gradualmente construídos e instaurados em "compartimentos" especializados ou módulos (Fodor, 1983) a que é possível aceder sempre que a tarefa produtiva assim o exija. A extracção do saber linguístico consolidado oferece a qualquer profissional, em geral, a imagem de um domínio ou conhecimento instaurado.

A identificação de modelos correctos/incorrectos em palavras e frases do quotidiano linguístico da criança representa, pois, a forma de despistar possíveis desvios ou inconsistências relativas ao domínio da fonologia, servindo não apenas a oralidade mas também a escrita.

Sugestões como as que aqui se expõem constituem, portanto, uma forma de reflectir sobre a língua para afiançar a correspondência entre o que é dito e aquilo que é suposto dizer-se, em parceria com o modelo da língua.

Reflectir, comparar e seleccionar são atributos de carácter cognitivo, vinculados ao processamento do material verbal. Neste contexto, o treino deste tipo de competências é determinante para o domínio da língua: automatização de padrões fonológicos, acesso mais simplificado aos mesmos e base da lecto-escritura.

A apresentação verbal oral, por parte do orientador da actividade, de modelos incorrectos de palavras, referentes a gravuras presentes e respectivo discernimento sobre a sua verdade ou falsidade, é uma das tarefas mais simplificadas que se apresentam à criança. A escuta, análise e respectivo ajuizamento de correcto/incorrecto ou certo/errado é sugerida nos exemplos a seguir:
   – Esta gravura é um "sapéu" (frente a modelo gráfico do mesmo).
   Achas que disse bem ou mal? Corrige-me, se for o caso.

Este exemplo pode tornar-se extensivo a todos os fonemas da língua que constem em sílabas do tipo CV, particularmente nas consoantes fricativas (f, v, s, x, j), onde a prevalência de erro se prolonga, por vezes, até à escolaridade básica.

Imprecisões perceptivas relacionadas com o traço vozeamento (surdas-sonoras) constituem, também, motivo para reforçar o conhecimento "preciso" de palavras que as contém e se integram em formatos silábicos do tipo CV.

Os formatos complexos – CCV e CVC – de aquisição posterior (a CV) e sujeitos a inúmeros processos de simplificação (omissão de segunda consoante, consoante final de sílaba ou ainda mudança de lugar da segunda consoante da sílaba a que pertence) estão expostos, nalguns casos durante longos períodos de tempo, a aprendizagens instáveis, inconsistentes ou mesmo incorrectas. Algumas palavras – com e sem gravura – podem constituir bons exemplos de actividades:

– Com apoio visuo-gráfico e palavras com sílabas do tipo CCV ou CVC:
É um "pato" (prato), "futa" (fruta), "coba" (cobra), "crotina" (cortina), "barço" (braço), etc.?

– O mesmo tipo de sílabas CCV-CVC, sem apoio visual, com envolvência semântica mais alargada:
Um objecto para saltar e se suporta com cada uma das mãos é uma "coda". Certo ou errado?

– Evocação de palavras, a partir de indicadores semânticos, que contenham fonemas cujos formatos silábicos se revelem sensíveis à ocorrência de desvios/erros fonológicos.
• Uma laranja espremida e deitada no copo é um ... (sumo de laranja)
• Um meio de transporte que anda pela água é um... (barco)
• A água que sai dos nossos olhos são as... (lágrimas)

– Evocação de antónimos (com sílabas e fonemas-problema):
• O contrário de quente é... (frio)
• O contrário de contente é... (triste)
• O contrário de longe é... (perto)
• Comemos com a faca e o ... (garfo)

- Selecção de palavra num universo de três:
  - atropelar – atorpelar – atropelar
  - porfissão – profissão – pofissão
  - brabatana – babartana – barbatana

- Apresentação de três-quatro palavras incorrectas e apelo a um modelo correcto:
  - Rerpesentar – repersentar – repesentrar
  - juísso – xuísso – zuísso
  - detregente – detegente – dretegente

- Detecção de erro lexical:
  - Vejo as notícias no "caderno" (jornal)
  - Tenho olhos na minha "cabeça" (cara)
  - Um animal selvagem com riscas pretas e brancas é "elefante" (zebra)

Todas as actividades atrás explicitadas podem ser readaptadas a actividades de escrita.

B – Metafonologia

A metafonologia constitui a vertente da metalinguagem na qual a atenção, consciente, incide sobre o sistema fonológico de uma determinada língua. A metafonologia, frequentemente designada de consciência fonológica, é definida como "uma capacidade cognitiva metalinguística que se desenvolve de acordo com a compreensão da linguagem oral" (Barrera e Maluf, 2004).

A consciência fonológica é a tomada de consciência de que a fala pode ser segmentada. Desenvolve-se, na criança, em paralelo com a tomada de consciência de que o discurso oral é composto por palavras, sílabas e fonemas, enquanto unidades identificáveis.

A metafonologia representa, pois, o conjunto de habilidades que vão da simples percepção da extensão da palavra e de semelhanças fonológicas entre as palavras até à segmentação e manipulação de sílabas e fonemas.

A introdução, neste livro, de actividades que contemplam o domínio da metafonologia explica-se pelo facto de a criança que domina a fonologia de um sistema deve aceder à análise ou consciência do mesmo, pois de tal tipo de dados carece para, com maior facilitação, ingressar na aprendizagem da linguagem escrita. Na verdade, a linguagem escrita, qualquer que seja o método de acesso à mesma, apela, inevitavelmente (sobretudo em palavras de baixa frequência de uso), a processos de correspondência entre o que é escutado e aquilo que é escrito. Deste modo, fazer o treino do conhecimento metafonológico remete para o conhecimento dos elementos que constituem os enunciados produzidos, das palavras que os compõem e das respectivas sílabas e fonemas que configuram o sentido emergente numa produção espontânea.

As sugestões aqui apresentadas apelam à atenção auditiva, a qual se constitui como selectiva para os elementos intra como extra linguísticos. Identificar o estatuto de um estímulo auditivo como palavra ou não, diferenciar a longitude de palavras, conhecer o número de sílabas e localizá-las no aglomerado que constitui um padrão fonológico, ou ainda identificar os segmentos ou fonemas que constituem cada sílaba, representa uma tarefa de análise que, a nosso ver, deve ser iniciada nos primeiros níveis de escolaridade. Entendemos aqui como primeiro nível aquele que se relaciona com faixas etárias nas quais o domínio da palavra e da frase se encontra em fase de estabilização em seus domínios básicos, a saber, entre os quatro e os seis anos de idade, com tarefas de maior a menor elementaridade.

Deste modo, ainda que a criança não conheça ou consiga fazer a correspondência entre o fonema e o grafema, ela será, no entanto, capaz de dominar a tarefa intermédia – que é a de identificar constituintes intra e inter silábicos no conjunto daqueles que constituem *uma palavra falada*.

Apoiados neste conceito de metafonologia e na defesa, por vários autores, da necessidade de treino nesta área específica para a superação de dificuldades na linguagem escrita, apresentamos a seguir algumas propostas de intervenção.

0 – Isolamento de palavras na frase
Apresentar frases de distintas longitudes e pedir à criança que contabilize o número de palavras.

Exemplo: os braços e as pernas são os membros do corpo humano
• Quantas palavras contém esta frase?

01 – Descoberta de uma palavra intrusa
Apresentar frases de variada extensão na qual uma palavra não "condiz" com o sentido global.
Exemplo: O cérebro é um órgão muito importante cabelo.
• Qual a palavra que não pertence a esta frase?

02 – Ordenação de palavras na frase
Ordenar palavras de modo a conseguir uma frase com sentido.
Exemplo: Muitas a escola minha actividades tem.

03 – Identificar a palavra que se repete em duas frases
Exemplo: vou para a cama. Já compraste a tua *cama*?

1 – Identificação de Palavra/Não palavra
Deverão ser apresentadas à criança palavras do vocabulário comum juntamente com outras que, ainda que com alguma similitude morfológica, não apontam para qualquer significado.
Exemplo: Batata-catota.
• Qual destas não é uma palavra? (entende-se aqui como palavra um conglomerado silábico que faz apelo a um sentido identificável)

2 – Longitude de palavra
Deverão ser ditas oralmente, à criança, com ou sem apelo a referências visuo-gráficas, palavras familiares com maior e menor número de sílabas a fim de esta identificar qual a que contém maior/ou menor número de elementos/sílabas.
Exemplo: boneca-sapateiro; Sapato – bola –frigorífico
• Qual destas palavras é maior/mais comprida?

3 – Identificação de Rima
Apresentar à criança, a título de exemplo, duas ou mais palavras/gravuras que terminem com o mesmo tipo de sílaba. A partir desta primeira análise, oferecer outras propostas, entre as quais grupos de palavras que poderão rimar e outros não, modificando, a gosto, o tipo de palavra e o número das mesmas na série apresentada.

Exemplo:
- Cão-irmão
- Bola-sopa
- Ovelha-orelha-telha
- Salada-calada-banana

Entre os exemplos apresentados quais aqueles que rimam?

Uma outra modalidade deste tipo de actividades é aquela que incita a criança a evocar palavras que rimam com determinada palavra apresentada.
Exemplo:
- uma palavra que rime com....bola...etc.?

Esta tarefa pode ainda ser tornada mais complexa. No momento da evocação, a criança poderá obedecer a determinado tipo de limites.
- uma palavra que rime com a palavra.... e que seja um animal selvagem/doméstico?

4 – Contagem do Número de Sílabas
Apresentar palavras de distintas extensões ou longitude e pedir à criança para contar o número de "pedacinhos" que as constituem.
Exemplo:
ter-mó-me-tro
- De quantos pedacinhos se compõe esta palavra?

A esta tarefa se pode acrescer uma outra:
- Assinalar com uma cruz as sílabas da palavra, numa série de círculos, em plano horizontal/vertical ou, ainda, desenhar tantos círculos quantos o número de sílabas da palavra em questão.

Uma outra variante desta actividade poderá ser aquela que pede à criança para, em presença de gravuras,
- fazer corresponder o número de sílabas de cada gravura com o número de estrelas contidas em distintos círculos.

5 – União de figuras cujos nomes se iniciam com a mesma sílaba.
Exemplo: gravuras representando *o cavalo, a cama, o esquilo, a estrela, o laço e a laranja.*

- Fazer um traço de união entre gravuras que se iniciem com a mesma sílaba (*ca*ma-*ca*valo).

6 – Reconstrução de palavra
Deverá ser oferecido à criança uma palavra de maior/menor frequência de uso, incompleta ou com hiatos, que deverão ser preenchidos pela mesma.
Exemplo:
- auto..arro; ca...erno; bor...leta; pro...ssora

7 – Inversão da ordem das sílabas na palavra
Apresentar palavras com duas e três sílabas, pedindo à criança que inverta a ordem das sílabas escutadas.
Exemplo:
- vaca – cava: sopa – passo; caneta – taneca, etc

8 – Formação de novas palavras a partir da eliminação de sílaba medial de uma palavra
Exemplo:
- pato (sapato); boca (boneca); bata (batata); gaveta (gata); camisa (casa); bonita (bota); bolota (bolo); boneca (boca).

A tarefa do exemplo anterior consiste em pedir à criança que elimine a sílaba média de cada uma das palavras e que apresente uma nova, dela emergente. Este tipo de actividades admite a eliminação de sílaba em qualquer posição da palavra: inicial, média ou final.

9 – Apresentação de sílabas desordenadas
A partir da escuta de uma série de dois, três ou mais elementos silábicos propor à criança a ordenação dos mesmos de molde a conseguir uma palavra identificável.
Exemplo:
la-bo-cha (bolacha).

Esta actividade deverá ser conduzida oferecendo à criança dois-três indicadores pictográficos (gravuras), os quais, mediante associação com objectos particulares, facilitam o acesso à reconstrução da palavra.

10 – Circundar gravuras que contém o mesmo som
Exemplo:
• chapéu – viola – chupa – xilofone – fecho – fogo – garrafa – chave (gravuras).

Frente a estas gravuras, a criança deverá circundar as que contêm o fonema /ʃ/.

Esta actividade pode ser extensiva a todos os fonemas e a qualquer posição do fonema na palavra. Pode ainda ser substituída a tarefa de circundar a gravura pela de batimento de palmas, levantar o braço mal escute o fonema em equação, etc.

11 – Discriminação de igual/diferente em fonemas
Apresentar à criança dois tipos de fonemas e propor-lhe que assinale as similitudes ou diferenças.
Exemplo:
• /p/ /b/; /m/ /b/; /ʃ/ /ʃ/; /s/ /z/, etc. – são iguais ou diferentes?

12 – Atenção auditiva
Associação de duas palavras com similitudes fonológicas a uma determinada cor/figura, etc.

A criança observa (gravura) ou escuta duas palavras com alguma similitude. A seguir deverá fazer-lhe corresponder uma actividade, previamente combinada.
Exemplo:
• bola-mola – pintar um círculo de vermelho;
• bola-cola – pintar um círculo de verde;
• burro-murro – pintar círculo de amarelo.

Todas as actividades de carácter metafonológico aqui propostas visam a obtenção de competências que preparem a criança para a árdua tarefa de automatização dos padrões da linguagem escrita. Corroboramos a posição de Morais (1995), ao considerar que os progressos em leitura/ /escrita são tanto mais significativos quanto mais exercitada a habilidade fonémica intencional e o conhecimento das correspondências entre as letras e os "seus sons". Porque vários são os autores que propõem programas de intervenção para alterações de linguagem escrita baseados em actividades de consciência fonológica, pensamos sejam estas curtas sugestões oportunas para o fim global, em vista: aquisição da fonologia tanto para o domínio da oralidade quanto o da escrita.

C – Integração em contextos discursivos

O momento de integração desenvolve-se essencialmente sobre a progressão, em cada unidade linguística, da repetição (trabalhada em momento anterior) à produção autónoma de materiais verbais. Da palavra passa-se à frase e, finalmente, ao discurso espontâneo.

O desenvolvimento deste processo pode iniciar-se a partir dos seguintes parâmetros.
- Adoptar um trabalho dirigido à *evocação lexical a partir de indicadores gráficos ou outros: a* criança, frente a gravuras que contém o fonema em défice ou a adulteração previamente assinalada (metátese, distorção, harmonia) deverá produzi-las evocando o padrão fonológico anteriormente trabalhado e, supostamente, assimilado. Trata-se de uma evocação no sentido puro – o sentido segundo o qual a criança produz palavras, sem as ter ouvido no contexto imediato, e mediante estimulação.

Aqui podemos distinguir várias componentes:
- a "provocação" da evocação da palavra, acompanhada da provocação da evocação da função: o que é isto? Para que serve?
- a "provocação" da evocação da palavra a partir da oferta de indicadores semânticos referentes à função do objecto que é nomeado: considerando o caso hipotético de um gelado, dir-se-ia à criança que "é uma coisa fria" e que "comemos no Verão", perguntando "o que é?"
- a "provocação" da evocação de campos semânticos de uma dada palavra, campos estes ligados à função: considerando por exemplo uma faca, pedir-se-ia a nomeação de "outras coisas para cortar". Ao longo deste processo, surge a oportunidade de trabalho dos marcadores morfológicos de plural: "A faca e a tesoura serv*em* para cortar".

A palavra inicial pode ser morfologicamente modificada pela introdução de marcadores de género e de número.

- *Associação da palavra a uma acção*

Num primeiro momento poder-se-á iniciar com uma fase de imitação que pouca margem concede à criatividade linguística. Contudo, ela representa o trampolim para ulteriores respostas de carácter espontâneo. Os passos a seguir podem basear-se, inicialmente, na estrutura básica da sintaxe: Sujeito-Verbo-Nome, tornando-a gradualmente mais ampliada.

Exemplo para a integração do fonema /g/: pretendemos iniciar com a palavra *gato* e sua integração em curto enunciado. Frente à gravura do *gato* (ou outras formas de aceder à palavra) a criança repetirá frases com o verbo na afirmativa e/ou negativa, usando aqueles que mais se adequem ao nome em equação: gosto/não gosto do gato; tenho/não tenho um gato; quero/não quero um gato.

Assim, inicialmente a criança dirá: *Eu tenho um gato*. Num segundo momento pode alargar a extensão do enunciado com a inclusão de um indicador de lugar: *eu tenho um gato em casa*, etc.

A partir deste tipo de produções deverá a criança ser iniciada em respostas de cariz semi-espontâneo (responderá a quanto reproduziu anteriormente), baseadas em indicadores primários de compreensão: quem, de quem, a quem, etc.

Exemplo:
gostas/tens/queres um gato? De que gostas? (do gato)

- Segue-se um outro momento de *produção de unidades de dimensão também correspondente à frase ou enunciado*.

Considera-se, como ponto de partida, os núcleos mínimos sujeito--verbo-complemento. A provocação deste nível de expressão pode ser levada a cabo mediante apresentação de três gravuras, ordenadas, cada uma delas representando o constituinte (sujeito, verbo, complemento) visado enquanto elemento a constar da produção da criança. Por exemplo, para uma emissão do tipo "A menina come o gelado", apresentar-se-ia a gravura de uma menina, outra do acto de comer, e outra de um gelado.

Cada um destes constituintes pode ser, naturalmente, substituído por outro cujo contexto o admita.

Exemplo: em vez do sujeito "menina" poderá ser o pai, a mãe, a avó, o rapaz a rapariga, os amigos, etc., o mesmo para o verbo e para o complemento.

A criança continuará a produzir, porém, com maior complexidade de elementos gramaticais e, consequentemente, maior possibilidade de respostas. O uso de cartões com acções, de preferência coloridas, para descrição das mesmas, resulta de grande eficácia para conduzir a criança na extensão dos seus enunciados.

Um exemplo pode ilustrar o que se acaba de afirmar: gravura de um rapaz apanhando maçãs para uma cesta. A criança dirá: "O menino apanha maçãs". O reeducador dará continuidade ao enunciado da criança acrescentando "apanha maçãs para... com....porque..." etc. Desta forma se possibilita a expansão sintáctica e o incremento gradual da complexidade sintáctica.

O desenvolvimento natural do processo dirige-se para a complexificação das estruturas sintácticas mediante o acréscimo de novos elementos, como anteriormente referido. Seguindo o exemplo anterior, poder-se-ia acrescentar uma outra gravura, às anteriores, com uma praia, provocando a presença do complemento circunstancial de lugar: "A menina come o gelado, na praia".

Uma vez mais se pode estender o enunciado através da introdução (provocada) de preposições, conjunções, posições corporais, adjectivação, etc. A frase anterior poder-se-á alongar se dissermos: "a menina está na praia a comer o gelado que é de .... (morango, chocolate, etc.) e está sentada na ... (areia, cadeira, etc.)".

A partir daqui se iniciarão as perguntas relativas ao enunciado alongado: Quem? Onde? De quê? Como? Que faz?

- A complexificação sintáctica assenta no aumento do número de gravuras, com a *provocação de orações coordenadas* – "A menina comeu o gelado e depois foi... (tomar banho; jogar a bola, etc.)" – e, depois, de *orações subordinadas* – "A menina comeu o gelado que o senhor vendeu".

O processo de provocação de linguagem a partir de gravuras torna-se mais elaborado no momento em que *os constituintes sintácticos deixam de estar identificados por material pictográfico*. Esta tarefa faz apelo à multiplicidade de registos que a criança retém sobre objectos ou realidades do seu mundo. Tomando um exemplo, pensemos na palavra "pão". Procurando as redes semânticas que a ela se associem, daremos resposta a um vasto leque de indicadores de compreensão: quem, quanto, como, aonde, porque, para que, com que, quando, etc.

A partir desta primeira incursão no processo de compreensão, seguir-se-á o processo de expressão. Através da elaboração de um texto oral que contenha todos (ou parte) dos atributos explorados relativos ao nome (pão) que activou todo este tipo de circuitos conceptuais, a criança será impulsionada a evocá-los, organizando-os sintáctica, conceptual e temporalmente.

Neste processo de organização morfossintáctica a criança poderá ser ajudada, através da oferta de palavras funcionais (preposições, conjunções, etc.) que auxiliem no prolongamento da emissão.

Uma das fases de complexificação sintáctico-semântica passará pela organização de cartões dos quais constam acções que correspondem a distintos momentos temporais, seguida da explicitação verbal da coerência organizativa dos mesmos. O reconto de histórias – a partir ou não de indicadores pictográficos – representa uma forma tácita de avaliar as capacidades de retenção da informação verbal, da temporalização dos acontecimentos, da introdução de ajuizamentos, da projecção emocional, etc. Pela dimensão de tais abrangências, as quais veiculam a própria vida da criança, esta actividade deve ser usada em todo o tipo de manuseamento da língua em particular e da linguagem em geral.

Mil sugestões podem inserir-se neste apartado. Todas serão úteis se cumprirem o objectivo central deste conjunto de tarefas: integração de modelos fonológicos em contextos sintácticos multifacetados e alargamento das funções da linguagem.

4. Etapas de intervenção em cada consoante segundo modelo formal misto

Nesta última secção do capítulo sobre intervenção pretende-se dar corpo aos objectivos e princípios presentes quer no bloco motor, perceptivo, quer representacional. Enumeramos alguns momentos que constam do processo de aprendizagem do(s) fonema(s) do português cuja aprendizagem possa constituir dificuldade para a criança em fase de aprendizagem da língua, considerando os contextos silábicos a que podem estar associados.

O objectivo deste tipo de propostas traduz-se, inicialmente, na automatização de modelos de produção fonológica. As actividades iniciar-

-se-ão como fala dirigida e terminarão em usos de linguagem falada, de tipo espontâneo, na qual os conteúdos dominados se revelam através da(s) forma(s) que a estrutura da nossa língua impõe.

Esta última etapa não se esgota nas sugestões oferecidas. Ela pode ser maximamente diversificada, quer nas estratégias quer nos meios a disponibilizar. Partindo do conhecimento sobre a fonética articulatória do português, é levado a cabo um conjunto de actividades cuja função consiste em facilitar a aprendizagem do ponto e modo de articulação (gestuário complementar) dos fonemas. O processo de aprendizagem proposto inclui uma componente forte de trabalho sobre a percepção do próprio gesto pela criança.

Na sequência deste percurso, surge o momento da automatização do gesto articulatório relativo a cada fonema, em contextos silábicos multifacetados, seguido da nomeação de gravuras/objectos onde o fonema que é objecto de correcção se inclui. Este constitui o momento chave para a generalização do uso do(s) nome(s), que contêm o fonema(s), com défice na apropriação fonético-fonológica.

Inseridas tais referências verbais – que congregam sentidos (os nomes atribuídos a realidades) em contextos sintácticos de maior a menor extensão e complexidade – a criança passa a revelar quanto domina, quer do ponto de vista conceptual, quer do ponto de vista formal. A criança expressará o que sabe sobre a realidade que a envolve, tendo em atenção os modelos da fonologia e da sintaxe que, gradualmente, passou a integrar e revela tal saber, de forma espontânea. Excluído, agora, algum dirigismo anterior, a criança dará livre curso ao seu ensejo de comunicar.

Confrontar a criança com a análise das suas produções representa a actividade que mais contribui para o verdadeiro conhecimento sobre a estrutura da sua língua. Para além de possibilitar a auto-gestão do seu saber linguístico, ela constitui-se como o grande suporte para a expressão da linguagem escrita. Este tipo de propostas – às quais o bloco representacional faz particular apelo em suas distintas modalidades – constitui o processo último da reeducação em fonologia.

O fio condutor que percorre todo o processo de aprendizagem da fonologia infantil, presente neste capítulo, manifesta-se através da sequência de passos que se enumeram e que se poderão constatar na explicitação acerca de cada um dos fonemas.

De forma sucinta se assinalam:
1. O uso do gesto ou gestuário complementar, como forma de associação da percepção corporal com a produção de sonoridades da língua.
2. Actividades de motricidade fonoarticulatória que potenciam a realização do fonema em questão.
3. Actividades de apelo à memorização de conglomerados silábicos que incluem o fonema em défice, com vista à automatização do ponto e modo de articulação, utilizando distintos padrões melódicos.
4. Actividades que fomentam o conhecimento fonológico: discriminação auditiva, evocação de nomes a partir de distintos indicadores, como o encerramento de palavra ou outros.
5. Actividades de segmentação silábica, em palavras de menor a maior extensão, utilizando, também, variabilidade nos padrões melódicos.
6. Actividades de nomeação dirigida, a partir de referentes pictográficos.
7. Actividades de nomeação espontânea partindo de distintas plataformas de reconhecimento.
8. Integração de palavras (sob forma de repetição) das quais conste o fonema em défice, em curtos enunciados que explicitam a função/estado, espaço, atributos individuais, etc, dos objectos a que as mesmas se referem.
9. Evocação de nomes que contenham o fonema – alvo.
10. Jogos verbais de associação.
11. Actividades de metafonologia para incremento de pré-competências de leitura-escrita.
12. Integração e generalização do fonema em múltiplos contextos cognitivo-linguísticos.
13. Uso de rimas e lenga-lengas, ditados populares, etc., para afiançamento do correcto uso articulatório.
14. Registo, permanente, de produções linguísticas de carácter espontâneo, ocorridas em diferentes contextos comunicativos, a fim de assinalar os défices persistentes e reforçar a concretização da produção-alvo.

A partir destes princípios reeducativos, globais, que poderão estar presentes na intervenção/reeducação de crianças com défices fonológicos, expomos algumas características relacionadas com a articulação de cada fonema, seguidas de sugestões para intervenção. Estas surgem acrescidas da apresentação do gestuário complementar através do qual se pretende associar o gesto articulatório e seus respectivos atributos acústico-verbais com a produção de qualquer um dos fonemas que a criança careça de ajustar à norma produtiva.

O sustentáculo teórico dos pontos 1-3-4-5 e 7 baseia-se na facilitação que as actividades aí presentes oferecem ao processamento auditivo, concretamente na redundância extrínseca do sistema auditivo, mediante a qual a duração da sílaba, as pistas semânticas e sintácticas, a faixa de frequência dos fonemas em sequência e outras, auxiliam o ouvinte a identificar, mais facilmente, sinais acústicos que fazem parte dos sistemas linguísticos.

A descrição-tipo dos articulados (língua, lábios, dentes, véu palatino, glote) para cada uma das consoantes a seguir abordadas foi extraí da de Barroso (1999).

Fonema /p/

CARACTERÍSTICAS
Consoante, Oclusiva, Surda, Bilabial.

POSIÇÃO TIPO
Lábios: Sobrepostos, em contacto directo total, durante um período mínimo de tempo, e sem prolação significativa relativamente às faces externas dos dentes incisivos. O ar acumulado na cavidade oral exerce pressão sobre os lábios. Na tentativa de os separar, é produzido o fonema /p/ quando vencida a resistência do ar sobre a oclusão labial. Numa pessoa de lábios normais, existe uma relação mútua entre a pressão exercida pelo ar e a resistência que oferecem os lábios. Se a resistência dos lábios for superior à pressão do ar, produz-se uma alteração que vem acompanhada de movimentos desordenados de algumas partes do corpo – membros superiores ou inferiores – com as quais o indivíduo quer ajudar a vencer a contracção labial. Quando se pronuncia o /p/, os lábios separam-se, ligeiramente, ao centro.

Dentes: ligeiramente separados e não visíveis.
Língua: Não realiza qualquer movimento nem contacta com o palato duro. O ápice da língua permanece atrás dos incisivos inferiores e todo o dorso se estende na cavidade bucal.
Véu palatino: llevantado contra a parede posterior da faringe, impede a passagem do ar pela cavidade nasal.
Glote: O fluxo de ar pulmonar, ao chegar à glote, porque encontra as cordas vocais afastadas e relaxadas, atravessa-as sem sofrer qualquer tipo de obstrução, resultando, por consequência, num fonema áfono ou surdo.

Erros mais frequentes
- Substituição pela consoante oclusiva sonora /b/ (frágil resistência labial com vibração de cordas vocais e ligeira fricatização) [*ba*to em vez de pato].
- Substituição pela consoante nasal /m/ (abaixamento do palato com saída do ar pelas fossas nasais) [*mamagaio* em vez de papagaio].
- Substituição por oclusiva /d/ (ápice lingual junto dos dentes incisivos superiores) [*sadato* em vez de sapato].
- Substituição com harmonia consonântica ("contágio" com consoante anterior ou posterior, em contexto lexical) [*torta* em vez de porta].
- Outros (de baixa incidência)

Estratégias de intervenção
- Actividades propedêuticas de mobilidade labial (vibração, contracção, distensão, aproximação, afastamento, ruído de aproximação, etc.).
- Com os lábios bem cerrados e contraídos na parte média, pressionar a sua abertura através da corrente aérea concentrada na cavidade oral, provocando saída de sonoridade.
- Potenciação da musculatura labial através da colocação de um botão entre a parte interna dos lábios e os dentes, do qual sai um fio; pressionar o encerramento labial de molde a evitar a saída do botão o qual é puxado, para o exterior, pelo fio.
- Aproximar e afastar os lábios, emitindo um som (aproximado) à sílaba /pa/ ou /ba/.
- Repetição/Imitação de sílabas contendo o fonema /p/ com qualquer uma das vogais, a partir da forte pressão exercida sobre os lábios.

- Imitação/Evocação da ordem oferecida, em cadeias silábicas, de menor a maior extensão, com a mesma consoante /p/ e distintas vogais.
- Início da nomeação, segmentada, de referentes pictográficos, de duas ou três sílabas, a primeira das quais contém o fonema /p/.
- Generalização do uso do respectivo fonema em distintas posições silábicas.
- Produções repetidas de curtos enunciados, contendo este valor fonémico em palavra(s) que os compõem.
- Linguagem espontânea, descritiva, criativa.

Gestuário Complementar

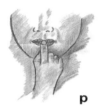

Colocar o dedo polegar sobre o lábio inferior e superior, mantendo estes encerrados. O ar acumulado na cavidade oral fará pressão sobre os lábios. O dedo afastar-se-á, desenhando uma linha horizontal e, impulsionado pela pressão do ar exercida sobre os lábios, estes separar-se-ão, bruscamente, facto que permite a emissão do fonema, como resultado da actividade de oclusão/abertura.

Fonema /b/

CARACTERÍSTICAS
Consoante, Oclusiva, Sonora, Bilabial

POSIÇÃO TIPO
Lábios: Contacto de ambos os lábios. Esta posição impede a passagem do fluxo aéreo na cavidade oral e provoca, deste modo, uma

obstrução completa ao mesmo, tornando este fonema em oclusivo oral, uma vez que o ar pulmonar apenas poderá ser escoado pela cavidade bucal.

Dentes: Em posição normal, ligeiramente separados.

Língua: A ponta coloca-se atrás dos incisivos inferiores e todo o dorso, ligeiramente encurvado, alargado no pavimento bucal.

Véu palatino: levantado contra a parede posterior da faringe.

Glote: Cordas Vocais juntas e tensas. Através delas passará o fluxo de ar pulmonar, forçando-as a afastarem-se e produzindo, deste modo, um som vozeado ou sonoro.

ERROS MAIS FREQUENTES
- Substituição por /m/, consoante bilabial, nasal, com o mesmo ponto de articulação, com saída de ar sonoro pelas fossas nasais [*moneca* em vez de boneca].
- Substituição por /p/, consoante bilabial, oral, com o mesmo ponto de articulação – oral – porém sem vibração laríngea [*lápio* em vez de lábio].
- Substituição por /t/ ou /d/, consoantes oclusivas, interdentais, com ponto de articulação próximo a consoantes bilabiais [*tola* ou *dola* em vez de bola].
- Substituição por fricativas labiodentais /f/ ou /v/. Esta produção pode estar na base de alterações na morfologia labial, retracção do maxilar inferior, ou por colocação do lábio inferior sobre a coroa dos incisivos superiores, acrescida de ligeiro sopro (fricatização) [*cafelo* em vez de cabelo].

ESTRATÉGIAS DE INTERVENÇÃO
– Actividades práxicas dirigidas ao fomento da destreza labial e que "encaminhem" para a produção normativa: sopro, abertura/encerramento labial com emissão sonora, encher/esvaziar bochechas, etc.
– Com os lábios em oclusão, emitir leve sopro através da parte média. Alternar a emissão da sílaba com vogal neutra, com ligeiro sopro e apenas com aproximação labial.
– Incrementar a discriminação auditiva entre consoantes /b/ e demais consoantes bilabiais: /p/, /m/ e fricativas /v/, /f/.
– Treino da correcta articulação do /b/, reforçada, quando necessário, pelo uso e saída do sopro de ar através do espaço médio labial. O mesmo processo de sopro pode ser levado a cabo através do esvaziamento do ar acumulado nas bochechas.

- Integração das sílabas com consoante /b/ e vogal, em contextos lexicais di e polissilábicos (bom, bebé, bata, banana, etc.), perante referentes pictográficos.
- Repetição de curtos enunciados para incremento do modelo fonológico do qual conste o fonema /b/ (o bolo é bom; a Bela tem boné, etc.).
- Produção semi-dirigida (supervisão do adulto perante a possibilidade de emergência de erro) a partir de referentes visuográficos (gravuras, desenhos histórias em imagens, etc.).
- Reprodução de acontecimentos do quotidiano, fomento de perguntas, emissão de ordens, livre fluxo de produção oral, demarcando, o reeducador, a emergência de desvio e apelando à reconstrução ou auto-correcção.

Gestuário Complementar

b

Dedos indicadores, um de cada mão, devem tocar os músculos faciais (bochechas) que se encontram dilatados. Levar a cabo pequenos golpes com ambos os dedos, a fim de esvaziar o ar contido na cavidade oral, saindo este, sonorizado, através dos lábios, os quais, semi-cerrados e com ligeiro sopro, levarão a cabo o fonema /b/, com vogal neutra ou outras.

Fonema /t/

CARACTERÍSTICAS
Consoante, Oclusiva, Surda, Ápico-dental.

POSIÇÃO TIPO
Lábios: Os lábios estão entreabertos.

Dentes: O espaço de separação entre as arcadas dentais é muito pequeno. Os incisivos superiores colocam-se atrás dos superiores, em diferentes planos verticais.

Língua: A ponta da língua mantém-se em contacto com a região compreendida entre os dentes incisivos superiores e os alvéolos. Os bordos laterais apoiam-se na coroa alveolar, impedindo, desta forma, a saída do ar, armazenado entre a língua, a arcada dental superior e o palato.

Véu palatino: O véu está levantado contra a parede posterior da faringe, de encontro à protuberância faríngea, impedindo a saída do ar pelas fossas nasais.

Glote: Cordas Vocais afastadas e relaxadas.

ERROS MAIS FREQUENTES
- Substituição pelo fonema /k/ [*gako* por gato; *sapako* por sapato].
- Substituição pelo fonema /d/ [*domate* por tomate; *dambor* por tambor].
- Substituição por ruído de glote com ressonância nasal.
- Omissão de fonema.

ESTRATÉGIAS DE INTERVENÇÃO
– Colocar a língua em posição interdental, cujo ápice se encontra em ligeira protusão.
– Os dentes oferecem subtil pressão contra o ápice, provocando, desse modo, a necessária oclusão à saída de ar. Frente à tensão acumulada neste espaço dento-alveolar, libertar a compressão resultante do cúmulo de ar na cavidade oral, afastando os dentes, ao mesmo tempo que liberta o ápice lingual e verbaliza o fonema, associado a uma vogal, traduzido na sílaba /ta/ ou outras com distinta vogal.
– Produção silábica associada a gravura, com nome de curta extensão, que a contenha, orientada e com os reforços considerados funcionais para a aprendizagem da sílaba em distintos contextos: segmentação da palavra em duas partes, acento tónico na sílaba--alvo, etc.
– Nomeação espontânea a partir de variados meios pictográficos.
– Evocação de nomes que contenham a sílaba com este fonema.
– Uso de lengalengas e rimas para afiançamento do domínio articulatório.
– Produção gradualmente liberta de um directivismo inicial.

Gestuário Complementar

t

A ponta do dedo indicador deverá estar apoiada no ápice lingual. Este encontra-se fora da cavidade oral e suavemente comprimido por acção dos dentes incisivos. Restantes dedos em flexão. Perante a descompressão levada a cabo pelo afastamento dos dentes e abertura da cavidade oral, afastar o dedo indicador, ao mesmo tempo que estende o braço e aponta, com o mesmo dedo, simulando o gesto e o ruído da pistola sobre um alvo: tá...tá.

Fonema /d/

CARACTERÍSTICAS
Consoante, Oclusiva, Sonora, ápico-dental/alveolar.

POSIÇÃO TIPO
Lábios: Os lábios estão entreabertos e permitem ver os dentes e a ponta da língua.
Dentes: Os dentes estão mais separados do que quando se articula o fonema /t/.
A distância entre eles corresponde à espessura da ponta da língua. Os incisivos inferiores estão em distinto plano vertical com os superiores e separados pela língua.
Língua: Contacto do ápice lingual com a região dento-alveolar. Este órgão coloca-se entre as arcadas dentais. A sua ponta sobressai um pouco e coloca-se entre os incisivos de ambos os maxilares. É perfeitamente visível quando se articula o fonema.
Véu palatino: Está levantado e encostado à parede posterior da faringe. A corrente sonora proveniente da glote percorre o espaço situado entre o dorso da língua, arcada dental superior e o palato. Como a tensão lingual não é grande, o ar sai roçando ligeiramente os dentes. A ponta da língua entra em vibração durante vários segundos.

Glote: Cordas Vocais juntas e tensas. A corrente de ar sofre aqui a sua primeira obstrução, sendo necessário forçar as CCVV para se afastarem, produzindo, deste modo, um som vozeado ou sonoro.

ERROS MAIS FREQUENTES
- Substituição pelo fonema /t/ [*teto* por dedo; *bité* por bidé].
- Substituição por fonema /l/ [*lalo* por dado; *lois* por dois].
- Substituição por fonema /b/ [*bominó* por dominó; *mébico* por médico].
- Substituição por fonema /g/ [*guinheiro* por dinheiro; *guentista* por dentista].
- Substituição por ruído resultante do posicionamento da língua entre os dentes, com ligeira saída para fora da linha média dos mesmos.
- Semi-vocalização [*lampaua* por lâmpada; *uinossauro* por dinossauro].
- Omissão de fonema.

ESTRATÉGIAS DE INTERVENÇÃO
- Com a língua em posição interdental e ligeira protusão, iniciar actividade de sopro contínuo.
- Actividade anterior, agora de forma intermitente, seguida de abertura oral para produzir a vogal aberta /a/. Este facto traduz a produção da sílaba com consoante /d/ e vogal /a/.
- Generalização de produção silábica, estendendo-se à combinação do fonema com todas as vogais.
- Gradual eliminação do acentuado uso do sopro.
- Treino da automatização do ponto e modo de articulação através do uso de estratégias de repetição sequenciada, de cadeias silábicas com este fonema, preservando a sequência apresentada.
- Nomeação e produção de curtos enunciados, sob forma de linguagem espontânea.
- Treino do conhecimento da língua nas suas dimensões formais: fonologia e sintaxe.

Gestuário Complementar

A língua ocupa o espaço interdental. Colocar a ponta do dedo indicador sobre o ápice da língua, assegurando, assim, a presença da correcta posição dos articuladores. Ao mesmo tempo que emite qualquer produção silábica com este fonema, retira o dedo da referida posição, desenhando o gesto de pedir, através da mão em posição aberta.

Fonema /k/

CARACTERÍSTICAS
Consoante, Oclusiva, Surda, Ápico dental/alveolar.

POSIÇÃO TIPO
Lábios: Separados, deixam ver os dentes e a língua. Seguem, passivamente, o movimento dos maxilares.
Dentes: Ligeiramente afastados
Língua: O pós-dorso da língua e o palato mole oferecem obstrução total à saída do fluxo de ar. Assim, a ponta da língua, colocada atrás dos incisivos inferiores e ligeiramente afastada dos mesmos, ergue o seu pós--dorso e, apoiando-se contra o véu palatino, faz oclusão e cerra, totalmente, a passagem da corrente expirada. A posição do pós-dorso, tal como em outros fonemas velares, varia segundo a vogal que segue o fonema.
Véu palatino: Levantado contra a parede posterior da faringe. O ar acumula-se na parte posterior da boca e na região faríngea. Quando a língua (pós-dorso) se separa do véu palatal, a saída do ar e o ruído característico do fonema, acontecem. A pressão do ar deve ser superior à tensão da língua e vencer a resistência da mesma, para que o fonema se produza.
Glote: Cordas Vocais afastadas e relaxadas. O fluxo de ar pulmonar atravessa-as sem sofrer qualquer tipo de obstrução, resultando num som surdo, não vozeado.

ERROS MAIS FREQUENTES
- Omissão de fonema [*ama* por cama; *aneta* por caneta].
- Omissão de fonema com ruído glótico.
- Substituição por fonema /t/ [*topo* por copo; *boneta* por boneca]
- Substituição por fonema /g/ [*gola* por cola; *minhoga* por minhoca].
- Substituição por fonema /R/ (uvular) [*ralado* por calado; *farra* por faca]
- Substituição com Harmonia consonantal [*tota* por toca; *naneta* por caneta].
- Outros.

ESTRATÉGIAS DE INTERVENÇÃO

Este é um fonema de difícil ensino/aprendizagem. A criança pode apresentar dificuldades para a emissão apenas deste fonema ou ainda de todos aqueles que lhe estão próximos quanto ao ponto de articulação: /g/ ou /R/. O ponto de articulação revela-se de difícil visualização, bem assim como a posição assumida pela língua: o pós-dorso apoia-se contra o véu palatino fazendo oclusão e cerrando totalmente a corrente de ar expirada. Apresentamos, contudo, algumas sugestões a seguir, as quais poderão facilitar a emergência do fonema:

- Mediante uso de espelho, visualizar, quanto possível, a posição da língua: ligeiramente recuada, ápice imóvel, elevando, apenas, o primeiro terço posterior.
- Utilizar uma espátula ou substituto para empurrar a língua na cavidade oral, ao mesmo tempo que imobiliza a língua, seguido de pequenos golpes faringo-laríngeos.
- Quando a criança articular correcta ou aproximadamente o fonema /g/, ou /R/ velar, partir deste gesto para "conduzir" a emergência do /k/.
- Levar a cabo golpes de glote, os quais representam uma aproximação, forçada e com sonoridade, da raiz da língua, contra o palato mole.
- Levar o dedo indicador, em posição horizontal, a sentir a vibração da laringe, colocando-o sobre os cartílagos da mesma (tiróide e cricóide), os quais correspondem à parte mais alta do pescoço.
- Uma vez conseguido o ponto de articulação correcto e que permite a emissão do fonema, incentivar a automatização do mesmo. Para tal, iniciar actividades que fomentem a silabação com todas as vogais.

- Integração do fonema no léxico de fácil reconhecimento para a criança.
- Repetição de enunciados tipo que contemplem vocabulário de frequente uso e no qual conste o fonema /k/.
- Fomento à nomeação de palavras que contém o fonema, por evocação dirigida e a partir de campos semânticos ou funções. Exemplos: Como se chama o filho da cadela? Para que serve a faca? Diz o nome de uma coisa para cortar, etc.
- Uso espontâneo e generalização de modelos fonológicos em contextos discursivos.

Gestuário Auxiliar

k

Colocar o dedo indicador sobre a parte mais alta do pescoço. Sentir-se-á, na falangeta do respectivo dedo, o movimento que resulta da elevação do pós-dorso lingual sobre o véu palatino fazendo oclusão, ao mesmo tempo que invalida a saída do ar. Afastar o dedo indicador da posição anterior, desenhando uma linha horizontal, ao mesmo tempo que emite a consoante com vogal neutra: /ke/.

Fonema /g/

CARACTERÍSTICAS
Consoante, Oclusiva, Sonora, Velar.

POSIÇÃO TIPO
Lábios e dentes: Estão medianamente separados e na mesma posição que a descrita para o fonema /k/.
Língua: O pós-dorso estará em contacto com o palato mole. A ponta da língua estará colocada atrás dos incisivos inferiores, apoiada nos alvéolos. O pós-dorso lingual ergue-se, tocando o véu palatino. A obstrução

levada a cabo pela posição atrás descrita, condicionada pela posição do véu palatino, dá origem ao fonema, cujo escoamento do fluxo de ar apenas poderá ser levado a cabo pela cavidade bucal (oral). Se o contacto não for total, o ar sai com ligeira fricção.

Véu palatino: Encostado à parede posterior da faringe.

Glote: Cordas Vocais juntas e tensas. O fluxo de ar sofre aqui a primeira obstrução. Intensa pressão subglotal que força as CCVV a afastar, produzindo um som vozeado ou sonoro.

ERROS MAIS FREQUENTES
- Substituição pelo fonema /R/ uvular [*Rato* por gato; *guei* por rei].
- Substituição por fonema /d/ [*dola* por gola; *lindua* por língua].
- Substituição por fonema /k/ [*calo* por galo; *ceconha* por cegonha].
- Substituição por fonema /l/ [*amilo* por amigo].
- Omissão de fonema [*alinha* por galinha].

ESTRATÉGIAS DE INTERVENÇÃO

A posição dos articuladores, neste fonema, é muito semelhante à do fonema oclusivo /k/. Por consequência, sempre que a criança articular o /k/, deve iniciar-se a reeducação por este fonema, fazendo perceber a ligeira fricatização presente no /g/, em tentativa inicial de produção, deste valor.

– Indicar a posição da língua, frente ao espelho, ao mesmo tempo que inicia a articulação do /R/ velar ou mesmo do /k/.
– Se necessário, imobilizar a língua, recuando-a com ajuda da espátula, no seu primeiro terço anterior.
– Observar as vibrações produzidas pelo fonema sonoro uvular /R/, distinguindo-as das que ocorrem com o /k/ e o /g/.
– Actividades de discriminação e reconhecimento entre consoantes anteriores (p, t, m, b, d) e posteriores (k, g, R).
– Actividades de discriminação: igual/diferente; presença/ausência entre palavras cuja sílaba inicial começa com os fonemas posteriores /k/ /g/ /R/.
– A vogal /a/ e outras precederão o fonema com vogal neutra /gue/.
   Ex: á-gue; o-gue;
   Ex: a———g; o———g; u———g;, etc.
– O mesmo que o anterior, porém, modificando a vogal adstrita à sílaba na qual se inclui o fonema /g/.
   Ex: a...ga/go, etc........o......go/a/o......u....gu..., etc.

- Nomeação de palavras que contenham o fonema, através de referentes visuais imediatos.
- Uso de enunciados tipo nos quais figure léxico com o fonema a cimentar.
- Generalização a todos os contextos fonológicos e sintácticos, através do fomento de estratégias variadas de carácter pragmático.

Gestuário Auxiliar

Apoiar as costas da mão sobre a base do queixo. Com as costas da mão em posição horizontal, retirar gradualmente, depois de sentir a vibração ocorrida ao longo da mão.

Fonema /m/

CARACTERÍSTICAS
Consoante, Nasal, Sonora.

POSIÇÃO TIPO
Lábios: O lábio superior está em contacto com o inferior.
Dentes: Afastados, encontrando-se os incisivos inferiores ligeiramente atrás dos inferiores.
Língua: A ponta da língua está colocada atrás dos incisivos inferiores e o dorso ocupa todo o pavimento bucal.
Véu palatino: Afastado da parede posterior da faringe, em posição descida, deixa livre a entrada para a cavidade nasal, saindo o fluxo de ar pulmonar (uma parte) pelas fossas nasais. A outra parte do fluxo sairá pela cavidade bucal, após a explosão, resultante do afastamento dos lábios. A saída de ar pelas cavidades nasais pode ser confirmada colocando um espelho debaixo das alas do nariz o qual se embaciará. É, também,

perceptível ao tacto, a saída do fluxo aéreo pois quando apoiado um dedo, suavemente, sobre o lado de uma das fossas nasais, notam-se as vibrações que o ar sonoro provoca à sua passagem.

Glote: As Cordas Vocais, fortemente encostadas e tensas, são afastadas desta posição pela corrente aérea proveniente dos pulmões. Esta é a primeira obstrução (a segunda acontece quando os lábios se encontram em oclusão), seguida de intensa pressão subglotal que obriga as cordas vocais a afastarem-se.

ERROS MAIS FREQUENTES
- Substituição por /b/ (abertura labial no momento de pronunciar o /m/, com saída de parte ou todo o ar por via oral, dando lugar a fonema similar a "b" [*bala* por mala].
- Substituição por um ruído parasita quando a pressão labial se manifesta demasiado forte, debilitando a produção do fonema.
- Substituição por fonema /p/ (saída da corrente aérea, totalmente, pela boca, por obstrução nasal) [*pacaco* por macaco].

ESTRATÉGIAS DE INTERVENÇÃO
– Actividades de respiração nasal (inspiração e expiração) com lábios cerrados e percepção da saída de ar pela cavidade nasal. Pode ser usado espelho para visualizar a saída de ar manifesta sob forma de pequenos círculos que o embaciam e que correspondem a ambas as narinas.
– Actividades de inspiração/expiração nasal com lábios e dentes entreabertos, deixando clara a possibilidade de existir respiração nasal com boca não cerrada.
– Inspiração nasal lenta e seguida de expiração oral com produção da vogal /a/, seguida de oclusão labial, facto que transforma a vogal oral /a/ em som nasal.
– Posicionamento dos articuladores, com vista ao conhecimento do ponto de articulação dos fonemas nasais /n/ e /m/:
   (1) posição da língua encostada aos incisivos superiores, boca aberta, dando lugar à posição articulatória do fonema /n/;
   (2) lábios cerrados e língua em repouso, dando lugar à posição do fonema /m/.
– Produção do fonema /n/ e /m/, na posição anteriormente descrita para língua e lábios.

- Associação e repetição de consoante /m/ com qualquer uma das vogais.
- Automatização do padrão articulatório através da repetição de cadeias silábicas com a consoante /m/ associada a diferentes vogais. Exemplo: mam*á*; mam*ó*; mam*ú*; mam*é*; mam*í*; m*o*má; m*o*mo; m*o*mú; m*o*mé; m*o*mí.
- Generalização da prática articulatória em léxico com o fonema no início de palavra (mala, mata, mula, macaco maçã, etc.).
- Linguagem dirigida, contendo o fonema e vinculada ao léxico frequente.
- Produção integrada em contextos produtivos espontâneos.

Gestuário Complementar

Os lábios manter-se-ão cerrados e em ligeira protusão. O dedo polegar e indicador, apoiados sobre ambos lábios, pressionam-nos, ligeiramente, sentindo a sua vibração, antes da abertura dos mesmos, acto prévio à emissão do fonema procedido de vogal. Perante o ruído nasal e ligeira vibração da parte anterior da cavidade oral, os dedos afastar-se-ão dando lugar à produção do fonema nasal bilabial /m/, acrescido de vogal aberta /a/.

Fonema /n/

CARACTERÍSTICAS
Consoante, Nasal, Sonoro Alveodental.

POSIÇÃO TIPO
Lábios: Os lábios estão entreabertos, permitindo ver os incisivos e a face interior da língua, que está levantada até ao palato.
Dentes: Separados, em diferentes planos verticais.

Língua: A ponta da língua eleva-se contactando a região entre os dentes incisivos superiores e os alvéolos. Os bordos da língua tocam a face interna dos molares, impedindo, assim, a saída de ar pela cavidade bucal.

Véu palatino: Em baixo, na posição de repouso, afastado da parede posterior da faringe, facilitando, assim, a comunicação da faringe com as fossas nasais. O fluxo de ar sofre uma obstrução total (resultante do contacto entre a ponta da língua e os incisivos e alvéolos) e contínua, uma vez que parte do fluxo de ar se escoa pelo canal nasal e outra pela via bucal, depois da explosão. Para se certificar da correcta saída de ar pela cavidade nasal, colocar um espelho em frente da cavidade oral. Apesar de esta se encontrar entreaberta, o espelho não se embaciará. Ao mesmo tempo, colocado um pequeno espelho sobre o lábio superior, por baixo dos orifícios nasais, nota-se que este apresenta pequenas gotículas que consistem em vapor de água resultante da saída do fluxo de ar pela cavidade nasal.

Glote: Cordas Vocais juntas e tensas, forçadas a afastarem-se pela acção do fluxo de ar pulmonar. A corrente de ar, acompanhada de vibração laríngea, é perceptível ao tacto quando apoiado, suavemente, o indicador sobre uma ala do nariz e articulando, alternadamente, os fonemas /a/ (oral) e /n/ (nasal).

Erros mais frequentes
- Substituição por ruído glótico com ressonância nasal.
- Substituição por fonema /d/ ou "aproximação acústica", deste.
- Substituição por uma produção "aproximada" do fonema ápico--alveolar /r/ (de grande frequência quando em presença de rinolália cerrada).

Estratégias de intervenção
- Assegurar o uso de respiração nasal e a correcta ressonância nasal para o fonema /m/.
- Treinar actividades de respiração nasal: colocar um espelho debaixo das narinas para que a criança visualize o embaciado do mesmo, quando a respiração é nasal. Se a criança sofrer obstrução da saída de ar pelas fossas nasais, deve ser acompanhada por médico otorrinolaringologista, com possível cirurgia.
- Tentativa de apagar uma vela com respiração nasal exacerbada.

- Observação da posição tipo dos articuladores: ápice lingual apoiado sobre os alvéolos dos dentes incisivos superiores e bordos laterais apoiados sobre os dentes caninos e molares do mesmo maxilar, evitando, assim, a saída lateral do ar.
- Iniciar um ruído nasal colocando o dedo indicador direito sobre a ala direita da narina. Pressionar, ligeiramente, a fim de sentir a vibração da mesma, fruto da oclusão à saída de ar nasal. A produção do som nasal poderá ser interrompida, na referida narina, através da compressão/descompressão que o referido dedo exerce sobre a referida narina.
- Fomentar a produção de vogais nasais (ã, õ,) a fim de tomar conhecimento da ressonância nasal.
- Iniciar com a produção do fonema /m/, alternando-a com a do fonema /n/: m——n————m——n., através da abertura/ encerramento da cavidade oral e saída de ar nasalado.
- Articulação do fonema /n/ associado a uma/outra(s) vogal(ais), seguindo a ordem de abertura oral das mesmas: *a, o, u, e, i.*
- Nomeação de estímulos/gravuras os quais contemplam sílabas com este fonema (em qualquer posição da palavra ou extensão da mesma).
- Evocação de palavras (com oferta de indicadores semânticos) que contenham o fonema/sílaba (exemplo: é dinheiro mas não é moeda, é papel – *nota*).
- Integração de palavras– modelos fonológicos – em contextos sintácticos e semânticos, que contemplem a presença de sílabas, com este fonema.

Gestuário Complementar

n

O ápice lingual estará encostado aos alvéolos, atrás dos dentes incisivos superiores. O dedo indicador exercerá ligeira pressão sobre a ala nasal direita. A vibração desta área, sobre a qual se apoia o dedo, será "sentida" pelo mesmo, no momento que antecede o da articulação da sílaba com este fonema, sob forma de ruído nasal. Retirar o dedo, ao mesmo tempo que descomprime a pressão exercida sobre a narina, iniciando a produção da sílaba, cuja consoante é o fonema /n/.

Fonema /ɲ/

CARACTERÍSTICAS
Consoante, Nasal, Sonora, Palatal.

POSIÇÃO TIPO
Lábios: Entreabertos, permitindo observar os dentes incisivos superiores e inferiores.
Dentes: Ligeira separação, em distinto plano vertical: incisivos inferiores atrás dos superiores.
Língua: Dorso lingual em aproximação muito cerrada com o palato duro. Os bordos laterais da língua encontram-se em grande aproximação dos primeiros molares da arcada dentária superior. Esta aderência da língua quer ao palato duro quer aos dentes molares evita a saída frontal ou lateral do ar e favorece a oclusão oral propiciando, por consequência, a nasalação.
Véu palatino: Em posição de repouso, afastado da parede posterior da faringe. Abaixamento, saindo o ar totalmente pelas fossas nasais. Poder-se-á observar a nasalidade colocando um espelho debaixo das narinas o qual deverá sair embaciado.
Glote: Cordas Vocais juntas e tensas, possibilitando a primeira oclusão do fluxo de ar.

ERROS MAIS FREQUENTES
- Substituição por fonema nasal /n/ [*mina* por minha; *lina* por linha].
- Substituição por som nasal resultante da oclusão entre a parte posterior da língua e o palato mole.
- Outras configurações sonoras *aproximadas* ao fonema /ɲ/.
- Substituição por fonema oral, com aproximação ao /t/ ou /d/ [*bato* por banho; *nido* por ninho]. Este facto pode acontecer quando em

presença de uma rinolália fechada (impedimento da saída de ar pelo nariz) ou qualquer outro obstáculo à saída de ar pelo nariz (hipertrofia de adenóides, inflamações frequentes de amígdalas, etc.).

ESTRATÉGIAS DE INTERVENÇÃO
- Iniciar com a articulação do fonema /ʎ/ quando este já correctamente adquirido.
- Fomentar o uso de respiração nasal podendo usar-se um espelho que, colocado debaixo das narinas, permita visualizar o embaciamento do mesmo e, por consequência, o bom uso da respiração nasal.
- Com lábios cerrados incentivar a ressonância nasal através da produção de sonoridade nasal.
- Levar a cabo a mímica da "cara feia", acompanhada de evidente abertura/encerramento da cavidade oral e, com o dorso da língua encostado ao palato duro, emitir um som nasal.
- O exercício anterior, porém, com os lábios entreabertos e, igualmente, com emissão de sonoridade nasal.
- Emissão de vogais nasais, combinando oral-nasal.
  Exemplo: a – am; o – om; a – ãe; o – õe, etc.
- Tentativas de produção de fonemas nasais através de sílabas onde está presente um ditongo, permitindo, desta forma, usar o esfíncter nasal e oral: nhai-nai; nheu-meu; nhia-mia; etc.
- Fazer observar a posição da língua quer para o fonema /n/ (alveolar) quer para o /ɲ/ (cerrada aproximação com o palato duro).
- Treino da articulação automatizada através da repetição de cadeias silábicas que contenham o fonema.
- Colocar a criança perante o dilema: igual/diferente, produzindo sílabas que contenham fonemas nasais (m, n, ɲ).
- Reconhecimento de palavras que contenham o fonema /ɲ/.
- Produção, por imitação e mediante referente visual, palavras que contém o fonema nas distintas posições da palavra.
- Reprodução de enunciados-tipo, variando, quão possível, cada um dos constituintes do enunciado: sujeito-verbo-complemento. Para este efeito se poderão usar, entre outras estratégias, os símbolos pictográficos (de qualquer Sistema Alternativo à Comunicação),

permitindo, assim, integrar e gradualmente generalizar a produção do fonema /ɲ/ na sílaba, palavra e enunciado, passíveis de o conter.
– Destrezas neuromotoras para a produção deste fonema: lenga-lengas e outras.

Gestuário Auxiliar

ɲ

O dorso posterior da língua, apoiado sobre o palato duro, tenderá a impossibilitar a saída oral da corrente aérea. (ainda que os lábios em posição de abertura) e, baixando e cerrando o maxilar inferior, com a língua imóvel, o fonema acontece, dado o afastamento/aproximação do dorso lingual, do palato duro e a condução da corrente aérea pela cavidade nasal. A partir do posicionamento anterior, aproximar e afastar o dedo polegar e indicador, colocados em cada uma das alas das narinas, numa atitude alternada de compressão/descompressão sobre as mesmas, a fim de sentir a possibilidade (alas não comprimidas) vs. impossibilidade (alas comprimidas) de produzir ao sílaba com tal fonema nasal. O gesto aqui usado resulta, pois, do comportamento motor de aproximação/afastamento dos dedos polegar e indicador sobre as narinas, pronunciando a sílaba-constituída pelo fonema /ɲ/ acrescido da vogal /a/, quando estas se encontrem libertas da oclusão levada a cabo pelos referidos dedos, permitindo, desse modo, a saída de ar nasalado.

Fonema /f/

CARACTERIZAÇÃO
Consoante, Fricativa, Surda, Labiodental.

POSIÇÃO TIPO
Lábios: Separados. O lábio inferior, em aproximação com os dentes incisivos superiores, permite a saída do fluxo de ar por uma passagem

estreita e a alta velocidade. A obstrução, parcial, é acompanhada de um ruído de fricção [fricativo] muito forte [estridente].

Dentes: separados, com ligeiro avanço do maxilar superior.

Língua: Ápice lingual ligeiramente recuado em relação aos dentes incisivos inferiores.

Véu palatino: Elevado e com cerrada aproximação da parede posterior da faringe. Esta posição obriga ao obrigatório escoamento do ar pela cavidade oral.

Glote: Cordas Vocais afastadas e relaxadas, atravessadas, livremente, pelo fluxo de ar, resultando em ausência de vozeamento.

O lábio inferior, encostado aos incisivos inferiores, sofrerá a acção do sopro fónico proveniente da parte posterior da cavidade oral, criando uma ligeira vibração. Com a saída do ar acumulado na região posterior da cavidade oral, o dorso da língua afasta-se do palato, produzindo o ruído ou fricção característico deste fonema.

ERROS MAIS FREQUENTES
- Substituição pela consoante /s/ [saca por faca, cassé por café, etc.].
- Substituição pela fricativa sonora, com similar ponto de articulação /v/ [vila por fila, vita por fita, etc.].
- Substituição pela fricativa /ʃ/ [chala por fala, caché por café, etc.].
- Substituição por uma sonoridade decorrente da posição da língua, interdental, similar ao fonema inglês [th] como em "thief".
- Substituição por oclusiva ápico dental /t/, /d/ [toca por foca; derro por ferro].
- Omissão do fonema [ogão por fogão, etc.].
- Processo de substituição com harmonia consonantal (influência de consoante/sílaba anterior ou posterior) [nunil por funil; tita por fita].

ESTRATÉGIAS DE INTERVENÇÃO
- Promover actividades de respiração com saída de ar pela cavidade oral, ligeiramente fricatizado.
- Pressionar dedo indicador da mão direita sobre o lábio inferior quando este ligeiramente aproximado da coroa dos dentes incisivos superiores. Nesta mesma posição, provocar actividade de sopro.

– Acumular ar no espaço bucal. Colocar dedo polegar e médio da mão esquerda sobre músculos faciais, ao mesmo tempo que o dedo indicador da mão direita aproxima o lábio inferior da coroa dos dentes incisivos superiores. Soprar para obter o fonema /f/.
– Provocar a imitação onomatopeica do "gato zangado", equivalente ao som /f/, obtido de forma repetida. A realização práxica deste fonema deve ser, inicialmente, produzida sem qualquer acompanhante vogal, a fim de cimentar o incremento do padrão motor relativo a este fonema.
– Na continuidade da automatização do referido fonema, a criança deverá abrir toda a cavidade oral, emitindo a vogal /a/. Este acto emissor corresponde, analiticamente, à produção "fe-á."
– A sílaba (consoante mais vogal) pode ser conseguida, inicialmente, utilizando dois padrões motores distintos: (1) o do fonema consoante (/f/) seguido do fonema mais vogal (/f/ mais a, e, i, o, u – f....a), como se de dois momentos articulatórios, isolados, se tratasse e (2) a produção silábica normativa, sem qualquer hiato articulatório demarcado (fá, fó, fú, fé, fi).
– Imitação/Repetição de palavras, familiares, que contenham o fonema em causa, frente ao referente visual das mesmas.
– Nomeação espontânea de imagens que contenham o fonema em distintas posições na palavra e também de curtos enunciados, fazendo apelo à evocação da palavra/enunciado com o fonema em causa, partindo de indicadores básicos de compreensão. Exemplo: o quê, quem, a quem, etc.
– Evocação de palavras que contém o fonema, pela descrição de alguns dos seus atributos (função, material, cor, forma, etc.). Exemplo: um objecto para cortar o pão; um objecto em ouro que se traz ao pescoço, etc.
– Extensões sintáctico-semânticas que integrem produções com este fonema.

Gestuário Complementar

f

Dedo indicador pressiona a parte média do lábio inferior, o qual se encontra a uma distância mínima dos dentes incisivos superiores. Restantes dedos em flexão. Iniciar o sopro a partir desta posição traduzindo-se na aproximação articulatória do fonema /f/. Afastamento do dedo indicador da posição atrás referida, desenhando uma linha horizontal e abrindo a cavidade oral para a emissão da vogal /a/, correspondendo, por consequência, a momentos articulatórios isolados, posteriormente ultrapassada tão evidente dicotomia.

Fonema /v/

CARACTERÍSTICAS
Consoante, Fricativa, Sonora, Labiodental.

POSIÇÃO TIPO
Lábios: O lábio inferior está em aproximação com os dentes incisivos superiores, provocando uma obstrução parcial, acompanhado de um ruído de fricção muito forte, o qual resulta do estreitamento da passagem da velocidade do fluxo de ar contra o referido obstáculo.

Língua: A ponta da língua coloca-se atrás dos incisivos inferiores. A parte média e posterior arqueia-se e toca os últimos molares da área superior e um pouco do palato. O sulco da língua acentua-se.

Véu palatino: Levantado e, em aproximação com a parede posterior do topo da faringe o refluxo de ar pulmonar, impossibilitado de ser conduzido pela cavidade nasal, terá de sair, obrigatória e exclusivamente, pelo canal bucal.

Glote: As Cordas Vocais, juntas e tensas, oferecem resistência ou primeira obstrução à passagem do fluxo de ar e provocam intensa pressão subglotal a qual força as mesmas a afastarem-se, gerando um som vozeado ou sonoro.

As correntes de ar, acompanhadas de vibrações faríngeas, são perceptíveis acústica e tactilmente. Colocando a mão na região laríngea, dar-se-á conta da vibração laríngea, bem assim como, apoiando um dedo sobre o lábio inferior, poder-se-ão sentir as pequenas vibrações deste.

ERROS MAIS FREQUENTES
- Substituição pelo fonema oclusivo /b/ [*bela* por vela; *biola* por viola].
- Substituição pelo fonema fricativo /f/ [*fento* por vento; *faca* por vaca].
- Substituição, pouco frequente, por fonema /s/ ou /x=S/ [*sila* por vila; *xaca* por vaca].

ESTRATÉGIAS DE INTERVENÇÃO
– Pressionar, com o dedo indicador, a parte média do lábio inferior contra os dentes incisivos superiores, ao mesmo tempo que expulsa o ar, fazendo vibrar o lábio.
– Com o dedo e lábio na posição anterior, soprar levando a cabo o fonema o fonema /f/, seguido do fonema /v/, resultante da vibração do lábio inferior e da laringe.
– De olhos cerrados, diferenciar a produção de um e outro fonema (f, v) relativamente à vibração labial e distribuição da corrente aérea.
– Discriminação auditiva entre /f/ e /v/, a partir do uso do gestuário complementar.
– Reconhecimento do erro /não erro em palavras escutadas as quais, correcta ou incorrectamente apresentam estes fonemas (f, v).
– Imitação/memorização de duas sílabas nas quais contrastem os fonemas /f/ e /v/ com outros fonemas não fricativos e fricativos.
– Integração/nomeação deste fonema em contextos fonológicos diferenciados, partindo da repetição e terminando no uso de palavras de conteúdo, integradas num discurso espontâneo polifacetado.

Gestuário Complementar

v

Colocar o dedo indicador em posição horizontal, paralelo aos lábios. Lábios e dentes com ligeira abertura e contracção muscular. Perante actividade de sopro, os lábios, na posição atrás descrita, vibram, deixando sair uma sonoridade semelhante à fricativa /v/. A saída de ar assim sonorizado será "sentida" em toda a extensão do dedo indicador, uma vez que a cabeça rodará para a direita e esquerda, atingindo tal objectivo. Uma alternativa a este gesto será a adoptada para o fonema /f/.

Fonema /s/

CARACTERIZAÇÃO
Consoante, Fricativa, Surda, Pré-dorso alveolar.

POSIÇÃO TIPO
Lábios: Afastados e sem contracção.
Dentes: ligeiramente afastados, a fim de permitir a saída do sopro vocal.
Língua: Imobilizada na base da cavidade oral, com uma aproximação muito cerrada entre o pré-dorso da língua e os alvéolos.
Véu palatino: Levantado e encostado à parede posterior da faringe, o ar sairá, necessariamente, pelo canal bucal. Antes da expulsão o ar sofre uma obstrução parcial causada pela aproximação da lâmina da língua aos alvéolos. Para além deste acto, o fluxo de ar pulmonar terá de atravessar uma passagem bastante estreita (aproximação acentuada dos articuladores) e a alta velocidade contra a barreira que oferece parcial obstrução e resulta da aproximação da lâmina da língua aos alvéolos. Tal obstrução é acompanhada de um ruído de fricção [fricativo] muito forte [estridente] e um silvo [sibilante] resultante da passagem do fluxo de ar através de um tubo/canal com uma certa profundidade e formado no centro da língua, pela elevação dos seus bordos.

Glote: Cordas Vocais com passagem livrem, afastadas e relaxadas. A ausência de qualquer tipo de obstrução laríngea resulta em som áfono ou surdo.

ERROS MAIS FREQUENTES
- Substituição por som resultante da colocação da língua entre os dentes, ocorrendo o clássico sigmatismo interdental, com sonoridade similar ao inglês "th" em "thief".
- Substituição por ruído lateral, designado sigmatismo lateral, por elevação do dorso lingual e afastamento dos bordos laterais da língua, dos dentes molares, com saída de ar lateral.
- Substituição por fricativa surda lábio-dental /f/, por elevação do lábio inferior até dentes incisivos superiores.
- Substituição pelo fonema /ʃ/ (apoio do dorso da língua sobre a porção anterior do palato.
- Diversos tipos de sigmatismo, laterais ou frontais, por deficiente encerramento da arcada dentária, na base de alterações esqueléticas, dentárias ou mistas.
- Substituição com harmonia consonantal (contaminação fonológica. Exemplo: *popa* por sopa).
- Substituição por consoante interdental oclusiva sonora /d/ (ápice lingual apoiado sobre a coroa interna dos incisivos superiores. Exemplo: *madá* por maçã).
- Substituição por consoante interdental oclusiva surda /t/ (colocação do ápice língual sobre a cara interna dos dentes incisivos superiores. Exemplo: *tapato* por sapato).
- Omissão de fonema.
- Outras.

ESTRATÉGIAS DE INTERVENÇÃO
A presença de alterações estruturais requer, como prioridade, a intervenção de odontologista. As actividades a seguir propostas resultam funcionais para toda a criança que apresente dificuldades na realização deste fonema, incluindo as sujeitas a próteses correctivas.

– Treino de destrezas relacionadas com o sopro, em todas as suas modalidades (soprar velas, línguas da sogra, papéis, algodão, com palhinha, etc.).

- Com o uso de uma espátula ou outros, posicionar a língua de modo a que esta fique imobilizada contra a parte interna dos incisivos inferiores, invalidando a possibilidade de colocação interdental.
- Actividades de abertura/encerramento da cavidade oral, com a língua imobilizada.
- Treinar o sopro com os dentes ligeiramente entreabertos e ápice lingual imobilizado contra incisivos inferiores.
- A criança visualizará a posição da língua, ao espelho e no outro.
- Iniciar produção apenas de fonema /s/, seguida de vogal /a/, correspondendo a dois momentos articulatórios, isolados.
- Produção de vogais, prévias à sílaba com o fonema /s/ e vogal neutra (ex: a.sse; o.sse; u.sse, etc.).
- Imitação/repetição de duas a três sílabas com este fonema, variando apenas a vogal.
- Treino silábico com pseudopalavras, repetindo modelos que deverão seguir a ordem sequencial apresentada.
- Repetição/imitação de vocábulos familiares que contenham o fonema em sílaba CV (*s*apo, *s*opa, *s*apato, *s*aco, maçã, etc.)
- Início de nomeação induzida, com suporte visual.
- Generalização da produção do fonema em sílaba, palavra e enunciado, de dirigido a espontâneo.

Gestuário Complementar

s

O dedo indicador direito toca o lábio inferior, arrastando-o, ligeiramente, para baixo. Os demais dedos manter-se-ão em flexão. Com os dentes ligeiramente cerrados e ápice lingual imobilizado, iniciar actividade de sopro, sentindo este na cara externa do referido dedo indicador. Após recepção do sopro e produção de ruído fricatizado, afastar maxilar inferior, em simultâneo com a retirada do dedo indicador da posição atrás descrita. A abertura da cavidade oral "expele" a vogal /a/ a qual, sucedendo ao ruído fricativo anterior, realiza a sílaba /sa/.

Fonema /z/

CARACTERIZAÇÃO
Consoante, Fricativo, Sibilante, Sonoro, Alveolar.

POSIÇÃO TIPO
Lábios: ligeiramente afastados.
Dentes: ligeiramente afastados.
Língua: Aproximação da lâmina da língua aos alvéolos, originando uma estreita passagem à saída de ar. A obstrução à saída de ar é parcial, acompanhada de um ruído de fricção (fricativo) muito forte (estridente) e ainda por um silvo (sibilante).
Véu Palatino: Levantado contra a parede posterior da faringe.
Glote: Cordas Vocais tensas e em cerrada aproximação. A pressão subglótica força-as a afastarem-se gerando um som sonoro ou vozeado. Este representa o primeiro obstáculo à saída de ar pulmonar.

ERROS MAIS FREQUENTES
- Substituição por fricativa sonora /ʒ/ [*caja* por casa; *cajaco* por casaco].
- Substituição por fricativa surda anterior /s/ [*messa* por mesa; *fassia* por fazia].
- Substituição por fricativa surda posterior /ʃ/ [*caxa* por casa; *rapoxa* por raposa].
- Substituição com sigmatismo interdental.
- Substituição com sigmatismo lateral.
- Substituição por consoante oclusiva sonora /d/ [*camidola* por camisola; *ada* por asa].
- Substituição por processos de harmonia consonantal [*sosse* por doze; *jajaco* por casaco].
- Outros processos.

ESTRATÉGIAS DE INTERVENÇÃO

- Actividades propedêuticas, de carácter sensorial-motor: abrir e fechar a boca com a língua imobilizada junto dos incisivos inferiores, ao mesmo tempo que visualiza o posicionamento dos articuladores através do espelho.
- Actividades de abertura/encerramento da cavidade oral com a língua em repouso e ápice tocando nos dentes incisivos inferiores.
- Com a língua imobilizada, realizar actividades, "grosseiras", de sopro.
- Actividades de auto-percepção do acondicionamento dos articuladores: semi-encerramento dos dentes e aproximação da lâmina da língua aos alvéolos, originando uma estreita passagem à saída de ar, acompanhada de um ruído de fricção (fricativo) muito forte (estridente) e ainda por um silvo (sibilante).
- Quando em presença de sigmatismo lateral, pressionar os músculos faciais com o dedo polegar e médio, como forma de evitar, numa aprendizagem inicial, a saída, lateral, de ar, colocando a língua, imobilizada, contra os alvéolos, iniciar actividade de sopro. Gradual estreitamento da saída de ar e maior aproximação ao som fricativo e sibilante.
- De olhos cerrados, "observar" a posição da língua quando articula o /z/ e demais fricativas.
- Diferenciar, do ponto de vista perceptivo, a produção do fonema /z/ e /s/ (ambos com bordos laterais da língua apoiados nos dentes molares, porém este último sem vibração de cordas vocais e lâmina da língua em ambos apoiada sobre alvéolos dos incisivos inferiores) e associação de cada um deles a um nome particular (zero; sopa; doze; maçã).
- Associação do gesto complementar, de duas ou mais consoantes fricativas, com a produção das mesmas.
- Imitação silábica, gradualmente mais aproximada à produção-alvo, com suporte gestual.
- Actividades de discriminação/diferenciação entre sílabas com consoantes fricativas e oclusivos ou líquidas.
- Actividades de discriminação auditiva entre palavras que contenham consoantes fricativas: /ʃ/; /s/; /ʒ/; /z/; /f/; /v/.
- Identificação do lugar ocupado na palavra di e polissilábica, por sílaba com fonema fricativo.

– Integração do fonema em produções de carácter espontâneo, através da nomeação, extensão sintáctica, narração, etc.

Gestuário Complementar

O ápice lingual apoiar-se-á nos alvéolos dos dentes incisivos inferiores e os seus bordos laterais apoiados nos dentes molares. Os lábios manter-se-ão ligeiramente afastados e a cabeça estável. Iniciar actividade de sopro com a língua na posição atrás descrita, porém, gradualmente mais contraída a sua parte anterior, a fim de dar lugar a uma saída de ar, em espaço cada vez mais comprimido. O gesto de avançar com o dedo indicador de uma a outra comissura labial permitirá consciencializar, ao longo do mesmo, o sopro de ar sonorizado que emerge da posição dos lábios e língua, atrás descritos.

Fonema /ʃ/

CARACTERIZAÇÃO
Consoante, Fricativa, Surda, Pré palatal.

POSIÇÃO TIPO
Lábios: ligeiramente afastados
Dentes: Afastados deixando passar, livremente, a saída de ar.
Língua: Aproximação da lâmina e/ou da ponta da frente da língua, do palato duro, provocando uma obstrução. A elevação dos bordos da língua condiciona a saída de ar através de uma estreita passagem. O ar, expelido através desta estreita passagem, faz-se acompanhar de um ruído de fricção (fricativo) muito forte (estridente) e também por um chio (chiante), dado o condicionalismo do espaço que atravessa.
Véu palatino: Levantado e com grande aproximação da parede posterior da faringe, escoando, obrigatoriamente, pelo canal bucal.
Glote: Cordas Vocais afastadas e relaxadas. O ar expirado atravessa--as livremente.

ERROS MAIS FREQUENTES
- Omissão de fonema.
- Fricatização lateral do ar expelido, com emissão de sonoridade extra-linguística; sigmatismo lateral.
- Substituição por consoante interdental, similar a fonema do som inglês "th" em "thief"– sigmatismo interdental.
- Substituição por consoante fricativa anterior /s/ [*sapéu* por chapéu; *caissa* por caixa]. Substituição por fonema /t/ [*tuba* por chuva; *lito* por lixo].
- Substituição com harmonia consonantal [*titi* por xixi].
- Substituição por consoante fricativa pós alveolar /ʒ/ [*jupa* por chupa].
- Omissão de fonema [*apéu* por chapéu].

ESTRATÉGIAS DE INTERVENÇÃO
- Indicar a posição tipo, através do gestuário complementar. "Sentir" a saída da corrente aérea, violenta e não contínua. Diferenciar tal produção e respectiva expulsão de ar daquela que ocorre com o /s/, menos violenta e mais contínua.
- Com espátula ou qualquer substituto, empurrar a língua para trás, caso tenda a aproximar-se dos dentes incisivos.
  Perante um sigmatismo lateral justifica-se, inicialmente, pressionar os músculos faciais (com o polegar e o médio de uma mão) a fim de evitar a saída de ar lateral.
- Pedir à criança que sopre, perante o condicionalismo anterior.
- Diferenciar o efeito da produção do /s/ e /ʃ/ perante a chama de uma vela: na primeira oscila enquanto que na segunda poderá apagar.
- Quando a criança articula o fonema /ʒ/ chamar a sua atenção para a posição e movimento da língua (língua ligeiramente recuada na cavidade oral e bordos laterais, encostados aos dentes molares).
- Treino de produções silábicas com este fonema, com e sem apoio, quer do instrumento que ajuda a estabilizar a posição dos articuladores (espátula ou outros), quer do gesto (silêncio) que ajuda à proprioceptividade do fonema
- Depois de minimamente estabilizado o ponto de articulação deste fonema, confrontar a criança com a produção de fonemas oclu-

sivos anteriores (/p/, /b/, /d/, /t/) a fim de diferenciar a oclusão da fricatização.
- Realizar o mesmo exercício anterior, porém diferenciando duas posições de fricatização – anterior/posterior – da qual resulta a realização do fonema /s/ versus fonema /ʃ/.
- Confronto articulatório de cadeias silábicas que contemplem o fonema /ʃ/ com os seus congéneres em modo fricativo (f, v, j, z, s). São deste facto exemplos os aglomerados silábicos: xa.fa; xava; xaza, etc.
- Pode ocorrer que a criança produza a sonoridade /ʃ/ de forma isolada mas que, ao constituir-se esta como sílaba, o ponto venha a ser substituído por qualquer outro, eliminando assim a correcta produção. Uma alternativa poderá ser a de articular fonema e vogal de forma sequencial (exemplo: x-a.) Esta atitude visa a "condução" para a estabilização do ponto de articulação correcto, o qual ocorrerá na continuidade do processo reeducativo.
- Produção do fonema /ʃ/ em sílaba do tipo Vogal-Consoante (as; os). Iniciar com a vogal aberta /a/ sucedendo-lhe o /ʃ/, ambos fonemas de forma isolada. Dar continuidade a este processo através de um ritmo de produção cada vez mais veloz, a partir do qual serão suprimidos os hiatos articulatórios entre ambos fonemas.
- Nomeação de palavra, com referente presente, a qual contém o fonema /ʃ/ em posição inicial. Extensão a vocabulário de maior e menor frequência de uso.
- Fomento de produções de tipo espontâneo, tanto na dimensão fonológica como morfossintáctica.

Gestuário complementar

ʃ

Colocar o dedo indicador sobre os lábios, ligeiramente afastados, em atitude de simulação de silêncio. A criança emitirá a sonoridade correspondente à significação de silêncio, sentindo a fricção da saída do ar sobre o próprio dedo em extensão, oferecendo, assim, o apoio proprioceptivo que a produção do fonema oferece. Colocar o dedo indicador sobre os lábios em atitude de "mandar calar". "Sentir" a fricção da saída de ar que resulta deste gesto comunicativo.

Fonema /ʒ/

CARACTERIZAÇÃO
Consoante, Fricativa, Sonora, Pré-palatal.

POSIÇÃO TIPO
Lábio e Dentes: Ligeiramente afastados.
Língua: Aproximação da lâmina e/ou da frente da língua ao palato duro. A elevação dos bordos condiciona a passagem do fluxo de ar através de um estreito e profundo canal, acompanhado de um ruído de fricção (fricativo) muito forte (estridente) e um chio (chiante).
Véu palatino: Levantado contra a parede posterior do topo da faringe, impedindo a saída de ar pela cavidade nasal.
Glote: Cordas Vocais juntas e tensas, oferecendo o primeiro obstáculo à saída do fluxo de ar e provocando, assim, um som sonoro, resultando do afastamento das Cordas Vocais.

ERROS MAIS FREQUENTES
- Substituição por fricativa surda /ʃ/ [*xanela* por janela; *queixo* por queijo].
- Substituição por fricativa surda /s/ [*selado* por gelado; *saula* por jaula].
- Substituição com sigmatismo interdental.
- Substituição com sigmatismo lateral.
- Substituição por consoante oclusiva sonora /d/ [*pidama* por pijama; *darra* por jarra].
- Substituição por processos de harmonia consonantal [*jeijo* por queijo; *jajanja* por laranja].
- Outros processos.

ESTRATÉGIAS DE INTERVENÇÃO
A condução da correcção deste fonema pelo reeducador e o seu consequente uso na linguagem fluente, pela criança, revela-se como

tarefa de alguma complexidade. A visualização do seu ponto de articulação é muito reduzida e a diferença de sonoridade com outros fonemas congéneres em ponto (ʃ, ʒ) e vozeamento (z, ʒ) exigem grande atenção auditiva para a selecção de atributos acústicos, com reduzida margem para diferenciação.

Dado o ritmo de produção, o ruído ambiental presente nas interacções ou mesmo a possível habituação a particulares aspectos de produção de um determinado sujeito falante, nem sempre este tipo de desvios de fala são identificáveis por um vulgar ouvinte, reflectindo-se, contudo, na linguagem escrita, com toda a evidência.

Na correcção deste fonema deve-se, em paralelo com a correcção articulatória, levar a cabo suficiente número de actividades de discriminação auditiva. A identidade sonora deste fonema não poderá oferecer qualquer dúvida frente às demais fricativas, nomeadamente o /ʃ/ e o /z/, o primeiro com o mesmo ponto de articulação e o segundo com igual vozeamento.

As sugestões abaixo indicadas reflectem, pois esta postura.
– Empurrar a língua na direcção posterior da cavidade oral, colocando metade da espátula (ou outro objecto de pouca espessura), cortada esta no sentido longitudinal, sobre o dorso da língua, provocando uma concavidade na mesma e incitando a criança a expulsar fluxos de ar através de tal espaço. A sonoridade emitida poderá, de início, estar acusticamente, mais próxima do /ʃ/ que do /ʒ/. O reforço da intensidade na produção da sílaba que contém o fonema /ʒ/, bem assim como a prosódia na palavra que a contém, constituem preciosos auxiliares para a integração do fonema em múltiplos contextos. Uma outra alternativa poderá ser a de colocar o dedo polegar e o médio sobre os músculos faciais, boca ligeiramente aberta. O dedo indicador empurrará, então, a língua para trás e o ar de uma expiração provocada será expelido, emitindo um valor sonoro aproximado ao fonema /ʒ/.
– Permanecer com o instrumento e posições descritas até que a criança adquira automatismos de produção do fonema, seguida de vogal neutra ou outra.
– Gradual libertação do condicionalismo anteriormente descrito com este fonema, até conseguir a estabilização do padrão articulatório.

- Em paralelo com as anteriores actividades que conduzem à realização deste valor fonémico, serão levadas a cabo actividades de discriminação/identificação e reconhecimento entre esta e demais consoantes fricativas (s, z, x, f, v), em sílabas e palavras.
- Imitação/ Memorização, sequenciada, de cadeias silábicas com dois-três elementos constituídos por consoantes fricativas.
- Actividades de Reconhecimento de Erro em palavras incorrectamente produzidas e que contém este fonema.
- Actividades de nomeação induzida onde conste o fonema.
- Imitação de pequenas frases nas quais predominam nomes com este fonema. Ex: a Joana viu uma girafa muito gira; O João come queijo; A Gina é janota, etc.
- Resposta a perguntas simples, direccionadas para palavras com o fonema (Ex: frente à palavra "janela", apresentar modelos sintácticos de uso frequente, passíveis de a integrarem, a partir de uma pergunta inicial. Ex: a tua casa tem janelas? Sim, a minha casa tem janelas. Quantas janelas tem o teu quarto? " tem/ o meu quarto tem ...janelas!)".
- Extensões sintácticas, partindo da oferta do início de uma frase. Ex: A Júlia come gelado quando... porque ...e...mas...
- Produções de tipo espontâneo ou semi-dirigido para constatação do domínio /não domínio do fonema em múltiplos contextos fonológicos e sintácticos.

Gestuário Complementar

3

O dedo polegar e o indicador pressionarão ligeiramente os músculos faciais. Levar a cabo uma actividade de sopro, com a língua ligeiramente recuada, o qual será "sentido"na palma da mão cujos dedos polegar e indicador pressionam os músculos faciais.

Fonema /l/

CARACTERÍSTICAS
Consoante, Líquida lateral, Sonora, Alveolar.

POSIÇÃO TIPO
Lábios: Entreabertos, sem contracção, deixando ver os dentes de ambos os maxilares. No entanto, a sua separação é de um pouco mais de 1 cm.
Dentes: Os dentes estão separados aproximadamente 5 mm. Os incisivos inferiores estão situados atrás dos superiores num plano vertical diferente. A posição dos lábios e dos dentes permite ver a face inferior da língua levantada até ao palato.
Língua: A ponta da língua, em contacto com os alvéolos, provoca obstrução parcial à saída de ar, continuando a fluir (contínuo ou constritivo), sem qualquer ruído de fricção, por cima dos bordos abaixados da língua (lateral).
Véu palatino: Encostado à parede posterior da faringe, condiciona a saída de ar pelo canal bucal.
Glote: Cordas Vocais juntas e tensas, obrigadas a afastarem-se mediante pressão exercida por fluxo de ar e provocando som vozeado ou sonoro.

ERROS MAIS FREQUENTES
- Substituição por semi-vocalização [*boua* por bola; *escoua* por escola].
- Substituição por líquida lateral /r/ [*janera* por janela; *mora* por mola]. Este é um erro frequente quando se faz a aprendizagem do fonema /r/, em paralelo com o /l/, ou não se encontra suficientemente estabilizada a produção do /l/ em CV, em posição medial ou final de palavra.

ESTRATÉGIAS DE INTERVENÇÃO
- Praxias articulatórias que favoreçam a elevação da língua: limpar lábios, palato, lateralizar, contrair, distender, cantarolar (lá, la, la), etc.
- Colocar a língua em sua posição – tipo: ápice apoiado nos alvéolos tocando, ligeiramente, a cara interna dos incisivos superiores

e manter os bordos laterais da mesma afastados dos dentes molares. O apoio lingual sobre a protuberância alveolar deve permitir a saída lateral do ar sonorizado, atitude prévia à retirada da língua da posição anterior. Quando retirada a língua dos alvéolos, através de ligeiro batimento, (iniciada quando apoiada a língua nos mesmos), o ar sonorizado é obrigado a sair lateralmente e seguido da total abertura da cavidade oral, dará origem à realização da sílaba /la/. A partir de pequenos golpes do ápice lingual, sobre os alvéolos e coroa interior dos dentes, dar continuidade à articulação do fonema em sílabas do tipo CV (la, lo, le) como forma de instaurar/estabilizar o padrão motor relativo a este fonema.

- Se este fonema surgir num tipo de sílaba CVC, (exemplo: so/dado) deverá ser feita uma pausa após a emergência deste tipo de sílaba a fim de "provocar" melhor percepção deste tipo de sílaba (CVl), ficando a palavra assim pronunciada: *sol. dado.*
- Tratando-se de uma sílaba de tipo CCV / ClV (*blu*sa) poder--se-á recorrer à epêntese de vogal neutra para facilitar o domínio neuromotor implícito, porém, apenas em fase de domínio articulatório inicial.
- Treino de destrezas articulatórias através da repetição/imitação de palavras dissilábicas que contenham o fonema /l/ em posição inicial.
- Nomeação de gravuras com suporte auditivo, oferecido pelo reeducador, para os três tipos de possibilidades silábicas ocorridas com este fonema: C̲V̲ – L̲a̲ta; CVC̲ – s̲o̲l̲; CC̲V̲ – gladíolo.
- Evocação (com apoio de redes semânticas, verbalizadas pelo reeducador) de nomes de fácil acesso, devido à vulgaridade de uso. Ex: "uma coisa para escrever e não é caneta".
- Evocação de formas fonológicas (nomes pertencentes a várias categorias) que contenham o fonema.
- Exploração, orientada, de conteúdos (cujos nomes integrem este fonema) e organização dos mesmos em enunciados de curta extensão.

Gestuário Complementar

A ponta da língua encontrar-se-á elevada e apoiada sobre os alvéolos dos dentes incisivos superiores. A unha do dedo indicador "encaixar-se-á" no dente incisivo superior e tocará a ponta da língua, ajudando-a a manter-se em posição de elevação, tocando os alvéolos. Iniciar com um som resultante da saída lateral do ar, seguido de um pequeno batimento da língua contra os alvéolos, bem assim como o afastamento do dedo indicador, o qual "desenha" uma linha horizontal, ao mesmo tempo que a emissão da sílaba /la/ acontecerá, sem dificuldade.

Fonema /r/

CARACTERÍSTICAS
Consoante, Alveolar, sonoro, vibrante simples.

POSIÇÃO TIPO
Lábios: Entreabertos
Dentes: Separados. Os incisivos inferiores colocam-se ligeiramente atrás dos superiores.
Língua: Batimento (vibrante) da ponta da língua contra os alvéolos provocando uma obstrução parcial, de tipo intermitente. Porque o estreitamento da passagem não é suficientemente acentuado, produz-se um ruído de fricção (líquido).
A ponta da língua apoia-se suavemente sobre os alvéolos dos incisivos superiores. Os seus bordos tocam a face interna dos molares, a parte do palato, impedindo dessa maneira a saída lateral do ar, como sucede quando se articula o /l/.
Véu palatino: Encostado contra a parede posterior do topo da faringe, obriga o ar a sair pela cavidade oral.

Glote: Cordas Vocais encostadas e tensas, forçadas a afastarem-se por pressão infraglótica provocam um som vozeado (sonoro).

ERROS MAIS FREQUENTES
- Omissão do /r/ em sílabas do tipo CV (consoante / vogal) [*ca.a* por cara; *tia* por tira].
- Omissão do /r/ em sílabas do tipo CCV (cons.-cons.-vogal) [*banco* por branco; *coba* por cobra].
- Omissão do /r/ em sílabas do tipo CVC (cons.-vogal-cons.) [*pota* por porta; *comê* por comer; *apetá* por apertar].
- Substituição do /r/ por semivogal /i/ ou /u/ [*caia* por cara; *queuo* ou *queio* por quero].
- Substituição do /r/ por consoante da mesma categoria de modo: por /l/; por /lh/; por /R/ [*cala* por cara; *pelhato* por prato; *ferruta* por fruta (/R/ velar)].
- Substituição por consoante oclusiva anterior: /d/; /b/; /g/: *comede* por comer (/d/ por/ r/); *toubo* por touro (/b/ por /r/); *feguta* por fruta; (/g/ por /r/).
- Harmonia Consonantal [*frutra* por fruta; *feror* por flor].
- Metátese [metátese intrassilábica: *barço* por braço; *braco* por barco; *perto* por preto]; [metátese extrassilábica: *fascro* por frasco; *bincro* por brinco; *prota* por porta; *cardeno* por caderno].
- Epêntese [flor => *felore*; broa =» *boroa*; comer =» *comere*].

ESTRATÉGIAS DE INTERVENÇÃO
Antes de iniciar as sugestões ou estratégias facilitadoras para a aquisição do fonema /r/, convém salientar algumas das suas características:
 - Constitui-se como um dos últimos elementos linguísticos a ser adquirido no Português Europeu. (Lima, 2003; Freitas, 1996).
 - Integra-se em distintos tipos de formatos silábicos (tal como o fonema /l/), a saber: CV (ca*r*a); CVC inicial (*por*ta); CVC final (la*var*); VC (*er*va); CCV (*pra*to) e ainda CCVC (*fres*co).
 - Representa o segmento mais afectado quando em presença de défice fonético-fonológico.

Para a articulação do fonema /r/ são aqui sugeridos dois momentos: (i) *Praxias facilitadoras para cada um dos formatos silábicos* e (ii) *Outras formas de intervenção*.

(i) Praxias Facilitadoras

EXERCÍCIO 1

– O lábio superior, em extensão, deve ultrapassar, para baixo, a linha média dos dentes incisivos superiores.

– Levar a cabo movimentos rápidos e repetidos de vai-vém da língua, traduzidos por batimentos ou suaves golpes do ápice lingual contra o lábio superior (na posição anteriormente descrita), produzindo uma sonoridade.

EXERCÍCIO 2

Acesso a sílabas CCV
– Os lábios abrem e cerram, em movimento intermitente. Em cada uma de tais aberturas aberturas toda a língua se move, saindo para o exterior e tocando, com o seu ápice (em ligeiro golpe) contra o lábio superior, um pouco abaixo do nível dos dentes incisivos superiores. A abertura dos lábios, tal como o golpe da língua sobre o lábio, deverão ser bruscos. Tal brusquidão na abertura dos lábios dará lugar ao fonema /p/ ou /b/ e a brusquidão dos golpes da língua sobre o lábio superior dará lugar ao /r/. Desta forma, brusca e velozmente se acede à sílaba que contém o /r/ como segunda consoante (CCV), sendo a primeira qualquer uma das consoantes bilabiais passíveis de configurarem este tipo de sílaba: *pr* ou *br*.

A análise mais detalhada de cada um dos anteriores movimentos pode ser, assim, descrita:
   a. ligeiro acúmulo de tensão muscular na união do lábio superior com o inferior.
   b. explosão/desobstrução da tensão labial com ligeira protusão e elevação da ponta da língua.
   c. reinício do movimento. Partir da língua, em elevação apical e dentro da cavidade oral, encerramento labial e explosão/ desobstrução da cavidade oral mediante afastamento dos lábios.

Tal como referido, do movimento descrito resulta a emissão de grupos consonantais (ou sílaba CCV) dos quais as primeiras consoantes serão o /p/ ou /b/ e a segunda o /r/. Gradualmente menos tensa, a pressão exercida sobre estes articuladores, tenderá a aperfeiçoar-se a produção de sílabas de tipo CCV /CrV em palavras como "*pra*to" ou "*bra*ço".

A facilitação para este tipo de produção advém do "jogo" ou "actividade linguo-labial" a qual, uma vez automatizada, permite a extensão a todas as outras consoantes (t, d, k, g, f, v) passíveis de ocupar a primeira posição neste tipo de sílaba.

Exercício 3

Acesso a sílabas CV e VC

Iniciar com a lentificação da produção dos grupos consonantais em sílaba CCV, comportando, como segunda consoante, o /r/. A gradual diminuição da tensão muscular presente na sílaba CCV na qual a segunda consoante corresponde ao /r/ e o início da desdobragem deste tipo de sílaba em duas, através da epêntese de vogal, conduz à emergência do fonema /r/ em CV.

- Assim, especificando o anterior:
    (i) os lábios, em oclusão, afastar-se-ão produzindo o /p/ ou /b/ acrescidos de vogal neutra prolongada e, após curta pausa, seguir-se-á,
    (ii) o batimento da língua (atingindo, inicialmente, o lábio superior e gradualmente recuando até ao pré palato duro) produzindo, de forma mais ou menos aproximada, o fonema /r/ ao qual se acresce a vogal /a/ ou outras (ex: pe.rá; be.rá).

- Uma outra forma de consolidar a produção do fonema /r/ em CV, faz apelo à introdução de uma vogal neutra, antes da sílaba que contém o /r/ em CV. A função desta vogal neutra, prolongada em sonoridade até à emergência da sílaba CV, consiste em colocar a língua em ligeira retracção, facto este que facilita a elevação lingual até ao pré palato, necessária à produção da consoante /r/ (ex: ê.rá; ê.ró).

- A partir desta produção se pode aceder ao formato VC do qual é exemplo a primeira sílaba da palavra "e*r*.va". Assim:
    (1) Iniciar-se-á com a vogal, como se de uma sílaba se tratasse.
    (2) Seguir-se-á do golpe lingual sobre os alvéolos (tal como anteriormente descrito).

De menor a maior recuo do ápice lingual na cavidade oral, se conseguirá a posição tipo para esta sílaba, dispensando, gradualmente, a epêntese da vogal neutra, à medida que a fluência motora se incrementa.

Exercício 4

Acesso a CVC
Para aceder ao formato CVC – inicial ou final – tal como acontece em "*por*ta" e "co*mer*" respectivamente, utilizar-se-á a estratégia usada no Exercício 3, isto é, far-se-á uso da epêntese de vogal neutra, na tentativa, gradual, de eliminar este recurso simplificador. Assim, (i) a sílaba CVC ou CVr (esta última descrição de tipo de sílaba equivale à primeira – CVC – apenas nela se especifica qual a segunda consoante) da palavra "**bar**.co" será transformada em duas sílabas de tipo CV, – *ba.re*.co – e, como objectivo final, (ii) agilizar-se-á o movimento de batimento da língua contra alvéolos de forma a que o fonema /r/, em final de sílaba CVC, suprima o inicial e demarcado uso da vogal neutra.

A grande ênfase do anterior exercício deve ser dado no evitamento dos dois momentos articulatórios, correspondentes à produção das duas sílabas (**ba.re** para *bar*), tornando-os num conglomerado sonoro não sujeito a reparo, por parte de um qualquer ouvinte.

(ii) Outras Formas de Intervenção

Qualquer que seja o formato silábico a corrigir, para além de quanto até agora sugerido como praxia articulatória, os restantes momentos, até à consolidação do uso automático do fonema em seu respectivo formato, passam pelas seguintes fases:

1. Automatização do ponto e modo de articulação em contexto silábico (imitação/memorização de sequências silábicas com este fonema).
2. Discriminação entre este fonema /r/, em qualquer um dos tipos de sílaba e outros fonemas líquidos (l, ʎ, R) em palavras que as contenham, em posição inicial ou outras.
3. Segmentação da palavra que contenha o fonema /r/ em qualquer formato, tornando-a de mais fácil percepção auditiva e facilitação neuromotora.
4. Nomeação, induzida, de palavras di e trissilábicas a partir de referentes pictográficos.
5. Consolidação de padrões fonológicos usando as mais variadas estratégias, entre elas a de Imitação/Repetição de vocabulário de alta frequência de uso.

6. Para o formato CVC trabalhar, de forma intensiva, tanto a sua produção em posição de sílaba inicial como final de palavra (ex: *cor*da e be*ber*).
7. Para o fonema /r/ em formato CCV, incluir todas as possibilidades de emergência da primeira consoante (pr, br, cr, gr, fr, tr, dr, vr)
8. Integração da palavra com sílaba /r/ em CV, CVC, CCV ou VC, em enunciados semanticamente coerentes e de curta extensão.
Exemplo, para CV: A *pêra* é boa/está madura/gosto/quero uma pêra/, etc.
Exemplo para CVC inicial: a porta está fechada/aberta/é de madeira/é dura, etc.
Exemplo para CCV: o prato tem sopa/massa, arroz, etc; é amarelo, verde, pequeno, etc.
Exemplo para VC: O arco é de ferro/redondo, etc.
9. Reprodução lexical de um ou dois elementos com formato CCV/CrV em posição inicial (prato preto; braço grande; creme branco, etc.).
10. Oferta de gravuras, facilmente reconhecíveis e que contenham o fonema /r/ em qualquer formato silábico, seguida de um conjunto de verbos de acção (comer, beber, comprar). A criança escolherá a gravura, assim como o verbo com a qual se vincula semanticamente, organizando, dessa forma, enunciados de diferente extensão e complexidade.
11. Descrição espontânea de gravuras, reprodução de factos de vida diária, etc.
12. Extensões sintácticas a partir de enunciados produzidos pela criança, quer dirigidos, quer espontâneos.
13. Incremento da linguagem espontânea a partir da categorização: profissões, árvores de fruto, estações do ano, meses do ano, frutos, partes do corpo, animais e vestuário.
14. Explicitação de conceitos / definições (o que é um parque, um circo, a praia, o jardim).
15. Actividades de metafonologia, através da oferta de modelos incorrectos e outros.

Gestuário Complementar

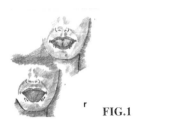
r FIG.1

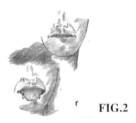
r FIG.2

A criança observará o gesto levado a cabo através do movimento dos lábios e língua (fig.1) – O lábio superior, em extensão, deve ultrapassar, para baixo, a linha média dos dentes incisivos superiores.

– Levar a cabo movimentos rápidos e repetidos de vai-vém da língua, traduzidos por batimentos ou suaves golpes do ápice lingual contra o lábio superior (fig.2). Dado que qualquer tipo de sílaba (CVC; CV; CVC) com este fonema /r/ se inicia a partir da sílaba tipo CCV, o gesto impulsionador da mesma orientará, visualmente, a produção. Assim:

(1) Os lábios abrem e cerram, em movimento intermitente.
(2) Em cada uma de tais aberturas toda a língua se move, saindo para o exterior e tocando, com o seu ápice (em ligeiro golpe) contra o lábio superior, um pouco abaixo do nível dos dentes incisivos superiores. A abertura dos lábios, tal como o golpe da língua sobre o lábio, deverão ser bruscos. Este tipo de gesto, de cariz, essencialmente, visuo-motor, ajuda a memorizar o movimento levado a cabo pelos articuladores língua e lábios, permitindo evocar o ponto de articulação e respectivo valor fonético adjacente. Porém, este apenas é conseguido quando a actividade levada a cabo pelo movimento especificado na fig.1, se encontrar suficientemente instaurado.

Fonema /R/

CARACTERÍSTICAS
Consoante, Vibrante, Sonoro, Uvular.

Posição Tipo
Lábios: Os lábios estão entreabertos, deixando ver os incisivos superiores e inferiores.
Dentes: Separados.
Língua: estendida na cavidade oral.
Véu palatino: Levantado contra a parede posterior da faringe, saída de ar pela cavidade bucal, oral. Obstrução parcial da corrente aérea sonorizada, de tipo intermitente, provocada por vibrações da úvula. Porque a passagem não é suficientemente estreita, é produzido um ruído de fricção (líquido).
Glote: Cordas Vocais juntas e tensas. O ar atravessa-as, forçando-as a afastarem-se, provoca um som vozeado ou sonoro.

Erros Mais Frequentes
Este fonema pode apresentar uma realização de tipo vibrante alveolar ou uma realização uvular. A realização vibrante apical é também considerada admissível, facto pelo qual não pode esta ser considerado como erro ou desvio. Assim, consideramos como erros mais frequentes:
• Omissão de fonema [*ato* por rato; *gaáfa* por garrafa].
• Semi-vocalização [*uamo* por ramo; *cauo* por carro].
• Substituição por velar /g/ [*goupão* por roupão; *gato* por rato].
• Substituição por ápico-alveolar /r/ [*cigaro* por cigarrro; *caroça* por carroça].
• Substituição por consoantes anteriores /l/; /d/ ou /t/ [*loda* por roda; *dei* por rei; *buto* por burro].
• Substituição da vibração apical por vibração labial.

Estratégias de Intervenção
– Praxias que fomentem a mobilidade lingual: elevação, lateralização, extensão, contracção, etc.

Estratégias para a produção do /R/ alveolar:

– Actividades de sopro, dirigidas: soprar com língua em ligeira protusão e abertura dos lábios; soprar com a língua em posição interdental; soprar com o ápice lingual apoiado nos alvéolos inferiores/superiores.

- O ápice lingual toca os alvéolos dos dentes incisivos superiores e os bordos laterais da mesma estão encostados os dentes caninos e molares superiores. Actividades de sopro intermitente tentarão fazer vibrar o primeiro terço anterior da língua, na posição descrita.
- Actividades de articulação, isolada, do fonema /t/ ocorrendo uma oclusão sem vibração, num espaço oral muito próximo daquele que acontece com o fonema vibrante apical /R/. Passagem da articulação do fonema /t/ para o /R/ e vice-versa, a fim de a criança percepcionar a diferença entre ambas produções.

Porque a realização deste fonema, nesta modalidade articulatória, não se oferece de fácil condução, graduais e "criativas/particulares" estratégias de aproximação à realização do fonema, deverão ser levadas até à consecução da automatização articulatória do mesmo.

Estratégias para a produção do /R/ gutural, uvular:

- Produção/ articulação do fone [k].
- Produção do fone [g] com reconhecimento do ponto de articulação velar.
- Simulação de som gutural de rejeição alimentar: R, R, R...
- Iniciar articulação do /R/ em produção do tipo trrr...trrrr...
- Actividades de vibração da úvula mediante elevação do pós-dorso lingual.
- Anteceder a vibração uvular para a produção do fonema /R/ de qualquer uma das vogais. Ex: a...R; o...R; e...R...; etc.
- Articular o fonema /R/ uvular, seguido de vogal, correspondendo a dois momentos articulatórios.
- Reforço da automatização articulatória deste fonema em sílabas isoladas ou combinadas em diferentes tipos de cadeias silábicas, através da imitação ou repetição dos modelos oferecidos pelo adulto.
- Contextualização de sílabas com este fonema, em modelos fonológicos diversificados.
- Integração no léxico dominante.
- Repetição de enunciados-tipo que contenham léxico com este fonema utilizando indicadores gráficos que incentivem a construção de enunciados.

– Generalização na aplicação do gesto articulatório correcto e produção espontânea de enunciados com recurso a descrições, cenas do quotidiano, etc.

Gestuário Complementar

R

Este gesto articulatório pode assumir duas posições da língua: uma com vibração apical outra com vibração da úvula e elevação do pós--dorso. A gestualidade aqui assumida é a que resulta da vibração uvular: O dedo polegar e indicador da mão direita apoiar-se-ão de um e outro lado dos cartílagos da laringe a fim de sentirem a vibração que ocorre na parte alta da faringe. O gesto correspondente a este fonema traduz-se, pois, pelo contacto dos referidos dedos sobre a parte mais alta do pescoço, sendo retirados à medida que a sílaba se inicia.

Fonema /ʎ/

CARACTERÍSTICAS
Consoante, Líquida, Sonora, Palatal.

POSIÇÃO TIPO
Lábios: Entreabertos permitindo ver os dentes.
Dentes: Arcadas dentárias ligeiramente separadas.
Língua: O contacto da frente da língua com o palato duro (palatal) provoca, por um lado, obstrução total à saída de ar sonorizado continuando a fluir, sem que se ouça um ruído de fricção, por cima dos bordos, abaixados, da língua.
Véu palatino: o ar sonorizado é obrigado a sair pela cavidade oral.
Glote: Cordas Vocais juntas e tensas. A forte pressão aérea subglótica obrigá-las-á a afastar, produzindo um som vozeado.

ERROS MAIS FREQUENTES
- Semivocalização pela semivogal /j/ ou /w/ [*foia* por folha; *miuo* por milho].
- Substituição pelo fonema /l/ [*palaço* por palhaço; *coelo* por coelho].
- Substituição por ruído lateral [hiper-elevação do dorso lingual afastamento dos bordos laterais da língua dos dentes molares e recuo do ápice lingual, na cavidade oral].
- Outros.

ESTRATÉGIAS DE INTERVENÇÃO
- Indicar a posição tipo dos articuladores (ora em frente da criança ora com apoio do espelho).
- Com o ápice lingual apoiado sobre os alvéolos dos dentes incisivos inferiores e dorso lingual elevado, tocando o palato duro, elevar e baixar maxilar inferior. Insistir neste movimento permitirá consciencializar a imobilidade da língua frente ao movimento do maxilar. Na posição descrita – dorso da língua apoiado no palato e afastados os bordes desta dos dentes molares – o ar expirado e sonorizado deverá sair, lateralmente. Na continuação do posicionamento lingual anterior, elevar e baixar o maxilar inferior, realizando o fonema em equação: líquida lateral /ʎ/, acrescido de vogal aberta /a/, fruto da abertura da cavidade oral aquando o abaixamento da mandíbula.
- Persistir na automatização do posicionamento do dorso e ápice lingual, anteriormente descrito.
- Repetição de grupos silábicos (dissilábicos) com o fonema /ʎ/ a partir de modelo adulto. Mantendo a mesma vogal na primeira sílaba contemplar-se-ão todas as restantes vogais na segunda sílaba. As vogais devem seguir a ordem: a, o, u, e, i, pois tal ordem está vinculada à abertura da cavidade oral.
- Generalização com integração do fonema em contextos plurilinguísticos.

Gestuário auxiliar

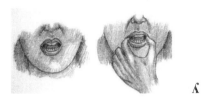

ʎ

Dedo polegar e indicador deverão apoiar-se nas comissuras labiais (cantos da boca). Os lábios deverão permanecer ligeiramente entre-abertos. Os dentes manter-se-ão separados e a ponta da língua atrás dos incisivos superiores, elevando-se o dorso contra o palato. Os bordos laterais da mesma encontrar-se-ão separados dos caninos e molares. Na posição atrás descrita iniciar-se-á a produção. A vibração e sonorização lateral, para dar lugar ao fonema, será percepcionada nas pontas dos dedos que se encontram de um e outro lado dos cantos da boca (comissuras). A função dos dedos (ponta) reside na possibilidade de maior extensão dos lábios a fim de melhor sentir o ar expirado e sonorizado.

A apresentação de todas as sugestões aqui feitas pretende "dar voz" ao princípio que privilegia uma produção fonémica baseada num modelo formal-misto. A particularização deste modelo para o português europeu baseia-se numa realização silábica que se apoia fortemente na proprioceptividade do ponto e modo de articulação, usando, para tal, o reforço da gestualidade.

A diferenciação interssilábica, a automatização de padrões fonológicos da língua, utilizando as mais variadas estratégias as quais se estendem desde o isolar da palavra do contexto discursivo onde se revelou como inadequada ou disforme, até à análise metafonológica dos constituintes silábicos da mesma, constitui a grande aposta deste conjunto de propostas.

A instauração de um conjunto de símbolos verbais que, em síntese, permitam à criança construir múltiplos enunciados a partir de um reduzido número de vocábulos é mester de qualquer reabilitador da linguagem e levá-la a cabo deverá implicar a adopção de um critério de tempo. Qualquer estratégia será útil ou funcional se atingir tal objectivo.

A apresentação do modelo de intervenção apoiado em metodologias formais como este que apresentamos, constitui *mais um* instrumento para intervenção e o seu uso deverá ajustar-se quer às perspectivas profissionais e metodológicas do reeducador, quer às características individuais de cada criança.

Neste processo dinâmico no qual se inscreve a reeducação da linguagem infantil, iniciando esta pela dimensão fonológica, não devem ser esquecidos todos os agentes educativos que circundam a criança: pais, professores, educadores de infância, e outros agentes. A este colectivo de pessoas cabe a particular função de detectar, ajudar a ultrapassar ou encaminhar a criança para o técnico capaz de reformular os padrões fonológicos desviados. Esta "primeira cara" da produção infantil – a fonologia – requer, na criança, atempado atendimento, sob pena de se transferir para futuras aprendizagens da linguagem escrita, para além de tornar cada vez mais difícil a acção do reeducador.

Ensinar a escutar, diferenciar, memorizar, associar, corresponde aos processos básicos que veiculam o processamento para a aprendizagem verbal. Treinar competências desta natureza é, pois, um imperativo em crianças que persistem no incorrecto uso de modelos fonológicos, muito para além das faixas etárias esperadas.

Esperar que o tempo opere pode constituir-se como a forma mais válida para cimentar incorrectas e/ou inconsistentes representações linguísticas, comprometendo, assim, todo o domínio da linguagem.

No capítulo final o leitor encontra um conjunto de aplicações em cada uma das quais são expostos exemplos de formas de intervenção mediante um caso concreto.

A terminar este capítulo se acresce que a descrição-tipo dos articuladores (lábios, dentes, língua, véu palatino, glota) de cada uma das consoantes atrás referenciadas, foi extraída da obra "Forma e Substância da Expressão da Língua Portuguesa" da autoria de Barroso, Henrique [1999].

Capítulo VII
Aplicações

Neste capítulo, reservado à ilustração dos princípios que foram sendo propostos ao longo de todo o documento e, em particular, nos capítulos sobre Avaliação e Intervenção, optámos por dar realce a duas técnicas: (1) a técnica de recolha de amostra de linguagem espontânea e (2) a técnica de aplicação e análise de uma prova de nomeação (Prova de Avaliação fonológica em Formatos Silábicos).

Se a segunda é especialmente vocacionada para o estabelecimento de um perfil fonético-fonológico, a primeira oferece um vasto conjunto de dados passível de permitir caracterizar múltiplas esferas de expressão linguístico-comunicativa. No entanto – e dada a orientação de todo este volume para as problemáticas fonético-fonológicas – optámos aqui por reconduzir a análise dos dados de linguagem espontânea até um domínio de classificação de processos fonológicos.

Para além deste tipo de informações relacionada com a Expressão, todas as crianças foram avaliadas, com distintos instrumentos, no seu processo de compreensão da linguagem.

A possibilidade de avaliação da linguagem escrita ocorreu no segundo caso, uma vez que se encontrava em faixa etária e académica que o justificava.

Tendo em conta a necessidade de ilustração de todo o processo de avaliação, tal como o entendemos (um processo de âmbito para, peri--linguístico e linguístico, com vários níveis de especificidade), incluímos, em todos os contextos, uma resenha, sumária de aspectos de anamnese.

Nas três aplicações aqui incluídas, o processo de avaliação (mais ou menos estendido, conforme o objectivo de cada ponto) é seguido de um conjunto de sugestões de intervenção.

Caso 1

1.1. Enquadramento Global

M.F., criança do sexo masculino, apresentava, no momento da primeira avaliação da linguagem, a idade cronológica de 3 anos e 10 meses, sendo o primeiro e único filho.

O motivo da consulta radica na preocupação da família frente às produções da criança (apenas a mãe, divorciada, esteve presente, pois o pai encontrava-se ausente do país). Perante a presença de um familiar, da mesma idade cronológica e com substancial melhoria no seu quadro expressivo, esta mãe é confrontada com a questão do seu filho, que diz ser "muito preguiçoso para falar".

Os dados de anamnese não referem qualquer problema pré, peri ou pós-natal. Os processos de desenvolvimento básico referem normalidade em todos os parâmetros (início da marcha pelos 11 meses, sem apoio; controle esfincteriano, diurno, pelos 30 meses e comida sólida a partir dos 24), excepto no domínio da linguagem falada.

Os aspectos clínicos revelam uma criança com insignificante número de dados na sua história, em geral. Elementos clínicos de foro otorrinolaringológico, citados pela mãe, referem uma otite pelos 18 meses, bem como processos inflamatórios faringo-laríngeos, de fraca ocorrência. Estes últimos, porém, acompanhados de febre elevada.

Esta criança frequentou a creche a partir dos 14 meses, tendo iniciado o jardim-de-infância após os três anos de idade. A partir deste momento ter-se-ia verificado algum "saltinho na fala", pois, até ali, a criança dizia apenas monossílabos, reduzindo qualquer palavra a uma única sílaba e apoiando-se, fortemente, no gesto como forma de comunicação. Apesar do impacto positivo do jardim-de-infância no desempenho linguístico desta criança, prevalecem, no entanto, dificuldades de expressão que tornam difícil a comunicação.

Do ponto de vista comportamental, trata-se de uma criança activa que termina as tarefas em que se envolve. Durante a entrevista com a mãe fez encaixes com facilidade, um jogo de associação, com sucesso e, terminado este, solicitou nova actividade. Revela, porém, algum nível de ansiedade e instabilidade psicomotora: exibia inspirações profundas, ora levantava ora sentava na sua cadeira, ora manipulava as peças do jogo que iniciara ora tentava retirar do encaixe as da anterior actividade. Foi, ainda, evidente a solicitação permanente da mãe para ajuizar acerca do seu desempenho.

A avaliação desta criança consistiu em dois momentos que visaram a análise de dados relacionados quer com o processo de compreensão quer com o de expressão da linguagem, a seguir enumerados:

1 – Avaliação da Linguagem Expressiva – Registos de linguagem espontânea, ocorridos durante o processo de intercâmbio comunicativo com a criança levado a cabo, partindo da actividade de exploração de um livro de histórias, com grande predomínio de material pictográfico. Os dados a seguir apresentados permitem verificar o tipo de problemas revelados, com particular análise para os manifestos na dimensão fonológica da língua.

2 – Avaliação da Linguagem Compreensiva – Escalas de Desenvolvimento Reynell (0 a 6 anos de idade).

1.2. Registo de linguagem espontânea

A exploração da linguagem da criança decorreu no contexto da sala de consultas da qual fazem parte diferentes tipos de mobiliário adaptado a crianças e diversos materiais, fora do alcance físico da criança, entre eles os de exploração cognitivo-linguística: brinquedos, lotos de imagens, de associação, jogos de encaixe, materiais variados de exploração linguística tais como histórias ilustradas, etc.

Sentada na sua mesinha, a criança foi realizando tarefas, ora manipulando os distintos materiais, a mote próprio, ora propostas pelo adulto (A). A actividade de linguagem verbal, abaixo descrita, sucedeu-se ao diálogo com a mãe, durante o qual B. se manteve explorando distintos materiais, intencionalmente colocados ao seu alcance. A tarefa consistiu na exploração de uma história, na qual se ilustram distintos contextos de vida diária da (s) criança(s).

....
A: Ah! Já me esqueci o teu nome! És capaz de mo dizer?
B: Iéu.
A: Manuel?
B: Iéu!.. (a criança repete, zangada, e a mãe corrige: Miguel)

A: Ah, agora já sei, és o Miguel! Quantos aninhos tem o Miguel?
B: *Tês.*
A: Tens três anos. Sabes quantos eu tenho? Nem te digo...!
Bom, Miguel, vamos, então, ver esta história para tu me contares, está bem?
B: *Xim.*
A: Sabes quantos meninos estão aqui a jogar, no parque? (mostrando um livro de histórias seleccionado pela criança).
B: *Xei.*
A: Quantos são? Vamos contar?
B: *Um, dói, tê, tato, xinco, xei (repetindo A).*
[A criança tenta passar, velozmente, cada página do livro sendo, subtilmente, refreada no seu afã de virar páginas, por A.]
A: Bom, aqui vemos...
B: *Oia, é uma xinhoa. Tá bincá c'u bebé.*
A: Com que brinca o bebé?
B: *C'a boua.*
A: De que cor é esta bola?
B: *Banca!.. E teta...!*
A: Também preta, sim!
[Virando, de novo, a página, surge uma paisagem com um arco íris e várias crianças com um papagaio de papel.]
– Ah, olha! Um arco-íris! Tem cores como estas (mostrando os lápis com suas diferentes cores)!
A: Sabes qual é esta cor?
B: *Eta é tataia, xuú, xanja, dede.. um xei ...*
A: Muito bem, castanha, azul, laranja, verde.
Já viste um arco-íris? (Acena com a cabeça, negativamente)
– Bom! E um papagaio a voar, já viste?
B: *Ete u tem pena, rarrida, aí...*
A: Pois é, não tem perna nem barriga nem nariz. Mas tem cabeça! E tem orelha!
B: *Ú tem nada passessa, uéia! É péu.*
A: Pois é, querido, é de papel, tens razão!
B: *Oia, o popó tá pitá... (virando a página que há muito ansiava..)*
A: Como sabes que está a apitar?
....

B: *O bebé ta na pama. Mamã dá aba. Dá papa... (Tendo virado, de novo, a página)*
A: Ah, pois, dá água porque o bebé está doente! Choveu e o menino molhou-se. Ficou doente.
A: Os meninos ficam na sala ou no quarto, quando estão doentes?
B: *Na caja! (com ênfase!)*
[A. volta a página com ajuda da criança.]
A: Olha, aqui está um menino no quarto. Está a rezar ao Jesus!
B: *No tato não, na jexa a já ó jujú!...*
A: Claro, amor, na igreja é que se reza ao Jesus.

1.3. *Análise do perfil fonético-fonológico*

Depois da análise deste tipo de registo de linguagem, facilmente concluímos tratar-se de um caso onde o desempenho linguístico se encontra aquém da sua faixa etária. Reanalisando os dados referidos pela mãe, concluímos tratar-se de um falante tardio, uma vez que as primeiras palavras, perceptíveis, apenas teriam acontecido a partir da entrada para o jardim-escola.

Durante o tempo de avaliação M. revelou-se uma criança com boa interacção comunicativa, porém um pouco dispersa. Permanece, contudo, atenta ao essencial e mostra capacidade de contestar o que considera inadequado (na igreja é que se reza, não é no quarto!).

O vocabulário utilizado revela "infantilismos produtivos" (papa, popó), assim designados pela elementaridade das combinações silábicas, possivelmente alimentados no seio familiar. Verificou-se a forte dependência em relação à mãe, pois, continuamente, procurava a sua aprovação para a continuidade das tarefas.

Analisando um pouco mais de perto a sua produção (quadro 7.1) damos conta do tipo de processos observados, considerados normais em idades muito mais recuadas que aquela em que se encontra a criança. A opção pelo não uso do alfabeto fonético para anotar o que a criança diz, foi tomada tendo em conta a maior facilidade de leitura das produções da criança.

O que quer dizer	O que diz	Tipo de processo
Miguel	iéu	Omissão oclusiva nasal /m/ Omissão oclusiva /g/ Omissão /l/ CV<u>C</u> final
Três	Tes	Omissão /r/ C<u>C</u>VC
Casa	Caja	Substituição interfricativa z/ʒ
Seis	Xei	Substituição interfricativa s/ʃ Omissão /s/ em CVG<u>s</u>
Apitar	Pitá	Omissão de sílaba em trissílabo Omissão de /r/ em CV<u>C</u> final
Dois	Dói	Omissão /ʃ/ CVG<u>s</u>
Igreja	Jexa	Omissão de sílaba em trissílabo. Substituição interfricativas [ʒ /ʃ Outro erro com diversas leituras *Distorção*
Bola	Boua	Semivocalização do./l/
Papel	Péu	Omissão de sílaba em dissílabo Semivocalização de líquida /l/ em CV<u>C</u> final
Sim	Xim	Substituição interfricativa s/ʃ
Sei	Xei	Substituição interfricativa s/ʃ
Perna	Péna	Omissão líquida /r/ em CV<u>C</u> inicial
Barriga	Rarrida	Harmonia Consonantal anterior
Cabeça	Passessa	Substitução interoclusivas: k/p Harmonia Consonantal anterior
Azul	Xuu	Omissão de sílaba Substituição interfricativas z /ʃ Semivocalização de /l/ em CVC final por /w/ *Distorção*
Água	Aba	Substituição interoclusivas: g/b Omissão de semivogal em ditongo crescente
Cadeira	Déia	Omissão de sílaba em trissílabo Omissão de líquida /r/ em <u>C</u>V
Castanha	Tataia	Harmonia Consonantal anterior Semivocalização da consoante oclusiva nasal /ɲ/ por semivogal /j/
Quarto	Táto	Harmonia Consonantal (com Omissão do /r/ em CGV<u>C</u>; substituição inter-oclusivas: k/t e omissão de semivogal) *Distorção*
Mesa	Mexa	Substituição interfricativas z/ʃ
Esta	Éta	Omissão /s/ em V<u>C</u>
Jesus	Jújú	Harmonia consonantal (com substituição interfricativas: /z/ por /ʒ/ ; omissão de /s/ em CV<u>C</u> final; substituição de vogal) *Distorção*

Capítulo VII – Aplicações

O que quer dizer	O que diz	Tipo de processo
Nariz	Aí	Omissão oclusiva nasal /n/; Omissão /r/ CVC; Omissão /s/ CVC Distorção
Verde	Jeje	Harmonia Consonantal (com substituição interfricativa v/[; Omissão de /r/ em CVC inicial; substituição extra-classe : d/ʒ) Distorção
Laranja	Xanja	Omissão de sílaba em Trissílabo Substituição extra-líquidas: líquida /r/ por fricativa /ʒ/
Senhor	Xenhô	Substituição interfricativas: s/ʃ Omissão /r/ em CVC final
Orelha	Aéia	Substituição de vogal o/a Omissão do /r/ em CV Semivocalização da líquida /ʎ/ Distorção
Rezar	Já	Omissão de sílaba em dissílabo Omissão de /r/ em CVC final Substituição interfricativas :z/ʒ Distorção
Preto	Teto	Harmonia consonantal com substituição p/t; Omissão do /r/ em CCV

QUADRO 7.1. Erros fonológicos observados na amostra de linguagem espontânea

Frente a estas simplificadas formas de fala, a seguir se explicita o teor conceptual a elas adjacentes:

i) Harmonia consonantal.

Esta dificuldade está relacionada com o confronto entre sílabas cujos fonemas se diferenciam em qualquer um dos seus traços de sonoridade. A criança confronta-se com elas, reduzindo-as a uma sílaba reduplicada.

ii) Omissão de sílaba em trissílabo.

Este tipo de processos de simplificação revela dificuldades para a retenção e organização de três ou mais conglomerados sonoros e respectivas características que os diferenciam. Este facto não é de estranhar, uma vez que a criança faz, também, uso do processo harmonia em palavras dissilábicas.

iii) Substituição entre consoantes da mesma categoria de modo (fonema /s/ pelo /ʃ/; /z/ pelo /ʒ/; fonema /t/ pelo /k/, etc). A substituição de consoantes fricativas, entre si, constitui um processo mais frequente, nestas idades, que aquele que ocorre entre as oclusivas: /t/ e /k/.

iv) Omissão do fonema /r/ em qualquer contexto silábico (CV; CCV; CVC; CCVC). Ainda que este fonema se realize mais tardiamente que qualquer um dos outros pois faz parte de distintos formatos silábicos, em nenhum deles se encontra, aqui neste registo, presente.

v) Frequente uso de Distorções.

A frequência de distorção neste registo denota o alto nível de "indiscriminações" latentes no processamento linguístico desta criança. Este facto justifica o elevado uso de processos no mesmo vocábulo tal como harmonia consonantal, omissão e outros.

Tal como atrás referido, para a avaliação do processo linguístico de compreensão da linguagem, foi-lhe administrado a parte relativa à mesma – compreensão – da escala de desenvolvimento de Reynell. Através dele, concluímos apresentar esta criança um nível de compreensão equivalente à sua idade cronológica.

Assim sintetizados os dados da avaliação, quer em expressão quer em compreensão, posssíveis estratégias, a seguir, se oferecem.

1.4. *Sugestões para reeducação*

Por quanto foi explicitado, verificamos tratar-se de um caso que, do ponto de vista da produção da linguagem, ultrapassa o mero domínio fonético (articulação dos sons da fala) e que se estende igualmente ao fonológico (organização dos mesmo em contextos significativos), não revelando compromissos quer com a dimensão semântica quer com a morfossintaxe. Estamos, pois, perante um atraso de linguagem, de predomínio fonético-fonológico,

Um dos primeiros patamares a subir, neste caso, para edificar com alguma solidez esta "construção"da linguagem, deverá, passar, inicialmente, por actividades dirigidas para os pilares básicos do processamento linguístico, em paralelo com outras, dirigidas à elementar produção de vocábulos familiares e, ulteriormente, à complexificação frásica.

Desta forma, todo o tipo de actividades que potenciem a atenção auditiva, a discriminação auditiva em geral e dos sons da fala em particular, a memorização de produtos sonoros de menor a maior complexidade, o reconhecimento da presença/ausência de determinados valores sonoros nos quais se incluem os da fala, a memorização sequencial de estruturas sonoras, etc., contribuirão para um melhor desempenho dos vectores nos quais se apoia o processamento da linguagem verbal oral.

Em paralelo com este tipo de trabalho a criança deverá, inicialmente, ser incitada à nomeação de pequenos e frequentes vocábulos. Neste tipo de tarefas poder-se-á dar livre curso à espontaneidade produtiva da criança (apresentando o modelo de produção quando desviado) ou, em alternativa, esta poderá ser informalmente conduzida, partindo de diversos tipos de exploração sensorial.

Algumas estratégias relacionadas com o uso de aspectos suprassegmentais, tais como o reforço da acentuação, a melodia, a lentidão/segmentação das sílabas na palavra, podem constituir preciosas ajudas para o domínio da fonologia.

Favorecer ao máximo a *imitação* constitui o grande salto para o domínio de qualquer aprendizagem. Também a aprendizagem da linguagem na infância, particularmente da dimensão fonético-fonológica se apoia, inicialmente, neste forma de aprendizagem, sustentada na imitação dos modelos-alvo da língua.

Actividades relacionadas com a melhoria da motricidade oral, com o treino do ponto e modo de articulação dos fonemas em défice será, igualmente, domínio a fomentar.

A palavra inscreve-se em curto enunciado e este em produtos discursivos de maior a menor amplitude. A produção de curtos enunciados não acontece apenas depois de todos estes passos, atrás assinalados, serem levados a cabo. Ela deverá surgir a partir das primeiras nomeações, como parte integrante dos atributos que caracterizam o referente. Formas múltiplas, dirigidas ou não, encaminharão a criança para a explicitação de conteúdos, fim primeiro e último da linguagem falada. A forma como a eles aceder ficará ao critério de quem assume a reeducação como uma tarefa que deverá ser conseguida o mais precocemente possível e também no espaço de tempo tão curto quão possível.

Caso 2

2.1. Dados Globais de Anamnese

M., criança do sexo masculino, apresenta, actualmente, uma idade cronológica de 8 anos de idade e frequenta o 3° ano de escolaridade, em instituição de apoio a crianças de risco.

A família desta criança é considerada de nível socio-económico baixo e de grande instabilidade psicossocial. Primeiro de uma fratria constituída por três irmãos, frequentando, todos, o mesmo espaço de acolhimento há cerca de dois anos, a infância desta criança terá sido turbulenta, com frequentes ausências do casal e entregue a avós de avançada idade.

Os aspectos relativos ao acompanhamento psicológico e linguístico terão sido subvalorizados pela família, até ao momento da entrada para a instituição (seis anos de idade). O pedido de avaliação surgiu através da instituição que a criança frequenta.

Dados sucintos de anamnese revelam parto de termo, assistido em meio hospitalar, sem dados dignos de relevo. O início de marcha terá sido "normal" e a emergência da fala terá ocorrido "muito tarde e mal..., lá para os três anos" (elementos fornecidos pela instituição e esta apoiada nos dados da família). Quanto ao controle esfincteriano, não foi possível apurar a data de aquisição deste parâmetro de desenvolvimento. Dados clínicos provenientes da anterior fonte (instituição), permitem inferir a presença de otites de repetição, até aos três anos de idade, "...estava sempre com dores nos ouvidos...".

Quanto ao comportamento sócio-afectivo e escolar desta criança, foi revelado tratar-se de uma criança muito problemática e conflituosa, apresentando problemas de linguagem, dificuldades de atenção/concentração e de aprendizagem, em geral.

2.2. Recolha de dados circum-linguísticos, linguísticos e cognitivos

Na tentativa de encontrar o perfil linguístico e cognitivo desta criança, foram seleccionados os seguintes materiais de avaliação:

1 – Protocolo de Avaliação MBGR – avaliação miofuncional orofacial (cf. ANEXO 2);

2 – Prova de Avaliação Fonético-Fonológica (P.A.F.F.S.);
3 – Avaliação informal da Linguagem Escrita.
4 – Escala Wechsler de inteligência (Wisc).

Análise de bases anatómicas e produções fonético-fonológicas

A avaliação das bases anatómicas e funcionais referentes à motricidade bucofonoarticulatória (Protocolo de Avaliação Miofuncional Orofacial) permitiu observar, entre outros, os seguintes dados: adequada mobilidade da face, lábios, língua e maxilar; ajustada sensibilidade facial e oral; presença de simetria facial, maxilar e labial; língua de cor rosada, ausente de freio, macroglossia ou protusão; dentição com implantação e oclusão normais; palato (duro e mole) ausente de anomalias quanto à coloração, simetria e mobilidade; adequação no controlo de saliva, em repouso e actividade; inexistência de reflexos orais (de sucção, dos pontos cardeais, de mastigação e de deglutição); utilização de respiração do tipo clavicular e boa capacidade de mastigação e deglutição de líquidos e sólidos.

Avaliação fonético-fonológica

A Avaliação fonético-fonológica constou de uma prova na qual a tarefa de nomeação de imagens constitui um procedimento largamente utilizado para verificar, com detalhe, uma fala nem sempre inteligível. Os resultados obtidos, com esta criança, decorreram, pois, da passagem da prova articulatória PAFFS (2) e estão assinalados, a seguir, na grelha para o efeito. Optamos por não fazer a transcrição fonética dos produtos linguísticos da criança, em virtude de se tornar mais fácil o manuseamento dos dados obtidos, por qualquer leitor.

Estímulo	*O que diz*	*Tipo de processo*
1. Almofada	mufada	Omissão de sílaba inicial em polissílabo
2. Árvore	abe	Omissão líquida /r/ em V<u>C</u> inicial Omissão de vogal /u/ em C<u>V</u> medial. Omissão de líquida /r/ em <u>C</u>V final *Distorção*
3. Banho		
4. Barba	baga	Omissão de líquida /r/ em CV<u>C</u> inicial. Substituição intraoclusivas com anteriorização: /b/ por /g/ em <u>C</u>V final.

Estímulo	O que diz	Tipo de processo
5. Brincos	bincos	Omissão de líquida /r/ em CCV inicial.
6. Botões		
7. Borboleta	bobuleta	Omissão de líquida vibrante /r/ em CVC inicial.
8. Bicicleta	xiteleta	Omissão de sílaba inicial em polissílabo. Substituição Intrafricativa com troca de lugar de articulação: /s/ por /ʃ/ Substituição Intraoclusiva /k/ por /t/. Epêntese de vogal neutra. *Distorção*
9. Casaco		
10. Iogurte	agute	Omissão de semivogal /j/ em ditongo crescente. Substituição de vogal /o/ por /6/ Omissão de líquida /r/ em CVC medial *Distorção*
11. Chapéu		
12. Cobra	coba	Omissão de líquida vibrante /r/ em CCV final.
13. Coelho		
14. Caracol		
15. Crocodilo	cocolilo	Omissão de líquida /r/ em CCV inicial. Harmonia consonântica anterior com substituição do /d/ por /l/.
16. Erva	eva	Omissão de líquida /r/ em VC inicial.
17. Descalçar.	descauçar	Semivocalização de líquida /l/ por semivogal /w/ em CVC medial
18. Dragão	dagão	Omissão de líquida /r/ em CCV inicial.
19. Escada		
20. Estrela	istela	Omissão de líquida /r/ em CCV meio.
21. Escrever	isquever	Omissão de líquida /r/ em CCV meio.
22. Faca		
23. Fechada		
24. Floresta	felulesta	Epêntese de vogal neutra. Harmonia consonântica posterior com substituição do /r/ por /l/.
25. Flor	felor	Epêntese de vogal neutra.
26. Fotografia	tugafia	Omissão de sílaba em polissílabo. Omissão de líquida /r/ em CCV medial.
27. Fralda	falda	Omissão de líquida /r/ em CCVC inicial.
28. Frasco	fasco	Omissão de líquida /r/ em CCVC inicial.
29. Fruta	futa	Omissão de líquida /r/ em CCV inicial.
30. Garrafa	rarrafa	Harmonia consonântica anterior com substituição de /g/ por /R/

Capítulo VII – Aplicações

Estímulo	O que diz	Tipo de processo
31. Grande	ãnde	Omissão do grupo consonântico inicial /gr/ em C̲C̲V~
32. Gelado	julado	Substituição de Vogal em CV̲ inicial
33. Livro	Libu	Omissão de líquida /r/ em CC̲V final.
34. Maçã		
35. Mesa		
36. Mãos		
37. Magro	mago	Omissão de líquida /r/ em CC̲V final.
38. Nariz		
39. Panela		
40. Pistola	festola	Substituição extraoclusiva /p/ por /f/ em C̲VC inicial. Substituição de vogal por vogal neutra em CV̲C inicial
41. Planta	pelanta	Epêntese de vogal neutra.
42. Pijama	pijame	Substituição de vogal final.
43. Prato	pato	Omissão de líquida /r/ em CC̲V inicial.
44. Peixe		
45. Quadro	quado	Omissão de líquida /r/ em CC̲V final.
46. Quatro	quato	Omissão de líquida /r/ em CC̲V final.
47. Quadrado	quadado	Omissão de líquida /r/ em CC̲V meio.
48. Relógio	relójo	Omissão de vogal em CV̲G final
49. Sapato		
50. Cigarro	cirrarro	Harmonia consonantal anterior com substituição de /g/ por /R/
51. Sopa		
52. Senhora		
53. Sol		
54. Telefone	tefone	Omissão de sílaba em polissílabo.
55. Telhado		
56. Tartaruga	tataruga	Omissão de líquida /r/ em CVC̲ inicial.
57. Três	tês	Omissão de líquida /r/ em CC̲VC
58. Triciclo	teliciclo	Epêntese de vogal neutra. Substituição de líquida /r/ por /l/ em CC̲V inicial
59. Vela	bela	Variante dialectal
60. Zebra	zeba	Omissão de líquida /r/ em CC̲V final.
61. Dedo		
62. Queijo		

QUADRO 7.2. Tipificação dos erros fonológicos. A ausência de indicações na coluna relativa a tipificação de erro corresponde à articulação correcta da palavra pela criança.

Para a tipificação do erro, foram tidos em conta o tipo de processo fonológico observado (omissão, substituição, harmonia ou epêntese), o alvo fonémico do mesmo, e o formato silábico em que ocorre e a posição da sílaba afectada na palavra. Para a descrição do fonema afectado usaram-se as classes de modo (oclusivas, fricativas, líquidas).

Quanto à tipologia de processos fonológicos aqui aplicada, importa delimitar os âmbitos de cada um. A *omissão* corresponde à emissão da palavra alvo com ausência de uma sílaba ou fonema. Ao contrário, a *substituição* corresponde à troca de um fonema por outro (o número de fonemas é mantido), podendo esta troca ocorrer entre dois elementos da mesma classe de modo (interfricativas, interoclusivas, interlíquidas) ou a classes distintas (extrafricativas, extraoclusivas e extralíquidas). A *harmonia* constitui um caso particular de substituição, no qual o fonema substituto existe na palavra em causa, ocorrendo um processo de "contaminação". A *epêntese* consiste na inserção de um fonema, aumentando o número de fonemas da palavra com possível alteração da sua estrutura silábica. Finalmente, a classificação de *distorção* é aplicada quando ocorrem dois erros numa palavra mono ou dissilábica e mais de dois erros quando é tri ou polissilábica, tornando-a de difícil compreensão.

As variantes dialectais (formas de articulação associadas a uma dada região) não são consideradas como processos fonológicos.

Uma leitura dos dados tendo em conta o desempenho por formatos silábicos revela, de imediato, uma dificuldade clara com os formatos do tipo CCV e CCVC. Em cerca de 80% (19 em 25) das sílabas deste tipo ocorre a omissão da líquida como segunda consoante do formato CCV/ /CCVC, correspondendo aos casos em que a segunda consoante é ocupada pela líquida /r/. Ocorre, num dos casos de grupo consonantal /tr/ (triciclo), a substituição da líquida vibrante /r/ pela líquida lateral /l/.

O fonema /l/, quando na mesma posição (segunda consoante), não induz o processo de omissão, mas antes o de epêntese de vogal. Por consequência, os restantes 20% estão associados ao fonema /l/ no mesmo tipo de formato (CCV).

Desta forma, a adulteração dos fonemas /l/ e /r/ em grupos consonantais ou sílaba do tipo CCV ocupa, pois, valores significativamente superiores quando se trata do /r/. A estratégia de simplificação predominantemente usada é a omissão.

Deve sublinhar-se que este recurso – omissão – corresponde ao primeiro confronto com este tipo de sílabas. Uma ocorrência de metátese (mudança de lugar do fonema na ou fora da sílaba) constitui uma forma mais próxima à da realização do modelo linguístico adequado.

Saliente-se, finalmente, que o processo de omissão do /r/ enquanto segunda consoante está associado a todos os grupos consonantais e a todas as posições da sílaba na palavra (inicial, medial e final).

Nos formatos CVC/VC, dos quais podem ser exemplo a primeira sílaba das palavras "barba"/"erva", o recurso dominante é também a omissão da líquida /r/. Este é aplicado, sempre que existe uma sílaba do tipo CVC/VC com fonema /r/ em final de sílaba no início da palavra – tartaruga, barba, borboleta, erva, árvore. Em posição medial, encontramos ainda afectada a sílaba CVC da palavra "iogurte". Existe, na totalidade, uma percentagem de 100% de erro na realização do /r/ em início de palavra.

As dificuldades com os polissílabos revelam-se na presença de omissões de sílaba, em alguns casos integrantes de um processo de distorção. Num conjunto de sete estímulos polissilábicos, observa-se a ocorrência de três processos de omissão de sílaba. Sendo um processo considerado arcaico no desenvolvimento linguístico, revela a dificuldade da criança para se confrontar com palavras de grande extensão e maior dificuldade, ainda, quando se acresce a falta de familiaridade com o vocábulo.

Ocorrem três casos de substituição no formato CV, duas delas entre fonemas da mesma classe (a oclusiva /b/ por /g/, em "barba" por "baga" e a fricativa /s/ por /x/ em "bicicleta" por "xiteleta"). Ressalte-se que, em ambos os casos, ocorre uma posteriorização, ou seja, a substituição do fonema alvo por um outro que é articulado em ponto mais posterior no tracto vocal.

A substituição extra-classe observada (de oclusiva por fricativa, em "pistola" por "festola") constitui uma ocorrência invulgar, na medida em que suporta um processo de substituição de uma consoante mais precocemente adquirida (/p/) por uma consoante mais tardiamente adquirida (/f/).

Verificam-se, também, três harmonias consonantais (assimilação do valor da sílaba ou fonema consonântico mais próximos): crocodilo por *cocolilo*; cigarro por *cirrarro*), e floresta por *felulesta*. Nesta última ocorre ainda um processo de epêntese de vogal neutra.

Apesar de este tipo de processos corresponder, normalmente, a períodos mais recuados de desenvolvimento linguístico na criança, a presença das mesmas neste tipo de produções leva-nos a especular que elas possam estar associadas ao factor da frequência de uso pela criança (menor em cigarro e floresta) e/ou a contextos fonológicos de maior complexidade, entre os quais se podem citar o maior número de sílabas e a presença de formatos silábicos mais complexos (flo, cro).

Os erros observados em vogais, de baixíssima frequência, não são aqui analisados. Não nos detivemos também na análise de possíveis adulterações morfossintácticas uma vez que ultrapassa os objectivos deste trabalho.

Relativamente à linguagem escrita, foram, informalmente, analisadas a leitura e a escrita (espontânea, ditado, cópia). Deparamos com uma criança cujo desempenho nestas áreas se encontra muito distante daquele que é característico deste nível académico. Assim, a leitura é hesitante e silabada favorecendo, por consequência, o não acesso ao sentido expresso. Para além deste facto, todo o tipo de erros manifestos na articulação (fonema /r/), abaixo referenciada, se revelam na leitura e se estendem à escrita.

A escrita deste aluno, tanto em escrita espontânea, como em ditado ou cópia, mostra uma grafia irregular e pouco alinhada. Os erros de domínio ortográfico são evidentes, para além de vários tipos de simplificações tais como a omissão de sílabas, substituição de fonemas, etc. Estamos, pois, perante um caso que carece, também nesta área da linguagem escrita, de acompanhamento em tarefas específicas que potenciem a aprendizagem da literacia.

Perfil Cognitivo

No que respeita à avaliação cognitiva, foram propostas actividades incluídas na escala de Wechsler (WISC) e orientadas por um elemento pertencente ao departamento de psicologia da linguagem.

Globalmente, esta criança apresenta um desempenho que se enquadra na categoria "zona fronteiriça", assim denominada por se encontrar entre as categorias "normal lento" e "atraso mental ligeiro". Verifica-se, ainda, um desfasamento entre o desempenho na parte verbal e na parte de realização, com prejuízo para a primeira, na qual os resultados são significativamente inferiores. Todavia, especificando as várias componentes de desenvolvimento cognitivo, deparamo-nos com todas as dimensões fragilizadas, embora em graus distintos.

Neste sentido, apresentamos alguns resultados mais significativos:
1 – Parte Verbal
 – Grande fragilidade em interpretar conceitos.
 – Alguns défices na capacidade para analisar e justificar as razões de certos comportamentos e a capacidade para agir em conformidade.
 – Acentuadas dificuldades no raciocínio numérico.
 – Um nível ligeiramente inferior, ao esperado para a sua idade, no que respeita à capacidade para extrair sentido às frases e organização categorial.
 – Pobreza de vocabulário.
 – Deficitária memória imediata do tipo auditivo.
2 – Parte de Realização
 – Um domínio abaixo da média no que diz respeito à capacidade para manter um nível de concentração para a realização de tarefas que impliquem organização visual.
 – Um nível ligeiramente abaixo da média quanto ao poder de antecipação para melhorar a coordenação visuo – motora.
 – Dificuldades várias na tarefa de organizar sequências temporais.
 – Défices importantes na capacidade de análise e síntese com vista à coordenação visuo – motora.

Concluindo, estamos perante uma criança que apresenta um desempenho cognitivo global substancialmente inferior àquele que seria esperado para crianças com a sua idade cronológica. Por conseguinte, as dificuldades no ritmo de aprendizagem são perfeitamente justificáveis pelas dificuldades que a criança apresenta quer em actividades que envolvem o raciocínio verbal, quer em actividades que envolvem o raciocínio numérico.

2.3. Síntese

Face ao exposto – e atendendo à idade da criança (8 anos) – pode afirmar-se que o seu desempenho fonético-fonológico se encontra muito aquém do esperado para a sua idade cronológica. Na verdade, por volta dos cinco anos de idade, qualquer criança sem problemas no seu percurso desenvolvimental e linguístico, já se encontra em posse de todas as estruturas fonológicas de base (Lima, 2003). Por consequência, face aos resultados obtidos, esta criança manifesta um domínio fonológico bastante inconsistente e com erros de cariz fonético correspondentes a uma das ultimas etapas da aquisição da fonologia, facto que se repercute em todos os domínios da aprendizagem e da comunicação.

De um ponto de vista qualitativo, é evidente nesta criança a dificuldade para dominar o fonema /r/ nos formatos CCV e CCVC (todos os grupos consonantais com /r/), perseverando uma relação arcaica marcada pela omissão.

No caso do /r/ nos formatos CVC/VC, parece estar em decurso um processo de acesso aos mesmos, podendo ser atribuída uma classificação de realização *emergente*. Pelo contrário, no formato CV, o fonema /r/ é articulado com bastante sucesso.

A intervenção, ainda que com certo atraso, parece-nos da máxima urgência. Os erros de escrita, reflexo das representações da sua linguagem oral, são uma constante, facto que carece de um atendimento paralelo ao do desempenho da correcta oralidade. A periodicidade do atendimento especializado deverá ocorrer com um mínimo de duas sessões semanais, por especialista, em espaço e com materiais fomentadores deste tipo de aprendizagem.

A continuidade que a escola poderá oferecer ficará ao critério da disponibilidade do professor, sugerindo, no entanto, momentos isolados de cerca de 15 minutos diários com a criança, a fim de dar continuidade ao trabalho que o especialista tenha, para este caso, delineado.

2.4. *Sugestões para reeducação*

Neste contexto, várias são as directrizes reeducativas a seguir, uma vez que:
1 – O fonema /r/ se constitui como objecto de correcção, porém apenas nas sílabas do tipo CCV (consoante-consoante-vogal) e CVC (consoante-vogal-consoante) em início e meio de palavra. A realização deste fonema em CV e CVC, este último em posição final de palavra, assumindo o valor de verbo ou final de sílaba e final de palavra, está conseguida.
2 – Os processos de distorção, harmonia consonantal e omissão de sílaba em polissílabo, fazem apelo a uma focalização reedu-

cativa que ultrapassa a mera articulação ou dimensão fonética, devendo centrar-se em domínios que apelam ao bloco representacional, em suas variadas estratégias.

3 – O fonema /l/ que sofre, em algum momento, semivocalização, não deve ser considerado como erro fonético, devendo, por consequência, seguir os mesmos passos correctivos que os que se integram no ponto 2.

4 – A epêntese de vogal neutra é considerada um erro ou desvio de pequena monta. Suprimir-se-á, naturalmente, com a aceleração da fala fluente.

De uma forma mais detalhada, oferecem-se algumas pautas para os pontos atrás referidos.

Assim, para o ponto 1 (Omissão do /r/ em sílabas CCV e CVC inicial) dever-se-á partir da epêntese de vogal na sílaba CCV, passando a constituir-se como duas sílabas de tipo CV.

– A palavra "fruta" deverá, pois, ser transformada em "feruta". O fonema /r/ passará a ser articulado tal como na palavra "senho**ra**" (estímulo 52).

– O treino de aceleração de ritmo produtivo em sílabas com o fonema /r/ em formato CCV (pra-bra-cra, etc), conduzirá a criança ao ajuste e respectiva automatização neuromotora para a produção-modelo do referido fonema, em tal tipo de sílaba.

– Quanto ao fonema /r/ em CVC e VC (estímulos 4 e 16 – barba e erva) o processo é semelhante ao anterior: epêntese de vogal neutra no final da sílaba que termina em /r/. Assim ficará "bare-ba" e "ere-va". Este tipo de produção torna a produção da palavra equivalente a três momentos ("ba.re" e "ba; e.re-va), sendo os dois primeiros reduzidos a um à medida que o ritmo articulatório permite o desvanecimento das respectivas vogais neutras (ba-r*e*; e-r*e*), tornando-se a sílaba em CVC (*bar*.ba; *er*.va).

– Posteriormente, deverá a pausa (resultado da demarcada epêntese de vogal e segmentação da palavra) ser substituída por um maior velocidade articulatória da sílaba CVC ou VC (barba, erva), atingindo um desempenho o mais normal possível.

Quanto ao ponto 2 (Omissão de sílaba, Harmonia Consonantal e Distorção), a presença deste tipo de processos de simplificação relaciona--se com dificuldades no processamento auditivo, devendo a sua reeducação remeter para as sugestões presentes no bloco perceptivo, neste livro abordadas. A discriminação inter-sonoridades da língua, o reconhecimento de modelos fonológicos correctos/incorrectos, o domínio ou conhecimento da sequência das unidades silábicas dentro dos variados contextos fonológicos, o reforço da imitação de padrões produtivos normativos, etc., constituem algumas das sugestões passíveis de serem aplicadas para a eliminação deste tipo de desvios da linguagem produtiva.

O ponto 3 faz alusão ao fonema /l/. Este comporta-se de forma inconsistente: ora está presente ora desviado, sob forma de semi-vocalização. Desta forma fazemos, uma vez mais, apelo à capacidade de análise linguística, por parte da criança. Ao adulto cabe conduzi-la neste esforço para conhecer o correcto/incorrecto da produção, bem assim como oferecer-lhe alguns suportes visuais (gestuário que faça apelo à proprioceptividade dos órgãos da articulação) que colaborem na retenção do ponto e modo de articulação deste ou de outro(s) fonemas em défice.

Por último, consideramos a epêntese de vogal – ponto 4 – um erro de menor valia. Ele está presente no início no início da produção de sílabas CCV (ex: cra) e CCVC (ex: flor) como estratégia simplificadora que não distorce o sentido e que gradualmente se esmorece, no percurso temporal de aquisição da fonologia.

Caso 3

3.1. *Contextualização*

Esta criança – M.T.S. – apresenta, actualmente, uma idade cronológica de cinco anos e oito meses. O agregado familiar está composto pelos pais, a criança em causa e um irmão de 8 meses.

O motivo que teria presidido à necessidade de uma primeira consulta consistiu na preocupação dos pais perante as dificuldades manifestas pela criança quando em contexto sócio-familiar e escolar (a educadora tem insistido na necessidade de terapia da fala). Numa primeira consulta, os familiares revelaram um certo grau de angústia frente à expectativa de um "mau" prognóstico.

Sucintos dados de anamnese, a seguir especificados, permitiram-nos conhecer alguns aspectos de carácter peri e pós-natal. Dois dias após o seu nascimento – parto com vácuo-extracção (ventosa) e em hospital – sofreu convulsões, tendo permanecido hospitalizado, em observações, durante três semanas e regressado a casa sem qualquer prescrição médica. Não se encontraram, a este propósito, mais dados, desconhecendo-se qualquer outro tipo de informação clínica.

De acordo com os relatos da família, a criança nunca teve dificuldades em aspectos peri-orais. Quanto à alimentação, a criança succionou (o peito da mãe) desde os primeiros momentos de vida e iniciou comida, semi-sólida, pelos 18 meses. A deglutição, mastigação e respiração, cenário básico para a produção da fala, não revelaram qualquer apontamento digno de registo.

Por volta dos 15 meses teria emitido as primeiras palavras e conseguido o controlo diurno dos esfíncteres pelos 28/30 meses. O controlo nocturno teria sido, como é normal, posterior, sem que a mãe tenha referido, sobre o facto, dados objectivos.

O início da marcha teria ocorrido por volta dos 18 meses, facto este que, na opinião da mãe, se justificaria por uma queda ocorrida pelos 12 meses, a qual teria suscitado algum estado de inibição da criança, frente à marcha.

Depois de uma observação detalhada sobre as destrezas de motricidade oral, concluiu-se nada haver a assinalar que, de forma directa ou indirecta, interfira no desenvolvimento da linguagem desta criança. A simetria facial, a ausência de freio lingual, a mobilidade lingual, a ausência de protusão e macroglossia, elementos importantes de carácter anatomo-fisiológico, apontam para a ausência de qualquer anomalia. Outros aspectos de carácter anatómico periférico (palato duro e mole, lábios, implantação e encerramento da arcada dentária), não revelam qualquer tipo de alteração.

O nível sócio-económico dos familiares deste aluno pode ser considerado médio-baixo (pai e mãe cozinheiros, sazonalmente). A ausência dos pais do domicílio familiar, por razões de trabalho temporário, faz com que a criança conviva com os avós durante alguns períodos do ano, mantendo-se, no entanto, as rotinas a que a criança está sujeita quando na relação, quotidiana, com os pais. Os avós da criança manterão uma atitude didáctica, não super-protectora, tal como referido pelos pais.

Relativamente à sua escolaridade, esta criança frequenta o grupo dos 5 anos do pré-escolar, tendo iniciado a frequência do jardim aos 4 anos de idade. É este o primeiro ano em que é submetida a consulta de avaliação da linguagem.

O seu acompanhamento terapêutico deve-se à forte insistência da educadora, a qual reconhece algumas incompetências em certos padrões de desenvolvimento global, acompanhados de um atraso de linguagem.

Da entrevista inicial com os pais se depreendeu constituir o atraso na linguagem falada, a sua maior preocupação.

Numa entrevista levada a cabo com a educadora desta criança, anotamos os seus dados, assim explicitados: "Criança que necessita de aprovação e reforço contínuo; quando comete erros nunca rectifica nem soluciona as tarefas por procedimento alternativo; não reflecte antes de responder às perguntas, dando a sensação de falta de compreensão; não realiza as tarefas de forma ordenada; custa-lhe distinguir o que tem que fazer e que passos deve dar; perante o insucesso responde de certa forma agressiva; está a iniciar a aprendizagem da leitura-escrita, mas esquece com facilidade aquilo que no dia anterior parece ter adquirido; é colaborante mas desiste e enerva-se quando a sua fala não é compreendida".

Quanto à motricidade fina, organização espacio-temporal, grafismo, desenho, memória visual e autonomia pessoal, foi referido estarem, tais competências aquém dos desempenhos próprios desta etapa infantil.

3.2. *Avaliação global da criança*

Da exploração inicial, levada a cabo por um conjunto de técnicos nos quais se incluiram o Psicólogo, o Especialista em Reeducação da Linguagem e um Médico Otorrinolaringologista, foram obtidos os seguintes dados:

   i) Avaliação audiométrica dentro dos valores normais.
   ii) Respiração de predomínio bucal (a criança apresenta adenóides hipertróficas).
   A capacidade de sopro é reduzida e com certa ausência de direccionalidade.
   Os padrões de motricidade fina relacionados com os órgãos periféricos da fala (língua, lábios, maxilar inferior), apresentam uma funcionalidade reduzida. A elevação lingual, a contracção e

retracção labial e lingual revelam um elementar nível de destrezas. A implantação dos dentes e o encerramento da arcada dentária em nada se comprometem com o tipo de produções desviadas que manifesta. A sua voz é normal.

iii) Nos aspectos relacionados com a produção da linguagem, sob forma de nomeação espontânea de objectos ou imagens (presentes em livros de histórias ou outros), observam-se alguns erros tanto de carácter fonético (articulatório), como fonológico (organização sequencial dos elementos sonoros da palavra).
Na sua linguagem fluente, durante a qual a criança tenta descrever acções ou narrar acontecimentos, aumentam os processos de simplificação da estrutura da sílaba, da palavra e da frase. Perante a repetição de frases produz idênticos processos de simplificação àqueles que usa em linguagem não dirigida. Alguns morfemas gramaticais (concordâncias em número, flexões verbais) não estão totalmente conseguidos. A estrutura da frase não é alterada na ordem dos elementos que a constituem mas apresenta uma criatividade linguística limitada onde os enunciados são de curta extensão e com reduzida explicitação de conteúdos.

iv) Analisadas, através de provas informais, competências de carácter cognitivo-linguístico, constatou-se apresentar esta criança dificuldades de atenção auditiva selectiva e memória sequencial, manifestas sob forma de erro na imitação de sílabas com similitudes sonoras (oposição consoantes vozeadas-não vozeadas com o mesmo ponto e modo de articulação), na reprodução de duas pseudopalavras com duas sílabas, na imitação sequencial de quatro palavras de frequente uso, no reconto de histórias conhecidas e ainda no relato do acontecimentos do quotidiano, de forma sequenciada.

Esta criança revelou, durante toda a avaliação levada a cabo, grande instabilidade psicomotora. Movimentava-se, continuamente, na cadeira, desistia das tarefas propostas com facilidade, dava respostas velozes mas imprecisas.

Para uma percepção mais detalhada deste caso, reunimos vários dados que permitem obter um perfil, mais aproximado, desta criança. Estes referem-se quer a processos de compreensão quer de expressão da linguagem. Algumas provas são estandardizadas e adaptadas ao português,

outras baseadas em registos espontâneos de linguagem. Assim, quanto à pluridimensionalidade dos factores linguísticos interferentes na produção, utilizou-se o teste a seguir, o qual configurou os seguintes perfis.
Teste de Aptidões Psicolinguísticas Illinois (ITPA):
– Idade cronológica: 5 anos e 8 meses.
– Idade psicolinguística: 3 anos e 10 meses.

A análise dos distintos factores indica:
Compreensão auditiva	4 anos
Compreensão visual	5 anos
Associação auditiva	4.4 anos
Associação visual	4.7 anos
Expressão verbal	4 anos
Expressão motora	4.1 anos
Integração gramatical	3. 2 anos
Integração visual	4.2 anos
Memória sequencial auditiva	3.10 anos
Memória sequencial visual	4.1 anos

Analisados estes dados através deste instrumento, apenas adaptado e não validado para o português, verificamos tratar-se de uma criança com um desempenho global, em todas as áreas assinaladas, inferior à sua idade cronológica. A diferença entre o resultado das provas que apelam à percepção auditiva (memória sequencial auditiva, associação auditiva, integração gramatical, associação auditiva e compreensão auditiva) e a visual (integração, memória visual, associação visual, compreensão visual) é evidente, com melhoria de realização para as segundas.

Este tipo de análise permite-nos dar conta de uma criança com naturais dificuldades para o processamento da informação auditiva, as quais se reflectem, de forma inequívoca, na produção da linguagem oral.

Para melhor percepcionar o nível de realização linguística desta criança, contrabalançando-o com outras áreas de desenvolvimento (Autonomia e Social) foram ainda avaliadas as sub-provas relativas às áreas de Audição e Linguagem; Pessoal e Social e Coordenação Óculo-Manual da Escala de Desenvolvimento Mental de Ruth Griffiths.

A área da *Audição e Linguagem* aponta para o insucesso nos items: adjectivos e advérbios, elaboração de frases em descrição de imagens (relativos aos 3 anos de idade), utilização correcta de pronomes pessoais, resposta a questões que apelam para a compreensão verbal, vocabulário em imagens (relativo aos 4 anos de idade). Não realizou, também, qualquer item correspondente aos 5 anos.

Na área *Pessoa e Social* encontramos resultados abaixo do que seria esperado para a sua idade. Os items nos quais não apresentou sucesso são aqueles que estão relacionados com o domínio da linguagem e compreensão. Os itens relacionados com a dimensão da autonomia (vestuário, alimentação, higiene) foram conseguidos.

Quanto às áreas *Locomotora* e *Coordenação Olho-Mão*, esta criança apresenta um desenvolvimento ajustado àquele que é esperado para a sua idade cronológica.

Em síntese, a área mais debilitada, através deste tipo de análise, é, a Audição e Linguagem, na qual esta criança atinge pontuações muito inferiores àquelas que correspondem à sua idade real.

3.3. *Avaliação da dimensão fonético-fonológica através de uma prova de nomeação*

Os resultados da avaliação fonético-fonológica foram levados a cabo através de uma prova que mede os fonemas em distintos formatos silábicos: i) CV (Consoante-Vogal; ii) CCV (Consoante-Consoante-Vogal) iii) CVC (Consoante-Vogal-Consoante), em distintas posições e diversificado números de sílabas na palavra.

Verificamos, neste domínio da fonologia, importantes lacunas, as quais correspondem a faixas etárias de desenvolvimento linguístico situadas muito aquém do patamar cronológico em que a criança se encontra.

Assim, as alterações fonéticas relacionam-se com a dificuldade para articular os sons da língua, tornando difícil a realização física dos sons ou valores /s/, /z/, /ʎ/, /R/, /d/ e /r/. Este último fonema gera dificuldades em qualquer um dos formatos silábicos, ou seja, quando em posição intervocálica ou sílaba do tio C̲V (ex: ca*r*a); na combinação Consoante-Consoante-Vogal (CC̲V) (ex: f*r*uta); Vogal-Consoante (VC̲) (ex: e*r*va) ou Consoante-Vogal-Consoante (CVC̲), quer no início quer no final da palavra. (ex: po*r*ta; bebe*r*).

A nível fonológico, entendendo-se por este a capacidade para organizar os sons num sistema de contrastes, originando distintos significados

e estando salvaguardada a possibilidade de bem articular, encontramos inúmeros processos de simplificação ou facilitação fonológica. Assim:
i) o número de sílabas era substancialmente reduzido em palavras polissilábicas podendo a omissão ocorrer em qualquer posição da palavra.
O fonema /l/, ainda que conseguido em outros formatos silábicos, aparece aqui com a redução da segunda consoante na sílaba /pla/;
ii) as substituições entre consoantes foram abundantes, sobretudo /b/ pelo /m/, o /ʒ/ pelo /ʃ/ e o /k/ pelo /g/, tornando, por vezes, a palavra totalmente distorcida e ininteligível. Processos de assimilação ou harmonia consonantal (influência de outros fonemas da palavra) foram também observados, ainda que com baixa frequência (ex: garrafa = Rarrafa).

Sempre que (na própria prova PAFFS) a criança não acedia à nomeação espontânea e se tornava necessário o recurso à imitação da palavra, proferida pelo adulto, manifestavam-se idênticas adulterações àquelas que a criança revelava, quando a nomeação era proposta a partir dos indicadores gráficos da referida prova.

3.4. *Síntese*

Perante este quadro podemos, pois, afirmar tratar-se de um caso cuja reeducação transcende a mera aprendizagem articulatória. O adestramento de habilidades relacionadas com a percepção, memória sequencial e atenção selectiva, de cariz auditivo, devem constituir um objectivo a atingir, paralelamente com o trabalho de reeducação articulatória dos fonemas atrás assinalados (s, z, R, r, d, ʎ).

Do exposto se depreende a necessidade de intervenção especializada, na área da fala e linguagem, para esta criança que se encontra a poucos meses de iniciar a sua escolaridade no 1º ciclo escolar, a qual faz apelo a um bom domínio da linguagem oral.

3.5. Sugestões de intervenção

A opção metodológica para este, assim como para todos os casos de intervenção em linguagem, será presidida pelo princípio básico: "partir do que a criança conhece", do seu desenvolvimento global, e a partir daí, estruturar a sua linguagem superando os défices encontrados na avaliação.

Dadas as características deste caso, dever-se-ão, de início, estabelecer pautas elementares, quer em relação aos aspectos da expressão quer da compreensão. Assim, sugerimos:

1. Privilegiar actividades circunscritas aos domínios fonético-fonológicos da língua enquanto patamares-base do edifício linguagem em geral e da fala em particular. Deverá ser iniciado o treino de destrezas relativas a:

1.1 – Mobilização dos órgãos periféricos da fala (língua, lábios, maxilares, musculatura facial, etc.).

1.2 – Favorecimento de atitudes de escuta e memória auditiva, através de actividades de memória auditiva a curto prazo, de sequências sonoras constituídas por sílabas, combinadas ao acaso, inicialmente, seguida de sílabas com fonemas comportando distintos traços contrastivos (vozeamento, ponto, etc.).

A escuta e reprodução de pseudopalavras constitui outra alternativa à anterior estratégia. O objectivo central desta tarefa consistirá na repetição da sequência sonora escutada, isto é imitar a ordem / sequência na qual o conjunto de sílabas tinha sido escutado.

1.3 – Treino de actividades de sopro será incentivado como actividade motora propedêutica à produção das consoantes /s/ e /z/.

1.4 – Mobilização lingual (elevação, vai-vém tocando o lábio superior, etc) actividades de grande funcionalidade para a realização do fonema /r/, em qualquer contexto silábico, foram levados a cabo e partiram das sugestões oferecidas para a articulação deste fonema, no capítulo deste livro, dedicado à intervenção.

1.5 – Utilização de onomatopeias e gestos que conduzem à aproximação de valores fonéticos ("careta" imobilizando a língua e ápice, encostado este a incisivos inferiores, língua em protusão e imóvel abrindo e cerrando a boca, sensação de algo estranho na garganta e necessidade de expelir fazendo vibrar a área faringo-laríngea, etc.) serão recursos passíveis de serem usados para dar início à articulação de alguns fonemas (ʎ, s, z, d, R).

1.6 – Um momento, adicional, de actividades, centrará a criança em aspectos relacionados com a percepção de atributos da linguagem falada. A criança será conduzida para tarefas que impliquem a diferenciação/discriminação de sílabas, palavras, frases bem assim como a memorização de cadeias silábicas de gradual aumento na extensão dos seus elementos constituintes. Esta linha de orientação reeducativa pretende agilizar a criança para os problemas fonológicos manifestos (redução do número de sílabas; substituição do /b/ por /m/; do /g/ por /k/; do /ʒ/ por /ʃ/, apesar da correcta articulação de tais fonemas em alguns contextos fonológicos.

1.7 – A segmentação de palavras tri e polissilábicas nas quais a criança tenha revelado dificuldades fonológicas (quer durante quer após a avaliação), o uso da prosódia na repetição, o conhecimento do número de sílabas e a posição e pertença de determinado tipo de sílaba em vocábulos de curta extensão, constituirão uma estratégia a incrementar, uma vez que fomenta a discriminação auditiva e interfere na análise, consciencialização e, por consequência, favorece o processamento auditivo da linguagem oral.

Outras sugestões para este objectivo deverão ser consultadas no B*loco Perceptivo* do capítulo sobre intervenção.

Tendo presente que a criança revela dificuldades na articulação do /s/, /z/, /d/, /ʎ/, /R/ e /r/, sobre palavras e sílabas que os contenham e outras aproximadas quer em ponto, modo ou vozeamento incidirá a actividade discriminativa.

2 – Em simultâneo com a anterior actividade, a qual constituirá a primeira metade da sessão de atendimento reeducativo, deverá ser levada a cabo a questão da articulação dos fonemas, em contexto silábico isolado e/ou integrado em palavra.

2.1 – Para cada um dos fonemas em défice, atrás assinalados, seguir-se-ão as orientações propostas neste livro (etapas de intervenção para cada consoante segundo um modelo formal misto).

O reforço da mímica facial, conjugado com a memória da proprioceptividade corporal adstrita a cada um dos fonemas em causa e referenciada no gestuário, pode, a nosso ver, constituir preciosa ajuda para dar "os primeiros passos" na aprendizagem articulatória dos fonemas que atrás referenciamos.

2.2 – A inclusão do respectivo valor ou fonema em unidades significativas, tanta palavra como pequeno enunciado, constituirá a meta subsequente ao domínio articulatório, em contexto meramente silábico. Cumprir este objectivo passará, inicialmente, pela repetição/imitação de palavras de muito curta extensão e que contenham o(s) fonema(s) em posição inicial, associando-as, sempre, à respectiva gravura. Em fase posterior o mesmo material pictográfico apenas servirá quer como estímulo para nomeação espontânea do vocábulo onde consta o fonema em défice, quer como primeiro indicador para a produção de curtos enunciados que fazem apelo quer à função do objecto (a sopa é/serve para comer: o sapato é para calçar, etc) a quer à descrição de atributos do mesmo (a sopa está quente, etc.).

2.3 – A partir deste tipo de produções deverão emergir múltiplas combinatórias sob forma de frases que contenham palavras com os fonemas /s/ /z/ /R/ /ʎ/, /r/, em todas as suas possibilidades de ocorrência na sílaba.

Todas as actividades anteriormente propostas deverão ser acompanhadas de objectos, gravuras, etc. Esta atitude reeducativa, fortemente apoiada no referente imediato (objecto real ou representação pictográfica), ajudará a cimentar tanto o domínio fonológico como o léxico--semântico.

3 – O desenvolvimento do vocabulário representará paralelo atendimento. Serão levadas a cabo actividades de:

3.1 – Exploração /identificação de nomes relativos a múltiplas categorias (animais, frutas, vestuário, etc).

3.2 – Evocação de lexemas pertencentes a várias categorias (ex: todos os objectos que há na cozinha, nomes de plantas, animais, frutas, tudo o que serve para cortar, todos os animais que voam, tudo o que tenha forma redonda, tudo o que seja de papel, etc.)

4 – Ainda que, inicialmente, a supremacia na condução da reeducação seja dada às unidades lexicais de relevante função no contexto da frase, a realização morfo-sintáctica e os adequados conteúdos que a ela se associam, constituem a meta na qual desemboca todo o processo de reeducação linguística. As actividades que a seguir se propõe visam tanto o desenvolvimento da fonologia como da morfossintaxe. As múltiplas combinatórias possíveis, neste âmbito, deverão contemplar os fonemas em défice, na forma das palavras que os contenham. Eis algumas sugestões de actividades dirigidas:

4.1 – Evocação de lexemas que contenham fonemas a serem trabalhados, partindo das suas qualidades ou atributos (ex. como se chama uma parte do nosso corpo onde estão os olhos–*cara*; uma coisa que a mãe põe no prato e se come com a colher–*sopa*, etc.; animal pequenino que gosta do queijo– *rato*, etc.).

4.2 – Neste segundo momento da estabilização fonético-fonológica e como estratégia não apenas de reduzir os processos de simplificação utilizados na produção da palavra, mas também de fomentar a adequação morfossintáctica, se agregou à palavra, o artigo, o pronome e o verbo, de forma a instaurar as regras básicas da estrutura sintáctica (ex: já vi um rato; esta cara é minha/tua; eu gosto de gelado, etc.).

4.3 – Uma vez mais, a produção de modelos sintácticos de maior frequência de uso deverá ser iniciada a fim de dar continuidade reeducativa aos modelos fonológicos que contenham sílabas-problema. Curtos enunciados que se referem a objectos e respectiva função (ex: a faca é para cortar, etc.), uso de imperativos (quero, gosto, etc.), saudações (bom dia, como passou, etc), frases na interrogativa e negativa (queres/compraste tens/, deverão, também, ser promovidos.

4.4 – Encerramento de palavra e de frase, constituirão outra estratégia para conduzir a criança ao reconhecimento e produção de sílabas cujos fonemas estavam em fase de aquisição/estabilização da primeira parte do enunciado, tendo este de ser terminado pela criança, de forma espontânea.

4.5 – A descrição e emparelhamento de cartões contendo acções (gravuras) com reduzido material pictográfico (loto de acções) materializará o domínio da morfossintaxe.

4.6 – Actividades múltiplas de enriquecimento conceptual, organização sequenciada de histórias, através da manipulação de cartões que as explicitam, actividades múltiplas de associação visual, organização de puzzles com gradual aumento de elementos, etc., enriquecerão, seguramente, o caudal de conhecimentos linguísticos.

4.7 – A última etapa deste processo dará lugar a uma praxis verbal não dirigida, na qual se privilegia o reconto de histórias, a narração de acontecimentos do seu quotidiano, a descrição de gravuras e tudo quanto possa ser considerado adequado, em contextos de intercomunicação.

Em suma, todas as actividades propostas são orientadas para o desempenho de competências de cariz comunicativo-linguístico, passíveis de expressar, de forma inequívoca, tanto a estrutura formal da língua como a relação desta com o conhecimento da realidade.

Para este, assim como para outros casos com idêntico perfil linguístico, a preocupação inicial, centrada na articulação, dará, gradualmente, lugar à produção espontânea de nomes, à inclusão destes em curtos enunciados e à explicitação, espontânea, de saberes.

Nunca é demais referir a importância da atempada intervenção, em casos desta natureza, integráveis na categoria de atraso de linguagem. Ela deverá ser levada a cabo por profissional especializado, focalizada para as lacunas reveladas na avaliação e persistente no cumprimento dos objectivos traçados.

A família e a escola deverão integrar-se neste processo dando continuidade às propostas do profissional da reeducação, qualquer que seja a forma como conduz tais propostas junto da criança.

O desenvolvimento de qualquer programa que vise a intervenção em desenvolvimento, em sentido lato, e em desenvolvimento da linguagem, em sentido estrito, deve obedecer a objectivos e actividades por todos os agentes partilhados, dialogados e equacionados os seus níveis de eficácia, sempre que estes não cumpram os objectivos inicialmente propostos.

REFERÊNCIAS

Acosta, V. (2000). Naturaleza, evaluación e intervención en las dificultades fonológicas desde el enfoque de las reglas fonológicas. *Revista de Logopedia, Foniatria y Audiología,* 20(2), 96-108.

Acosta, V., León, S., & Ramos, V. (1998). *Dificultades del Habla Infantil: Un Enfoque Clínico.* Málaga: Aljibe.

Aimard, P. (1998). *O surgimento da linguagem na criança.* Porto Alegre: Artes Médicas.

Almeida, B., & Chakmati, C. (1996). Considerações sobre o desenvolvimento do sistema fonético-fonológico. *Pró-Fono. Revista de Actualização Científica,* 8(1), 60-62.

Alvarez, A. M. M. A., Caetano, A. L., & Nastas, S. S. (1997). Processamento Auditivo Central: O que é isto? *Fono Atual,* 1, 346-349.

American Speech-Language-Hearing Association – ASHA (1996). Central auditory processing: Current status and implications for clinical practice. *American Journal of Audiology,* 5, 41-54.

Andrade, A., & Viana, M. (1996). Fonética. In I. Faria, E. Pedro, I. Duarte & C. Gouveia (Eds.), *Introdução à Linguística Geral e Portuguesa.* Lisboa: Caminho.

Aram, D. M., Ekelman, B. L., & Nation, J. E. (1984). Preschoolers with language disorders: Ten years later. *Journal of Speech and Hearing Research,* 27, 232-244.

Arfelis, T. C. (1996). *La voz: tecnica vocal para la rehabilitacion de la voz en las disfonias funcionales.* Palma de Mallorca: Editorial Paidotribo.

Barrera, S. D., & Maluf, M. R. (2004). Variação lingüística e alfabetização. *Psicologia Escolar e Educacional / ABRAPEE,*1, 8, 35-46.

Barroso, H. (1999). *Forma e Substância da Expressão de Língua Portuguesa.* Coimbra: Almedina.

Bates, E. (1976). *Language and context.* New York: Academic Press.

Belinchón, M., Igoa, J., & Rivière, A. (1994). *Psicología del Lenguaje: Investigación y teoría.* Madrid: Trotta.

BERGER, K., & THOMPSON, R. (2004). *The Developing Person Through the Life Span*. Worth Publishers.
BERNHARDT, B., & STOEL GAMMON, C. (1994). Nonlinear phonology: introduction and clinical applications. *Journal of Speech and Hearing Research*, 37, 123-143.
BERTONCINI, J. (1998). Initial capacities for speech processing: Infant's atention to prosodic cues to segmentation. In F. Simion & G. Butterworth (Eds.), *The development of sensory, motor and cognitive capacities in early infancy: From perception to cognition*. Hove, U.K.: Psychology Press.
BLEVINS, J. (1995). The syllable in phonological theory. In J. Goldsmith (Ed.), *The Handbook of Phonological Theory*. Cambridge: Blackwell.
BOOTHROYD A. (1986). The sense of hearing. In A. Boothroyd, (Ed). *Speech acoustics and perception*. Austin: The Pro-ed Studies in Communicative Disorders.
BOSCH, L. (1984). El desarrolo fonologico infantil: una prueba para su evaluación. In M. Siguán (Ed.), *Estudios Sobre Psicologia del Lenguaje Infantil*. Madrid: Piramide.
BOSCH, L., & SEBASTIAN, N. (2001). Evidence of early language discrimination abilities in infants from bilingual environments. *Infancy*, 2(1), 24-49.
CARBALLO, G., MARRERO, V., & MENDONZA, E. (2000). Procesos fonológicos en el habla infantil de granada: evolución y dialecto. *Revista de Logopedia, Foniatria y Audiología*, 20(2), 81-95.
CHERMAK, G. D., & MUSIEK, F. E. (1992). Managing central auditory processing disorders in children and youth. *Journal of the American Academy of Audiology*, 1(3), 61-65.
CHEUNG, H. (2001). The reproduction of phonological and grammatical categories by Cantonese-speaking children. *Journal of Psychology in Chinese Societies*, 2(2), 239-260.
CHOMSKY, N. (1981). *Lectures on Government and Binding*. Dordrecht: Foris.
CHOMSKY, N., & HALLE, M. (1968). *The Sound Pattern of English*. New York: Harper and Row.
CHOMSKY, N., HALLE, M., & LUKOF, F. (1959). On accent and juncture in English. In M. Halle, H. M. Lunt, H. & C. van Schooneveld (Eds.), *For Roman Jakobson: Essayes on the Occasion of his Sixtieth Birthday*. The Hague: Mouton.
COADY, J. (2001). The development of sensitivity to Probabilistic Phonotactic structure: Implications for children's lexical representations. *Dissertation Abstracts – International, The Sciences and Engeneering*, 61(12-B). U. Rochester.
CROWDER, R. G. (1989). Imagery for musical timbre. *Journal of Experimental Psychology: Human Perception and Performance,* 15, 472-478.

CULBERTSON, W., & TANNER, D. (2001). Clinical comparisons: phonological processes and their relationship to traditional phoneme acquisition norms. *Infant Toddler Intervention*, 11(1), 15-25.
EDELMAN, G. M. (1987). *Neural Darwinism: The Theory of Neuronal Group Selection*. New York: Basic Books.
EIMAS, P. (1999). Segmental and syllabic representations in the perception of speech by young infants. *Journal of the Acoustical Society of America*, 105(3), 1901-1911.
FERGUSON, C. &, FARWELL, E. (1975). Words and sounds in early language acquisition. *Language*, 51, 39-49.
FIKKERT, P. (1994). *On the Acquisition of Prosodic Structure*. Dordrecht: Hill.
FIRTH, J. R. (1948). Sounds and Prosodies. *Transactions of the Philological Society*.
FODOR, J. (1983) *The Modularity of Mind*. Massachussets: MIT Press Cambridge.
FREITAS, M. (1997). Aquisição da Estrutura Silábica do Português Europeu. [Tese de Doutoramento]. Lisboa: Universidade de Lisboa.
FREITAS, M., & SANTOS, A. (2001). *Contar (histórias de) Sílabas*. Lisboa: Colibri.
GIERUT, J., ZIMMERMAN, C., & NEUMMAN, H. (1994). Phonemic structures of delayed phonological systems. *Journal of Child Language*, 21(2), 291-315.
GOLDBERG, E. & L. COSTA. (1986). Qualitative indices in neuropsychological Assessment: Extension of Luria's approach. Executive deficit following prefrontal lesions. In: K. Adams & I. Grant (eds.), *Neuropsychological Assessment in Neuropsychiatric Disorders*. Oxford University Press, NY, 48-64.
GOLDSMITH, J. (1979). The aims of Autosegmental Theory. In D. Dinnsen (Ed.), *Current Approaches to Phonological Theory*. Bloomington, IN: Indiana University Press.
GOLDSMITH, J. (1995). Phonological Theory. In J. Goldsmith (Ed.), *The Handbook of Phonological Theory*. Cambridge: Blackwell.
GRUNWELL, P. (1992). Assessment of child phonology in the clinical context. In C. Ferguson, L. Menn & C. Stoel-Gammon (Eds.), *Phonological Development: Models, research and implications*. Timonium MD: York Press.
HALLE, M. (1959). *The Sound Pattern of Russian*. The Hague: Mouton.
HERNANDORENA, C. (1993). A análise da fonologia da criança através de traços distintivos. *Letras de Hoje*, 28 (2), 1-144.
HODSON, B. (1980). *The Assessment of Phonological Processes*. Danvile, IL: Interstate Inc.
INAGAKI, K., HATANO, G., & OTAKE, T. (2000). The effect of Kana literacy acquisition on the speech segmentation unit used by japanese young children. *Journal of Experimental Child Psychology*, 75 (1), 70-91.
INGRAM, D. (1976). *Phonological Disability in Children*. New York: Elsevier.

INGRAM, D. (1979). Phonological development: production. In P. Fletcher & M. Garman (Eds.), *Language Acquisition: Studies in First Language Development*. Cambridge: Cambridge University Press.

INGRAM, D. (1992). *First language acquisition*. Cambridge: Cambridge University Press.

INGRAM, D. (1999). Phonological acquisition. In M. Barrett (Ed.), *The Development of Language. Studies in Developmental Psychology*. East Sussex: Psychology Press.

JAKOBSON, R. (1968 /1941). *Child Language, Aphasia and Phonological Universals*. The Hague: Mouton.

JAKOBSON, R., FANT, G., & HALLE, M. (1952). *Preliminaries to Speech Analysis*. Cambridge, Massachussets: MIT Press.

JUSCKZYK, P. (1992). Developing phonological categories from the speech signal. In C. Ferguson, L. Menn & C. Stoel-Gammon (Eds.), *Phonological Development: Models, Research and Implications*. Timonium MD: York Press.

JUSCZYK, P., GOODMAN, M., & BAUMMAN, A. (1999). Nine-month-old's attention to sound similarities in syllables. *Journal of Memory and Language*, 40(1), 62-82.

KATZ, J., & WILDE, L. (1989). Distúrbios da percepção auditiva em crianças. Em J. Katz (Org.), *Tratado de Audiologia Clínica* (pp. 674-694). São Paulo: Manole.

KEITH, R. W. (1988). Tests of Central Auditory Function. Em R. Roeser & M. P. Downs (Orgs.), *Auditory disorders in school children. Identification and remediation* (pp. 83-97). New York, NY: Thieme Medical.

KENt, R. (1984). Psychobiology of speech development: coemergence of language and a movement system. *American Journal of Psychology*, 246, 889-884.

KENT, R. (1992). The biology of phonological development. In C. Ferguson, L. Menn & C. Stoel-Gammon (Eds.), *Phonological Development: Models, Research and Implications*. Timonium MD: York Press.

LAMPRECHT, R. (1993). A aquisição da fonologia do português na faixa etária dos 2:9 - 5:5. *Letras de Hoje*, 20, 99-105.

LAMPRECHT, R., & HERNANDORENA, C. (1988). Implicações da teoria da fonologia natural e da teoria dos traços distintivos na fonologia clínica. *Letras de Hoje*, 23(4), 56-79.

LASKY, E., KATZ, J. (1983). Perpectives on central auditory processing. In E. Lasky, J. Katz, (Eds). *Central auditory processing disorders problems of speech, language and learning*. Texas: Pro-ed.

LIBERMAN, M., & PRINCE, A. (1977). On stress and linguistic rhythm. *Linguistic Inquiry*, 8, 249-336.

LIMA, R. M. (2003). Aquisição da fonologia no norte de Portugal. Tese de doutoramento. Universidade Pontifícia de Salamanca.

LIMA, R. M. (2008). *Avaliação da Fonologia Infantil – Prova de avaliação fonológica em formatos silábicos*. Coimbra: Almedina.
LINDBLOM, B. (1992). Phonological units as adaptative emergents of lexical development. In C. Ferguson, L. Menn & C. Stoel-Gammon (Eds.), *Phonological Development: Models, Research and implications*. Timonium MD: York Press.
LOCKE, J. (1983). *Phonological Acquisition and Change*. New York.
LOCKE, J. (1986). Speech perception and the emergent lexicon: an ethological approach. In P. Fletcher & M. Garman (Eds.), *Language Acquisition: Studies in First Language Development* (2nd). Cambridge: Cambridge University Press.
LOCKE, J., & PEARSON, D. (1992). Vocal learning and the emergence of developmental language disorders: a neurobiological approach. In C. Ferguson, L. Menn & C. Stoel-Gammon (Eds.), *Phonological Development: Models, research and implications*. Timonium MD: York Press.
LUND, N., & DUCHAN, J. (1993). *Assessing Children's Language in a Naturalistic Context*. Cambridge: Prentice Hall.
LURIA, A. R. (1976). *Cognitive Development: Its Cultural and Social Foundations*. Cambridge, MA: Harvard University Press, 1976.
MACKEN, M. (1995). Phonological acquisition. In J. Goldsmith (Ed.), *The Handbook of Phonological Theory*. Cambridge: Blackwell.
MACNEILAGE, P. & DAVIS, B. (1990). Acquisition of speech production: Frames, then content. In M. Jeannerod (Ed), *Attention and Peformance, XIII: Motor representation and Control*. Hillsdale, NJ: Lawrence Erlbaum
MATEUS, M. (1996). Fonologia. In In I. Faria, E. Pedro, I. Duarte & C. Gouveia (Eds.), *Introdução à Linguística Geral e Portuguesa*. Lisboa: Caminho.
MATEUS, M., ANDRADE, A., VIANA, M., & VILLALVA, A. (1990). *Fonética, Fonologia e Morfologia do Português*. Lisboa: Universidade Aberta.
MATTYS, S., JUSCZIK, P., LUCE, P., & MORGAN, J. (1999). Phonotatic and prosodic effects on word segmentation in children. *Cognitive Psychology*, 38(4), 465-494.
MCCLURE, K., FERREIRA, F., & BISANZ, G. (1996). Effects of grade, syllable segmentation, and speed of presentation in children's word-blending abilities. *Journal of Educational Psychology*, 88(4), 670-681.
MEHLER, J., CHRISTOPHE, A. & RAMUS, F. (2000). How Infants acquire language: some preliminary observations. In A. Marantz, Y. Miyashita & O'Neil, W. (Eds). *Image, Language, Brain*. Massachussets: MIT.
MENN, L., & STOEL-GAMMON, C. (1995). Phonological Development. In P. Fletcher & B. McWhinney (Eds.), *The Handbook of Child Language*. Oxford: Blackwell.
MORAIS, J. (1994). *Fonologia e Morfologia do Português*. Coimbra: Almedina.

Morais, J. (1995). *A arte de ler*. São Paulo, SP: Editora Unesp.
Moutinho, L. (2001). Falar do Porto Com Todos os Bês. Um Estudo Sociolinguístico. *Conhecer o Porto*, vol. 5. Porto: Campo das Letras.
Moskowitz, A. (1973). The two-year-old stage in the acquisition of English phonology. In C. Ferguson & D. Slobin (Eds.), *Studies of Child Language Development*. NY. Holt.
Mowrer, O. (1952). Speech development in the young child. The autism theory of speech development and some clinical applications. *Journal of Speech and Hearing Disorders*, 17, 263-268.
Nazzy, T., Bertoncini, J., & Mehler, J. (1998). Language discrimination by newborners. toward an understanding of the role of rhythm. *Journal of Experimental Psychology: Human Perception and Performance*, 24(3), 756-766.
Olmsted, D. (1966). A theory of the child's learning of phonology. *Language*, 42, 531-535.
Peña-Casanova, J. (2002). *Manual de Logopedia*. Barcelona: Masson.
Pereira, L. (1997). Processamento auditivo central: abordagem passo a passo. In L. Pereira, E. Schochat, (org.). *Processamento auditivo central: manual de avaliação*. São Paulo: Lovise.
Ramus, F., Nespor, M., & Mehler, J. (1999). Correlates of linguistic rhythm in the speech signal. *Cognition*, 73(3), 265-292.
Saffran, J., Johnson, E., Richard, N., & Newport, E. (1999). Statistical learning of tone sequences by human infants and adults. *Cognition*, 70(1), 27-52.
Sanclemente, M. (1995). Revisión sobre los procedimientos de evaluación del lenguaje. historia y actualidad de los métodos de evaluación. *Revista de Logopedia, Foniatria y Audiologia*, XV(2), 76-93.
Schafer, G. & Plunkett, K. (1998). Rapid word learning by 15-month-olds under tightly controlled conditions. *Child Development*, 69 (2), 309-20.
Schochat, E. (1996). Percepção de fala. In Schochat E, (org.). *Processamento auditivo*. São Paulo: Lovise.
Schriberg, L., & Kwiatkowski, J. (1980). *Natural Process Analysis (NPA)*. NY: John Wiley.
Selkirk, E. (1984). On the major class features and syllable theory. In M. Aronoff & R. Oerle (Eds.), *Language Sound Structure: Studies in Phonology Dedicated to Morris Halle by his Teacher and Students*. Cambridge, Massachussets: MIT Press.
Serra, M., Serrat, E., Solé, R., Bel, A., & Aparici, M. (2000). *La Adquisición del Lenguaje*. Barcelona: Ariel Psicologia.
Sloan, C. (1991). What is auditory processing? Why is it important? In C. Sloan (Ed.). *Treating Auditory Processing Difficulties in Children*. San Diego: Singular Publishing Group.

SHRIBERG, L. D., & KWIATKOWSKI, J. (1980). *Naturl Process Analysis: A procedure for phonological analysis of continuous speech samples*. New York: Macmillan.
SMITH, N. (1973). *The Acquisiton of Phonology: A Case Study*. Cambridge: Cambridge University Press.
SNOW, D. (1994). Phrase-final syllable lengthening and intonation in early child speak. *Journal of Speech and Hearing Research*, 37 (4), 831-840.
STAMPE, D. (1969). The acquisition of phonetic representation. *Fifth Regional Meeting of the Chicago Linguistic Society*. Chicago, IL.
STAMPE, D. (1979). *A Dissertation on Natural Phonology*. New York: Garland.
STERNBERGER, J. (1992). A connectionist view of child phonology: phonological processing without phonological processes. In C. Ferguson, L. Menn & C. Stoel-Gammon (Eds.), *Phonological Development: Models, research and implications*. Timonium MD: York Press.
STOEL-GAMMON, C. (1992). Prelinguistic vocal development: measurement and predictions. In C. Ferguson, L. Menn & C. Stoel-Gammon (Eds.), *Phonological Development: Models, Research and Implications*. Timonium MD: York Press.
STORKEL, H., & MORISSETTE, M. (2002). The Lexicon and Phonology: Interactions in Language Acquisition. *Language, Speech, and Hearing Services in Schools*, 33, 24-37.
TABOSSI, P., COLLINA, S., MAZZETTI, M., & ZOPELO, M. (2000). Syllables in the processing of spoken Italian. *Journal of Experimental Psychology: Human Perception and Performance*, 26(2), 758-775.
TALLAL, P., (1994) In the Perception of Speech Time is of the Essence, *Temporal Coding in the Brain*, G. Buzsaki et al (eds.), Berlin, Heidelberg: Springer-Verlag.
TEMPLIN, M. C. (1957). *Certain Language Skills in Children*. Minneapolis: University of Minnesota Press.
TEYSSÈDRE, C., & BAUDONNIÈRE, P. (1997). *Apprendre de 0 à 4 ans*. Flammarion
THELEN, E. (1985). Developmental origins of motor coordination: Leg movements in human infants. *Developmental Psychobiology*, 18, 1-22.
TOMATIS, A. A. (1984). *The Conscious Ear*. Paris: Station Hill Press.
TRASK, R. (1996). A Dictionary of Phonetics and Phonology. London: Routledge.
VIHMAN, M. M. (1996). *Phonological Development. The Origins of Language in the Child*. Cambridge: Blackwell.
VILELA, M. (1999). *Gramática da Língua Portuguesa*. Coimbra: Almedina.
WATERSON, N. (1971). Child phonology: A prosodic view. Journal of Linguistics, 7, 179-211.
WECHSLER, D. (1989). Wechsler *Preschool and Primary Scale of Intelligence-Revised*. San Antonio: The Psychological Corporation.

WEINER, F. (1979). *Phonological Process Analysis (PPA)*. Baltimore: University Park Press.
YAVAS, M. (1985). Desvios fonológicos na criança: implicações da linguística. *Letras de Hoje*, 18(4), 77-103.
YAVAS, M. (1988). Padrões na aquisição da fonologia do português. *Letras de Hoje*, 23(3).
YAVAS, M., Hernandorena, C., & Lamprecht, R. (1991). *Avaliação Fonológica da Criança*. Porto Alegre: Artes Médicas.

ANEXOS

Anexo 1

Notação informal	AFI	SAMPA
b em bata	b	b
d em data	d	d
g em gata	g	g
p em pata	p	p
t em tudo	t	t
k em carro ou querer	k	k
m em mata	m	m
n em nata	n	n
nh em ninho	ɲ	J
v em vinho	v	v
z em zona ou casa	z	z
j em jogo ou agente	ʒ	Z
f em faca	f	f
s em saca ou caça ou missa	s	s
x em xisto ou cais	ʃ	S
l em lua	l	l
lh em ilha	ʎ	L
r em coro	ɾ	r
rr em carro ou roer	R	R

Lista ordenada de estímulos

1. almofada
2. banho
3. árvore
4. barba
5. brincos
6. botões
7. borboleta
8. bicicleta
9. casaco
10. iogurte
11. cobra
12. chapéu
13. coelho
14. caracol
15. crocodilo
16. erva
17. descalço
18. dragão
19. escada
20. estrela
21. escrever
22. faca
23. fechada
24. floresta
25. flor
26. fotografia
27. fralda
28. frasco
29. fruta
30. garrafa
31. grande
32. gelado
33. livro
34. mesa
35. maçã
36. mãos
37. magra
38. nariz
39. panela
40. pistola
41. planta
42. pijama
43. prato
44. peixe
45. quadro
46. quatro
47. quadrado
48. relógio
49. sapato
50. cigarro
51. sopa
52. senhora
53. sol
54. telefone
55. tartaruga
56. telhado
57. três
58. triciclo
59. vela
60. zebra
61. dedo
62. queijo

FICHA DE AVALIAÇÃO

Nome:..

Data de Nascimento..................... Idade Cronológica......................................

Escolaridade.........................Escola/Colégio...

Nome do pai..

Idade.............Profissão..

Nome da Mãe..

Idade......................Profissão...

Número de Irmãos....................Posição da criança na Família..........................

Morada...................................... Naturalidade...

C.P...............Localidade...............Tel. casa .... Telemóvel.................

Data da avaliação..

Pedido de avaliação: Pais ☐   Professores ☐   Outros ☐

Motivo da consulta...

Valorização do problema por pais / professores:

    1 – Irrelevante ☐   2 – Relevante ☐   3 – Muito relevante ☐

Antecedentes familiares..

Observações..

DADOS GLOBAIS DE ANAMNESE

Gravidez

Normal ☐   Com problemas ☐   Especificar ....

Doenças durante a gravidez: Sim ☐   Não ☐   Quais ....

Presença de problemas emocionais ....

Acompanhamento médico: sim ☐   não ☐

Médico assistente..

Parto

De termo ☐   prematuro ☐   tempo de gestação ....

Normal ☐   local de nascimento..

Lento / prolongado: sim ☐   não ☐   especificar......................

Possíveis problemas presentes: anóxia ☐   fórceps ☐

morte aparente ☐   ventosa ☐   outros ☐   quais......................

APGAR...

Pós parto

Reanimação: sim ☐   não ☐

Chorou ao nascer: sim ☐   não ☐

Incubadora: sim ☐   não ☐

Icterícia neonatal: sim ☐   não ☐

Outros problemas..

....

....

Doenças na primeira infância

Encefalite ☐   Meningite ☐   Convulsões ☐

Traumatismo craneano ☐

Otites ☐   Frequência das otites: ....

Surdez: sim ☐   não ☐   Grau..............................

Problemas de garganta...

Problemas respiratórios: sim ☐   não ☐

Outras doenças: especificar...

Idade em que ocorreu a(s) doença(s): ....

Médico assistente...

Desenvolvimento global

Gatinhou: sim ☐   não ☐

Início da marcha...

Intenção comunicativa pré-linguística (ocular, facial, gesto, sorriso, vocalização, etc.)
....

Início das primeiras palavra....................
Quais?....................................

Início do controle de esfíncteres:

    Diurno..................   Nocturno..............

Alimentação na primeira infância (amamentação, sucção, deglutição, mastigação, digestão)
....

Sono..

Choro..

Conduta social:

Alegre ☐   Inibido ☐   Dificuldades no contacto interrelacional ☐

MOTRICIDADE FONOARTICULATÓRIA

Motricidade oral

1. Prevalência de reflexos orais primários: sim ☐ não ☐

2. Presença de sincinésias: sim ☐ não ☐

3. Face
   simetria: sim ☐ não ☐

   dismorfias: não ☐ sim ☐ Especificar..........................

4. Volume craneal: normal ☐ macrocefalia ☐ microcefalia ☐

5. Lábios
   mobilidade voluntária: sim ☐ não ☐

   contracção..................distensão...................

   vibração....................sopro.......................

6. Dentes
   Oclusão dentária: normal ☐ incompleta ☐ Especificar..............

   Implantação dentária...

   Presença de cáries...

7. Sensibilidade
   Facial..

   Intra-oral...

8. Respiração
   oral ☐ nasal ☐

   clavicular ☐ costodiafragmática ☐ mista ☐

9. Maxilares

   Configuração..

   Actividade voluntária..

   Encerramento...

   Retracção mandibular....................Prognatismo..........................

10. Língua
    Presença de freio lingual: sim ☐   não ☐

    Macroglossia: sim ☐   não ☐

    Protusão: sim ☐   não ☐

    Cor: rosada ☐   cianosada ☐

    Presença de sulcos: sim ☐   não ☐

    Mobilidade voluntária............................

    Elevação: sim ☐   não ☐

    Lateralização: sim ☐   não ☐

    Uso da chupeta: até......................................

11. Palato
    Duro:
        Configuração normal: sim ☐   não ☐

        Anomalias: ....

    Mole:
    (coloração, simetria, mobilidade, anomalias)..
....

12. Controle de saliva
    em repouso: sim ☐   não ☐

    em actividade: sim ☐   não ☐

13. Alimentação
    mastigação: normal ☐   anormal ☐   Especificar................

    deglutição: sólidos.........................   líquidos.............................

Observações complementares

....

CARACTERÍSTICAS DO DESENVOLVIMENTO VERBAL / ORAL

Compreensão
A) Compreensão de enunciados simples

    a. Com uma ideia subjacente..

    b. Com duas ideias subjacentes....................................

    c. Com várias ideias subjacentes..................................

B) Índices primários de compreensão (**apoio na gravura "O parque"**), p. 386

	sim	não	Emergente
Onde?			
De onde?			
Quem?			
De quem?			
Com quem?			
A quem?			
Para quê?			
Para onde?			
Quantos?			
Qual / quais?			
Porquê?			
Quando?			
Qual o primeiro / último?			

C) Conceitos espacio-temporais
   (**apoio na gravura "a secretária / mesa"**), p. 387

	sim	não	Emergente
Atrás / à frente			
Cheio / vazio			
Dentro / fora			
Em cima / em baixo			
Quente / frio			
Alto / baixo			
Aberto / fechado			
Longe / perto			
Grosso / fino			
Curto / comprido			
Grande / pequeno			

D) Categorização (**Apoio na gravura "categorização"**), p. 385

Enumeração	Quantos	Quais
Animais		
Frutas		
Meios de transporte		
Móveis		

Expressão espontânea – registos de linguagem
                      (descrição da gravura "o parque"), p. 386

Expressão Induzida – Síntese dos Processos de Simplificação
(a partir de Prova de avaliação Fonológica que consta em Lima (2008))

Défices
Fonéticos
Fonológicos

DÉFICE(S) FONÉTICOS

Fonema(s)	Formato silábico											
	CV		CVC		CCV		VC		CV~		CCVC	
	I	F	I	F	I	F	I	F	I	F	I	F

I = inicial   F = final

Assinalar em quadrículas abreviatura do processo persistente:
Omissão = O   **Substituição = S**   **Semivocalização = SV**

OUTRAS OBSERVAÇÕES:..
....
....

FONOLÓGICOS

Tipo de processos mais frequentes

Omissão

    de sílaba (em di, tri, polissílabo)...............................

    de (primeira, segunda).......................... consoante..........................
    em formato (CV, CVC, etc)................................

    de vogal..

    em ditongo...................................

Substituição

    Intracategoria (intrafricativa, etc)...............................Especificar........................

    Extracategoria (líquida por oclusiva, etc)............................Especificar...............

    Com Desvozeamento...Especificar....................................

    Sem Desvozeamento...Especificar....................................

Harmonia Consonantal

Anterior...Posterior..

Metátese

Intrassilábica...Extrassilábica..

Epêntese

De vogal............... De consoante............ Especificar...

Erro Complexo/ Distorção (presença de mais de dois erros na mesma palavra)

Em Dissílabo................... Em trissílabo...................... Em polissílabo.........................

OUTRAS OBSERVAÇÕES:...
....

Erros de Morfossintaxe (a partir de registo espontâneo de linguagem, p.7)

Presença de Artigo..

Adequação Artigo/Nome..

Adequação em Género...

Adequação em Número...

Uso de pronomes
  possessivos.......................demonstrativos......................reflexos.....................

Uso de palavras funcionais advérbios. (modo, lugar, tempo)..........................

  preposições.................................conjunções.......................................

Uso da Contracção da preposição com Artigo (na, da, etc)................................

Uso da Contracção da Preposição com pronome (nele, deste, naquela, etc).................

Adequação em Flexão Verbal..

Emissão de Enunciados
  Simples......................................Especificar...

Emissão de Enunciados
  Complexos...................................Especificar...

Uso de Orações coordenadas..

Uso de Orações subordinadas..

OUTRAS OBSERVAÇÕES:..

....

....

....

....

....

AVALIAÇÃO COMPLEMENTAR – **MEMÓRIA AUDITIVA**

De Números
- 2-7................
- 7-14..............
- 22-35............

- 3-9-6-5................
- 6-8-25-7..............
- 26-45-39-82........

- 2-7-6............
- 9-14-3...........
- 17-28-23.......

- 2-7-9-8-3............
- 3-5-65-4-8..........
- 52-94-7-46-8........

De palavras

Mesmo campo Semântico:
- Bota-sapato.....
- Sabonete-toalha.....
- Ananás-limão.....

- Lápis-caneta-borracha.....
- Meia-calças-camisa.....
- Sofá-armário-mesa.....

- Tomate-couve-cebola-alface.....
- Boneca-carrinho-combóio-bola.....
- Maçã-pera-laranja-pêssego.....

Distintos campos semânticos
- Bola, sapato.....
- Cama, folha.....
- Cinzeiro, mesa.....

- Bota, mala, ameixa.....
- Livro, cuecas, barco.....
- Parque, cão, futebol.....

- Quadro, mesa, caderno, olho.....
- Fogão, escola, cassete, sandália.....
- Praia, parque, carro, tapete.....

- Bolo, sapato, maçã, lápis, avô.....
- Cabelo, meia, bola, cama, iogurte.....
- Luz, gato, combóio, vaca, chave......

Pseudopalavras

- Tica-zaca......
- Cota-letu.....
- Voca-mita.....

- Lota-foli-muta…..
- Tama-mita-sata…..
- Voli-mofa-gote…..

- Togu-nolo-sota-cofa…..
- Fuka-saga-julo-bilo……
- Codo-futa-bula-cuta…..

Sílabas em Sequência:

- Fa-la…..
- Li-fo……
- Ma-ta…….

- Ma-ti-co……
- Pa-la-ti……
- Ja-to-di…….

- Sa-la-za…..
- Fo-li-ja…….
- Xa-te-ze……

- To-da-ga-na…..
- Xa-sa-la-já……
- Ra-ra-ma-lha…..

- Ta-sa-la-po-ma…..
- Pe-tu-la-co-ba…..
- Ma-na-ta-ca-ja…..

NOTAS : ………………………………………………………………………
………………………………………………………………………………
………………………………………………………………………………

CATEGORIZAÇÃO

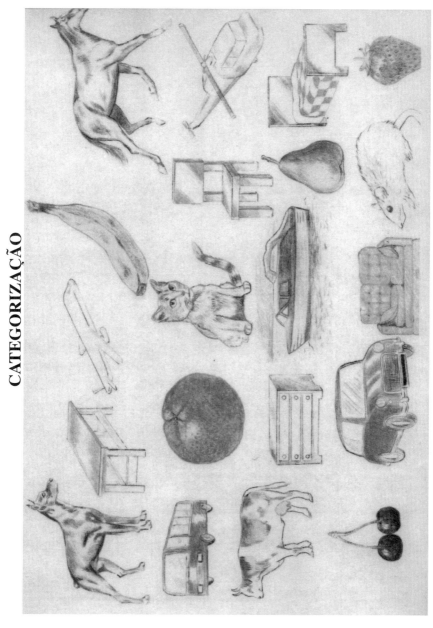

O PARQUE

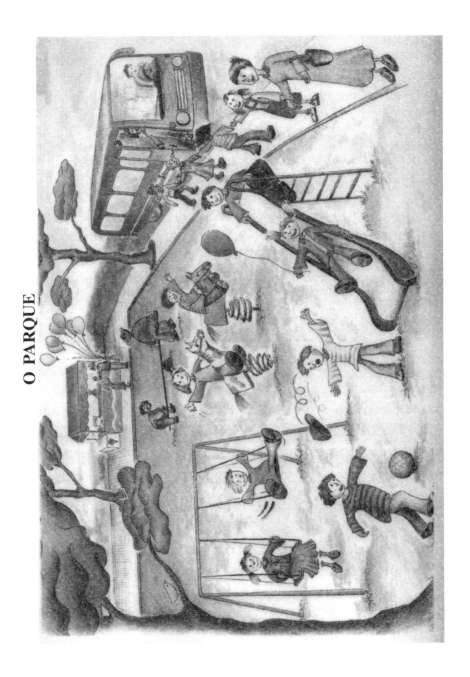

A SECRETÁRIA